In diesem Buch werden bis heute kursierende Stereotypen über die Menschen des Mittelalters aus den Angeln gehoben: Ehen, so die gängige Vorstellung, habe man in der damaligen Zeit ohne Liebe arrangiert, ja Liebe sei mit der Ehe geradezu unvereinbar gewesen und als Heiratsgrund frühestens im 18. Jahrhundert auszumachen. In einer männerdominierten Gesellschaft hätten Frauen in einem Zustand weitgehender Rechtlosigkeit verharrt, ihren Ehemännern vollkommen ergeben. Zum Katalog der einschlägigen Vorurteile gehört ferner die Vorstellung von einer generellen Verteufelung der Sexualität, die von einer lustfeindlichen Kirche ausschließlich in den Dienst der Fortpflanzung gestellt worden sei.

Leah Otis-Cour zeichnet nach intensiven Studien ein ganz anderes Bild. Spätestens im 12. Jahrhundert setzte sich im kirchlichen wie im weltlichen Recht die Konsensregelung durch, nach der allein das freie Einverständnis beider Partner die Ehe begründen konnte. Damit wurde die Ehe zu einem persönlichen Bund zweier Individuen, der auch gegen den Willen der Familien geschlossen werden konnte. Liebesehen gab es im Spätmittelalter überall in Europa.

Im Laufe der Zeit setzte sich auch die Wertschätzung ehelicher Sexualität durch; unter tonangebenden Gelehrten galt es als unstrittig, daß eine entfaltete Geschlechtlichkeit zu den Voraussetzungen körperlicher und geistiger Gesundheit gehört. Zahlreiche Ehescheidungsverfahren, die von vernachlässigten Frauen gegen ihre Männer angestrengt werden konnten, spiegelten diese Einstellung wider. Und auch die rechtliche und wirtschaftliche Stellung der Frauen war sehr viel stärker als allgemein angenommen.

Die Autorin kann ihre Ergebnisse auf eine ungewöhnlich breite Quellenbasis stützen und läßt ein gleichermaßen farbenfrohes wie tiefenscharfes Panorama europäischer Kulturgeschichte entstehen. Das Mittelalter verliert durch diese Neuinterpretation viel von seiner »Dunkelheit«, ja es gibt sich geradezu als Grundlage dessen zu erkennen, was den modernen Menschen ausmacht.

Unsere Adresse im Internet: www.fischer-tb.de

Leah Otis-Cour, geboren 1948 in Cleveland/Ohio, Historikerin, Promotion zum PhD an der Columbia University in New York (1980), Doctorat d'État in Montpellier (1988), wo sie seit 1990 am *Centre national de la recherche scientifique* (UMR 5815) forscht.

Europäische Geschichte

Herausgegeben von Wolfgang Benz

Konzeption: Wolfgang Benz,
Rebekka Habermas und Walter H. Pehle

Europäische Geschichte

Leah Otis-Cour

Lust und Liebe

Geschichte der Paarbeziehungen im Mittelalter

Aus dem Englischen von
Elisabeth Vorspohl

Fischer
Taschenbuch
Verlag

Die Übersetzung wurde gefördert von der Europäischen Kommission, Brüssel.

Originalausgabe
Veröffentlicht im Fischer Taschenbuch Verlag GmbH,
Frankfurt am Main, April 2000

Redaktion: Hubert Leber
Gesamtherstellung: Clausen & Bosse, Leck
Printed in Germany
ISBN-3-596-60107-X

Gedruckt auf Munken Print Extra der Papierfabrik Munkedal AB, Schweden

Inhalt

Dank

Ohne die Geduld und die Kooperationsbereitschaft der Mitarbeiterinnen des Inter-Library Loan Service der Bibliothèque Interuniversitaire de la Faculté de Droit de Montpellier, in der ich mich praktisch drei Jahre lang niedergelassen habe, wäre es mir unmöglich gewesen, dieses Buch zu schreiben. Françoise Capcarrère, Martine Roux und Catherine Mourier gilt dafür mein aufrichtiger Dank.

Danken möchte ich auch André Gouron, Bernard Durand und Natalie Zemon Davis für ihre außerordentlich hilfreichen Vorschläge und Kommentare. Ein herzliches Dankeschön geht an meine Freunde Gerry Moran, René Sabaton und Judith Read Sabaton, die sich »freiwillig verpflichtet« haben, das Manuskript zu lesen, und mir mit ihrem Enthusiasmus, ihrer Kritik und ihrer Ermutigung zur Seite standen.

Zu großem Dank verpflichtet bin ich all den hier zitierten Autoren für ihre bahnbrechenden Arbeiten über das mittelalterliche Paar, aber auch all jenen, die ich nicht ausdrücklich genannt habe; bedauerlicherweise kann ein kleines Sachbuch nicht jedem, der es verdient hätte, Referenz erweisen.

Für ihre Geduld – und auch für ihre gelegentliche, höchst anregende Ungeduld – möchte ich mich von Herzen bei meiner Familie bedanken, vor allem bei meinem Mann Patrice, dem dieses Buch natürlich gewidmet ist!

Einleitung

Wenn man den Mann oder die Frau auf der Straße fragte, woran sie bei dem Stichwort »das mittelalterliche Paar« denken, würde die Antwort – vorausgesetzt, der oder die Betreffende hätte zu diesem Thema eine Meinung – vermutlich die folgenden Elemente umfassen:

- lieblose Ehen, die im Interesse des politischen und wirtschaftlichen Vorteils der Sippen oder Familien des Paares arrangiert wurden;
- kirchliche Vorschriften, die sogar den Sex in der Ehe auf das zur Fortpflanzung unvermeidliche Minimum beschränken;
- vollständige Unterwerfung der Frau unter den Mann;
- Unvereinbarkeit von Ehe und leidenschaftlicher Liebe;
- ein ausschließlich ehebrecherischer Charakter der Liebe, der in der mittelalterlichen Literatur Ausdruck findet.

Antworten dieser Art wären keineswegs überraschend, denn viele historische Lehrbücher der Vergangenheit und zu einem kleineren Teil sogar der Gegenwart führen solche Elemente auf – vorausgesetzt, daß sie zu der Angelegenheit überhaupt Stellung nehmen, was nicht immer der Fall ist!

Durch die Forschung der vergangenen Jahre wurden viele dieser alten Grundannahmen in Zweifel gezogen. Das Ziel dieses Buches besteht darin, einige der fundamentalsten Fragen zu beantworten, die im Lichte dieser Forschung im Zusammenhang mit dem mittelalterlichen Paar auftauchen. Waren Liebe und Ehe im Mittelalter unvereinbar? Bestand ein absoluter Widerspruch zwischen höfischer Literatur und »historischer Realität«? Vertraten Laien und Geistliche bezüglich Sexualität, Liebe und Ehe unterschiedliche Ansichten? Läßt sich ein Zusammenhang zwischen den juristischen und ökonomischen Beziehungen von Eheleuten und der »Ideologie« der Liebe nachweisen?

Diese und andere Fragen werden in einer Untersuchung, deren

geographischer Rahmen – mit gelegentlichen Verweisen auf Osteuropa, Skandinavien und die keltischen Randzonen – den westeuropäischen Raum umfaßt, gestellt und beantwortet. Die hier behandelte Epoche des Mittelalters wurde in herkömmlicher Weise unterteilt: frühes Mittelalter, das heißt ungefähr der Zeitraum vom 5. bis zum 10. Jahrhundert, hohes Mittelalter, nämlich 11. bis 13. Jahrhundert, und schließlich das späte Mittelalter, das die Epoche des 14. und 15. Jahrhunderts beschreibt. Das Paar wird im Kontext der bedeutendsten institutionellen, sozialen und wirtschaftlichen Veränderungen dieser Epoche untersucht, die ich hier kurz zusammenfassen möchte. Im frühen Mittelalter gingen römische, germanische und christliche Traditionen ineinander über, um gemeinsam die Kultur und Zivilisation der germanischen Königreiche zu begründen, insbesondere das Königreich der Franken, das zuerst von der Dynastie der Merowinger, danach von den Karolingern regiert wurde. Im 9. und 10. Jahrhundert ging aus dem karolingischen Reich nach und nach ein dezentralisiertes Feudalsystem hervor, in dem die regionalen Feudalherren in vielen Fällen gleichzeitig politische und wirtschaftliche Macht ausübten und zudem Recht sprachen. Frankreich und England erlebten im hohen und späten Mittelalter die Entwicklung einflußreicher Monarchien, während die Kirche, beginnend mit der gregorianischen Reform im 11. Jahrhundert, stärker zentralisierte Institutionen ausbildete, einschließlich eines hierarchisch organisierten Rechtssystems, das für die Rechtsprechung in Eheangelegenheiten zuständig war, und eines zunehmend kohärenten kanonischen Gesetzeskorpus. Das Kirchenrecht wie auch das neu entdeckte römische Recht wurden in den zur damaligen Zeit aufblühenden Universitäten gelehrt, an denen auch die Theologie, die Künste und die Medizin vertreten waren. Eine im wesentlichen ländliche, instabile Gesellschaft mit geringer Bevölkerungsdichte hatte sich zu einer seßhaften Gesellschaft entwickelt, die eine lange Phase demographischer Expansion erlebte, in der Städte und Handel aufblühten. Die Bevölkerung, die Mitte des 14. Jahrhunderts durch die Schwarze Pest stark dezimiert worden war, begann um die Mitte des 15. Jahrhunderts wieder anzuwachsen.

Es war nicht immer einfach, Dokumente zu finden und zu interpretieren, die für die Geschichte des Paares relevant sind. Vor allem, was die Epoche des frühen Mittelalters betrifft, stehen angesichts der kargen Quellenlage sehr unterschiedliche sozialhistorische Deutungen, insbesondere in bezug auf die Familienstruktur und die Rolle der Frauen, nebeneinander. Für das Hoch- und Spätmittelalter ist eine Vielzahl von Quellen überliefert, die Interpretation dieser Dokumente aber ist nicht immer einfach. Zusätzliche Schwierigkeiten bereiten regionale Unterschiede; im Norden Europas vertrat man beispielsweise nicht immer die gleiche Einstellung zur Sexualmoral wie im Süden. Aber sogar innerhalb derselben Region und im selben Zeitraum ließen sich verschiedene »Stimmen« vernehmen, wie John Baldwin es formuliert hat[1] – Stimmen, die zuweilen auffällig unterschiedlich klingen, je nachdem, ob die Sprecher einem monastischen, urbanen oder administrativen Umfeld angehören, ob es weibliche Stimmen sind oder Dichterstimmen. Und es gab auch individuelle Unterschiede; Kanonisten, die an derselben Universität ausgebildet worden waren, vertraten zuweilen sehr unterschiedliche Einstellungen zur ehelichen Sexualität. Darüber hinaus kann ein und derselbe Autor mit verschiedenen Stimmen sprechen, wie es die Schüler von Chrétien de Troyes (gest. 1183) und insbesondere von Boccaccio (gest. 1375) tun, der den nur allzu bekannten Wechsel zwischen einer philogynen und einer misogynen Haltung mit verwirrender Leichtigkeit vollzieht! Daher ist selbst für das besser dokumentierte Spätmittelalter Zurückhaltung bei der Quelleninterpretation geboten, denn die Texte sind häufig durch eine Mehrdeutigkeit charakterisiert, die, wie Rüdiger Schnell warnt, für einen Großteil der mittelalterlichen Literatur ausgesprochen typisch ist.[2]

Ohne die Schwierigkeiten der Interpretation und die Komplexität des Gegenstandes zu vernachlässigen, wird dieses Buch versuchen, die wichtigsten Tendenzen in der Entwicklung des Paares nachzuzeichnen. Die Vielfalt der benutzten Quellen ist durch deren Verfügbarkeit vorgegeben; »normativen« Texten wie Gesetzen und Sittenvorschriften stehen literarische Werke und solche Dokumente zur Seite, in denen sich die tatsächliche Praxis widerspiegelt – Notariatsakten und Gerichtsverzeichnisse, deren Zahl gegen Ende des Mittelalters anwächst, sowie Denkschriften und Briefwechsel, die leider auch für diese Epoche nicht so zahlreich sind, wie man es sich wünschte. Untersucht werden sollen drei grundlegende Bereiche, die für das Paar von Bedeutung sind: Verwandtschaftsbeziehungen sowie Besitzverwaltung und -transfer in Familien und zwischen Ehepartnern (erster Teil); die Entwicklung eines Korpus von Restriktionen, die Ehe und Sexualität regeln, und die Entstehung einer intellektuellen Auseinandersetzung mit Fragen der Sexualität (zweiter Teil); schließlich das Auftauchen eines positiven Bildes von Ehe und Liebe in der Literatur, im Recht und in der Gesellschaft des späten Mittelalters (dritter Teil).

Einige Teile dieses Buches beruhen auf eigenen Forschungsarbeiten der Autorin; zum größten Teil aber handelt es sich um einen Versuch, die Forschungsergebnisse einer kaum überblickbaren Schar von Gelehrten zusammenzutragen und zu interpretieren, deren Bemühungen und Resultate uns einem Verständnis des mittelalterlichen Paares – sowie ganz allgemein dem mittelalterlichen Denken und Fühlen –, wie es sich in der literarischen Phantasie, in der Rechtsprechung und im alltäglichen Leben manifestiert, nähergebracht haben.

Erster Teil:
Verwandtschaft, Frauen und Eigentum

Verwandtschaft und Familie

Der Versuch, Sexualität, Ehe und höfische Liebe zu erforschen, ist von vornherein zum Scheitern verurteilt, wenn man sich nicht zunächst darum bemüht, das Paar in den Kontext der Herausbildung von Verwandtschaftsbeziehungen im Mittelalter einzuordnen. Dies aber ist leichter gesagt als getan, denn vermutlich wirft kein Bereich der Mediävistik mehr Fragen auf als die Geschichte der Verwandtschaftsverhältnisse in der Zeit des frühen Mittelalters – zum einen sind nur wenige Dokumente überliefert, die sich speziell mit diesem Gegenstand beschäftigen, und darüber hinaus sind die vorliegenden Quellen häufig schwierig zu interpretieren. Um dies an nur einem Beispiel zu demonstrieren, wollen wir zwei unterschiedliche, etwa zur selben Zeit publizierte Einschätzungen des angelsächsischen Verwandtschaftssystems betrachten. »Charakteristisch für die angelsächsische Gesellschaft sind agnatische *Sippen* [*clans*]«, behauptete Jean-Pierre Cuvillier im Jahre 1985; 1983 aber hatte uns Jack Goody noch versichert, daß »das angelsächsische England durch das *Fehlen von Sippen* und ein bilaterales Verwandtschaftssystem charakterisiert« sei. Wer die mittelalterliche Geschichte erforscht, ist an unterschiedliche Interpretationen gewöhnt, einem derart radikalen Widerspruch aber begegnet man tatsächlich selten![1]

Anthropologie und Geschichte

Wie ist es möglich, daß zu ein und demselben Gegenstand derart unterschiedliche Meinungen vertreten werden? Die Antwort hängt mit dem Einfluß zusammen, den die Anthropologie seit einigen Jahren auf die Erforschung der mittelalterlichen Geschichte ausübt. Dieser Einfluß machte zuvor allgemein akzeptierte Annahmen über die Entwicklung der Verwandtschaftsbeziehungen hinfällig, so daß die Historiker nun bestimmten anthropologischen Vorgaben – im wesentlichen drei Grundvorgaben – Rechnung tragen müssen, wenn sie mittelalterliche Verwandtschaftsbeziehungen erforschen.[2]

Die wichtigste Vorgabe ist die Verwerfung der Annahme, daß sich die Verwandtschaftsbeziehungen streng linear entwickelt hätten. Im 19. Jahrhundert entstandene Forschungsarbeiten über die Geschichte der Familie gingen im allgemeinen davon aus, daß die Menschheit von der weitverzweigten Familie früher Zeiten zu der begrenzteren Kernfamilie, wie sie für unsere Tage charakteristisch ist, übergegangen sei. Insbesondere für Europa nahm man an, daß die keltischen und germanischen Völker in großen Klans oder Sippen organisiert gewesen seien, die sämtliche Aspekte des wirtschaftlichen und sozialen Lebens bestimmten, bis sie schließlich nach und nach in kleinere Einheiten zerfielen. Heute lehnt die Mehrheit der anthropologisch orientierten Historiker das Konzept des »Klans« für die germanischen Völker ab; von zwei führenden zeitgenössischen Keltenforschern vermeidet es der eine grundsätzlich, das Wort Klan zu benutzen, während der andere mit diesem Begriff lediglich späte (das Zeitalter der Wikinger betreffende) Entwicklungen innerhalb der irischen Familie beschreibt.[3] Dies ist insofern besonders auffällig, als das Wort »Klan« gälischen Ursprungs ist und man die Klanstruktur lange als charakteristisches Merkmal des keltischen Volkes betrachtet hat. Zeitgenössische Historiker erkennen nun, daß die eheliche Gemeinschaft sogar in traditionellen »Jäger- und Sammler«gesellschaften wie zum Beispiel bei den Buschmännern vorkommt und die Kernfamilie keineswegs die unausweichliche Errungenschaft der modernen Zivilisationsentwicklung darstellt. In ähnlicher Weise wurden die Historiker auch für die fortdauernde Wichtigkeit der erweiterten Familie in der Geschichte der Gegenwart sensibilisiert, zum Beispiel für die (jedem Amerikaner osteuropäischer Herkunft vertraute) Bedeutung der Verwandtschaftsbeziehungen in Einwandererfamilien.

Die Ablehnung einer grundsätzlichen Linearität bedeutet indes nicht, daß die Kernfamilie als universales Phänomen zu betrachten wäre. Die anthropologisch sensibilisierten Forscher halten die Annahme bestimmter Historiker, daß es die Kernfamilie immer und überall gegeben habe, für einen absoluten Trugschluß. Wie Robin Fox betonte, ist die Mutter-Kind-Beziehung tatsächlich die einzige reale biologische und menschliche Bindung, die sämtlichen Gesellschaften zugrunde liegt: der Platz, den der Vater dann einnimmt, ist sekundär und variiert von Gesellschaft zu Gesellschaft ganz erheblich. Die Familienstruktur ist kein Abbild biologischer Wahrheiten; für die Definition von Verwandtschaftsverhältnissen ist das »Artefakt« ebenso wichtig wie die Natur. So messen die Historiker des Mittelalters seit einigen Jahren der fiktiven Verwandtschaft größere Bedeutung bei, und zwar vor allem der geistlichen Verwandtschaft, das heißt der Beziehung, die durch die Taufe zwischen Paten und Patenkindern geschaffen wird; sie wiederum wurzelt in einer weitverbreiteten, als Pflegschaft bezeichneten Praxis der keltischen und germanischen Gesellschaft, nämlich dem Brauch, kleine Kinder in einer anderen als der Herkunftsfamilie großziehen zu lassen.

Die Rolle des Artefakts läßt sich auch an formaljuristischen oder vertraglichen Möglichkeiten der Familienstrukturierung beobachten. Das bekannteste Beispiel ist die Adoption, eine juristische Maßnahme, die einen Ausgleich für die Sterilität vieler Paare (etwa ein Fünftel jeder Population) schaffen sollte und im ganzen Mittelalter in verschiedenen Formen praktiziert wurde. Das aufschlußreichste Beispiel für die vertragliche Familienkonstruktion sind vielleicht die gegen Ende des Mittelalters weitverbreiteten »Familiengemeinschaften«, Zusammenschlüsse erwachsener Brüder und Schwestern, die den Familienbesitz gemeinsam nutzten, statt ihn aufzuteilen. Hierbei handelte es sich nicht um das natürliche Wiederaufleben einer »primitiven« Kommunalfamilie, sondern vielmehr um eine Strategie, die in einer Krisenphase praktiziert wurde und von der völlig Fremde ebenso wie Blutsverwandte profitieren konnten.

Diese spätmittelalterlichen Familiengemeinschaften wurden ebenso wie zahlreiche andere Aspekte des Familienrechts von umfassenderen ökonomischen, sozialen und politischen Faktoren beeinflußt, wobei der Steuergesetzgebung, dem Militärdienst und der feudalherrschaftlichen Intervention besonderer Stellenwert beizumessen ist. Als Anreiz für die spätmittelalterlichen Familiengemeinschaften wirkten Entwicklungen im Bereich der Steuerzahlungen und militärischen Dienstleistungen, die von der Familie zu erbringen waren; indem die Angehörigen zusammenblieben, konnten solche Verpflichtungen unter einer größeren Anzahl von Personen aufgeteilt werden, so daß sich die Belastung für den einzelnen verringerte. Familiäre Veränderungen spiegeln diese umfassenderen Sozialentwicklungen häufig genauer wider als hypothetische Naturgesetze oder postulierte psychologische Bedürfnisse.[4]

Und schließlich lehren uns die Anthropologen, daß innerhalb ein und derselben Gesellschaft unterschiedliche Formen der Verwandtschaftsklassifizierung nebeneinander bestehen können. Verwandtschaftssysteme können sich je nach Schichtzugehörigkeit voneinander unterscheiden; so pflegen die Reichen und Mächtigen beispielsweise nicht zwangsläufig die gleichen Vererbungsbräuche wie das einfache Volk. Zudem kann Verwandtschaft je nach dem gesellschaftlichen Aspekt, den man untersucht, sogar innerhalb ein und derselben sozioökonomischen Gruppe unterschiedlich klassifiziert sein; die Verwandtschaftsklassifizierung zu Erbschaftszwekken ist unter Umständen eine andere als diejenige, die für Bestattungsbräuche, Fehdewesen usw. relevant ist. Selbst innerhalb einer bestimmten Gesellschaft können sich Verwandtschaftsbeziehungen ausgesprochen komplex gestalten.

Wenn wir nun die Evolution der Familie betrachten, müssen wir uns also die folgenden, grundlegenden Regeln vor Augen halten: 1) Es gibt in der Geschichte der Familie keine zwangsläufige, geradlinige Entwicklung von der erweiterten Familie zur Kernfamilie; 2) die Kernfamilie ist kein universales Phänomen der menschlichen Gesellschaft, da der Aufbau der Familie ebensosehr das Ergebnis von »Artefakten« wie das Resultat natürlicher Gegebenheiten darstellt; 3) unterschiedliche Formen der Verwandtschaftsklassifizierung können in ein und derselben Gesellschaft und sogar innerhalb einer bestimmten sozioökonomischen Schicht nebeneinander bestehen.

Von der »horizontalen« zur »vertikalen« Verwandtschaft

Die meisten Historiker gehen heute davon aus, daß sich Verwandtschaftsbeziehungen, insgesamt gesehen, von einem System der »horizontalen« Verwandtschaft im frühen Mittelalter zu einem »vertikalen« Verwandtschaftssystem im hohen Mittelalter wandelten. Was bedeutet dies? Der Unterschied betrifft zwei verschiedenartige Möglichkeiten, Verwandtschaft zu konzeptualisieren. Für die vertikale Verwandtschaft ist die absteigende Gruppe wichtig, das heißt, man stellt sich die Familie als Aufeinanderfolge von Generationen vor. Das horizontale Verwandtschaftssystem hingegen nimmt das Individuum als Bezugspunkt und reicht bis zu den Kusinen und Vettern väterlicher- wie auch mütterlicherseits. Absteigende Gruppen sind häufig, aber nicht immer, unilinear, das heißt, die Abfolge wird durch den Vater (patrilinear) oder durch die Mutter (matrilinear) festgelegt. Gesellschaften, welche die horizontalen Beziehungen betonen, sind bilateral organisiert, das heißt, mütterliche und väterliche Angehörige sind gleichermaßen wichtig.

Was das frühmittelalterliche Europa betrifft, so geht heutzutage praktisch niemand mehr von der Existenz jener großen absteigenden Gruppen aus, die als »Klans« bezeichnet werden und ihren Stammbaum auf einen imaginären Vorfahren zurückführten. Hinweise auf horizontale Bilateralität gibt es, angefangen mit Tacitus' Beschreibung der germanischen Gesellschaft im ersten nachchristlichen Jahrhundert, überall im Europa des frühen Mittelalters. Besonders greifbar werden sie im Strafrecht, vor allem im Fehderecht. In den germanischen Königreichen hatten sich Verwandte im Falle von Fehden, die häufig durch einen Mord ausgelöst wurden, strengen Regeln zu unterwerfen. Wir kennen das System allerdings vorwiegend aus einer späteren Zeit, in der die finanzielle Entschädigung zumindest theoretisch die Blutrache abgelöst hat. Jedem einzelnen war, abhängig von seinem Geschlecht, Rang usw., gesetzlich ein finanzieller Wert beigemessen, das sogenannte »Wergeld«, das als Buße gezahlt werden mußte, wenn der Betreffende ermordet wurde. Um zu wissen, wer in der Familie des Mörders zur Zahlung des Wergeldes verpflichtet und wer in der Familie des Opfers zur Entgegennahme dieser finanziellen Entschädigung berechtigt war, mußten die Verwandtschaftsverhältnisse exakt festgelegt sein. In diesem Fall war die Verwandtschaft bilateral definiert, das heißt, die Angehörigen mütterlicher- und väterlicherseits wurden gleichermaßen berücksichtigt.

Welch hoher Stellenwert den bilateralen Beziehungen außerhalb des juristischen Bereichs zukam, zeigen bereits die Personennamen. In jener Zeit gab es keine Familiennamen, sondern nur Vornamen, und diese Vornamen leiteten sich anders als im späteren Mittelalter nicht von christlichen Heiligen wie etwa Johannes oder Maria her. Vielmehr waren bestimmte Namen häufig für eine bestimmte Familie charakteristisch. Mitunter wurde der ganze Name von einer Generation an die nächste weitergegeben, wie zum Beispiel Pippin und Karl in der Dynastie der Karolinger. Häufig aber wurde in jeder Generation ein neuer Name gebildet, indem man die für die Familie des Vaters beziehungsweise der Mutter charakteristischen Namen miteinander kombinierte. So könnte sich der Name Gerbert zum Beispiel aus dem väterlichen Vornamen Gerhart und dem mütterlichen Giselbert zusammensetzen. Spuren dieser Namensverbindungen finden sich im Englischen noch heute – man denke nur an so beliebte Vornamen wie Edward, Edgar und Edmund.

Besonders anschaulich wurde der Übergang von der horizontalen zur vertikalen Verwandtschaft von Georges Duby und Karl Schmid in ihren Untersuchungen über die Entwicklung des Adels und des Feudalismus beschrieben.[5] Duby ist der Ansicht, daß vor allem im Adel das horizontale Verwandtschaftsmodell im Laufe der Zeit zugunsten einer vertikalen dynastischen Identität nach dem Vorbild der großen kaiserlichen Herrscherhäuser an Bedeutung verlor. Die dynastische Identität, so Dubys Argumentation, durchdrang, ausgehend vom Herrscherhaus, den Hochadel und niederen Adel und beeinflußte schließlich auch die Stadtbevölkerung. Dieser Trend hängt mit dem Bemühen um die Anhäufung intakter Erbschaften zusammen, die immer häufiger in die Hand des ältesten Sohnes übergingen. Die männliche Primogenitur – das Vorzugsrecht des erstgeborenen Sohnes bei der Erbfolge – wird somit zum herausragenden Kennzeichen dieser neuen Sensibilität für die lineare Abstammung. Eine wichtige Rolle spielt auch die Verbindung mit einem spezifischen geographischen Ort. Zusätzlich zu den traditionellen Vornamen tauchen nun immer häufiger Familiennamen auf, bei denen es sich tatsächlich um geographische Bezeichnungen, nämlich häufig um den Namen des Stammsitzes der Familie, handelt. Die Staufer waren die erste kaiserliche Familie, die ihren Namen von einer Burg und nicht von einem Personennamen herleitete (die Merowinger etwa waren die Nachkommen Merowees). Der patrilineare Charakter dieses Familiennamens steht im Gegensatz zu dem oben beschriebenen bilateralen Namenssystem, das für die germanischen Völker charakteristisch war. Die Entwicklung von linearem Abstammungsmodell und Primogenitur im Hochmittelalter könnte durchaus mit der Begrenztheit der Ressourcen zusammenhängen: durch Plünderungen konnte man nicht mehr zu Wohlstand gelangen, und die Bevölkerung wuchs rasch an. Die Identifizierung adeliger Familien mit einer bestimmten geographischen Region korrespondiert zweifellos mit dem in der Bevölkerung insgesamt zu verzeichnenden Trend zur »Seßhaftigkeit«, der die Zeit der großen Völkerwanderungen ablöste und zur Folge hatte, daß das Recht in erster Linie territorial und nicht mehr ethnisch definiert wurde.

Zwar triumphiert erst im Hochmittelalter das Modell der linearen Abstammung, aber dennoch gibt es auch aus früheren Zeiten viele Hinweise auf eine Tendenz zur »Vertikalität«. Bereits in der karolingischen Zeit versetzte der Versuch des Königs, die private Entschädigung im Falle eines Mordes durch öffentliche Rechtsprechung zu verdrängen, der horizontalen Verwandtschaftssolidarität, wie sie das »Wergeld«system definierte, einen Schlag. Karolingische Adelsfamilien waren zudem stärker auf ein lokales Machtzentrum konzentriert als die Adelsfamilien zur Zeit der Merowinger. Im 10. Jahrhundert teilte der König sein Reich nicht länger unter seinen Söhnen auf; bereits bevor Hugo Capet 987 den Königsthron bestieg, zeigte die Linie der Kapetinger eine dynastische Identität, eine Vorstellung von Erbgut und Erbschaftsbräuchen, in der sich die Popularität der linearen Verwandtschaftsberechnung und der Primogenitur unter dem Adel im hohen Mittelalter ankündigte.[6]

Ein weiterer Hinweis auf die in den Jahren des ausgehenden frühen Mittelalters wachsende Bedeutung der »Vertikalität« ist die Verbreitung des Repräsentations- oder Eintrittsrechtes im germanischen Erbrecht. Wie können wir Repräsentation definieren? Es handelt sich ganz einfach darum, daß die Kinder einer erbberechtigten, aber verstorbenen Person im Erbschaftsfall an die Stelle dieser Person treten können. Betrachten wir folgendes Beispiel: Ein Mann stirbt vor seinem Vater. Wenn nun später dieser Vater ebenfalls stirbt und das Repräsentationsrecht zum Zuge kommt, sind die Söhne jenes vorverstorbenen Mannes ebenso wie dessen Brüder (das heißt, die Onkel dieser Söhne) erbberechtigt: sie haben Anspruch auf das Erbteil, welches ihm im Erlebensfall zugestanden hätte. Wenn die Repräsentation jedoch nicht respektiert wird, teilen die noch lebenden Kinder des verstorbenen Vaters die Erbschaft allein unter sich auf; die Enkelkinder erben nichts.[7]

Die Repräsentation ist eine so einfache Konstruktion, daß sie uns auf Anhieb einleuchtend erscheint; im traditionellen germanischen Recht aber war sie offenbar völlig unbekannt. Erst mit der Übernahme römischer Rechtsbräuche durch verschiedene germanische Völker wurde diese Praxis nach und nach in die nationalen Gesetzgebungen integriert. Das allmähliche Auftauchen des Repräsentationsrechtes bestätigt die Überlegung, daß sich eine im Grunde »horizontale« Konzeption der Erbfolge zu einer eher »vertikalen« wandelte, die der wachsenden Bedeutung der linearen Verwandtschaftsberechnung im hohen Mittelalter den Boden bereitete.

Die Wichtigkeit des »Haushaltes«

Während sich unter dem Adel zunehmend das Prinzip der Vertikalität und linearen Verwandtschaft behauptete, vollzogen sich in der Familienstruktur des einfachen Volkes andere Veränderungen. Allerdings sollten wir den Sinngehalt des scheinbar so unauffälligen Wortes »Familie« (im Lateinischen »familia«) sehr aufmerksam betrachten, denn dieser unterschied sich in der Spätantike und im frühen Mittelalter deutlich von unserer heutigen Definition. Vor allem umfaßte die »familia« (die häufig auch mit dem Wort »domus«, Haus, bezeichnet wurde) in der Spätantike einen größeren Personenkreis als lediglich die Kernfamilie, da zu ihr alle Individuen zählten, die sich der Autorität des Haushaltsvorstandes beugen mußten: kleine Kinder, erwachsene Kinder, Diener und Sklaven. Zudem war der Begriff weiter definiert als heute, so daß er sich nicht nur auf die Menschen, sondern auch auf das Eigentum bezog; als »familia« konnte man ebensowohl die Güter oder den Besitz eines bestimmten Haushalts bezeichnen wie auch dessen Angehörige. Ein letzter Aspekt des Wortes »familia« schließlich betrifft die Autorität, die das Familienoberhaupt über die anderen Haushaltsmitglieder besaß, die »patria potestas« des römischen Gesetzes. Wir sehen also, daß das Wort »familia«, das gleichzeitig einen großen Haushalt, Eigentum und Autorität bezeichnet, lediglich auf die oberen Gesellschaftsschichten angewandt werden konnte. Die Familiengesetzgebung des frühen Mittelalters hatte die Funktion, die Beziehungen im Verwandtschaftsgefüge der begüterten Klassen zu regulieren.

In den Jahrhunderten des ausgehenden Frühmittelalters aber konnten auch die Niederen das Recht beanspruchen, eigene Familien zu gründen. David Herlihy hat diese grundlegende Veränderung als das Auftauchen »kommensurabler [vergleichbarer] Haushalte« bezeichnet. Eine entscheidende Rolle spielt hierbei die Transformation des Arbeitssystems im frühen Mittelalter. Das System der Sklavenarbeit, das für die großen Besitztümer der Spätantike charakteristisch war, machte dem Pächtersystem der mittelalterlichen Grundherrschaft Platz. Statt wie die Sklaven in der Spätantike direkt für den Besitzer des Landes zu arbeiten, führte der unfreie Pachtbauer – mit Frau und Kindern – seinen eigenen Haushalt getrennt vom Wohnsitz des Grundherrn, bestellte das Land, auf das er im Laufe der Zeit ein Erbrecht erwarb, und führte seine Verpflichtungen in Form von Arbeit und Natural- oder Geldzahlungen an den Grundbesitzer – später dürfen wir ihn als »Lehnsherrn« bezeichnen – ab. Solche Familieneinheiten sind in den Inventaren der kirchlichen und königlichen Besitztümer – den karolingischen Polyptychen – sowie in späteren deutschen und italienischen Quellen nachgewiesen. Gefördert durch Veränderungen des Eherechts (siehe Kapitel »Konsens und eheliche Zuneigung«, S. 117ff.), wurde die Gründung dieser Haushalte offensichtlich auch vom Lehnsherrn unterstützt, der Paare drängen konnte, ihren Haushalt durch Adoption oder durch einen »Ruhestandsvertrag« mit einem jüngeren Paar zu vervollständigen, ein weiteres Beispiel für die Rolle, die dem »Artefakt« beim Aufbau der Familie zukommt.[8]

Andere globale soziale Veränderungen, die sich im Laufe der Jahrhunderte vollzogen und den Übergang vom frühen zum hohen Mittelalter markieren – Seßhaftigkeit, Urbanisierung und die Entwicklung öffentlicher Autorität –, kamen der Bedeutung des kleinen Haushaltes vor allem in den nichtadeligen Schichten tendenziell zugute. So konnten beispielsweise durch archäologische Untersuchungen die Auswirkungen der Seßhaftigkeit im Hochmittelalter geklärt werden: dauerhafte Herdstellen und Niederlassungen, die mehr als eine Lebensspanne zu überdauern vermochten, ersetzen die leichteren Gebäude der vorangegangenen Jahrhunderte; die Häuser werden insgesamt kleiner und erhalten als allgemeines Merkmal ein separates Eheschlafzimmer. Solche Gebäude entsprachen den Bedürfnissen einer aus Eltern und Kindern bestehenden Familie offenbar besser als jene der vorangegangenen Jahrhunderte.[9]

Auf den Einfluß der Obrigkeit war es vermutlich zurückzuführen, daß Seitenverwandte zunehmend an Bedeutung verloren. Die angelsächsische Verwandtschaftsterminologie weist im Vergleich zu der walisischen nur wenige Begriffe für entfernte Kusinen und Vettern auf und trifft zudem eine sehr klare Unterscheidung zwischen der Kernfamilie und entfernteren Verwandten (im Gegensatz zu anderen Sprachen, in denen ein und dasselbe Wort sowohl Onkel als auch Vater bedeuten kann). Die ungemein wichtige Rolle, die der öffentlichen Autorität im angelsächsischen England zukam, hat vermutlich die Durchsetzung einer »Vertikalität« ähnlich derjenigen im karolingischen Königreich ermöglicht und auf diese Weise jener Form breiter verwandtschaftlicher Solidarität, wie sie im »Wergeld«system definiert war, entgegengewirkt.[10]

Auch die Urbanisierung begünstigte überall kleinere Familieneinheiten. Sie war der breiten Verwandtschaftssolidarität abträglich und schmälerte die Bedeutung der Seitenverwandten für das Familienleben. Spätmittelalterliche Erhebungen [»censuses«] zeigen, daß der typische städtische Haushalt drei bis fünf Personen umfaßte, das heißt in vielen Fällen lediglich Eltern und Kinder. Polnischen Gerichtsverzeichnissen läßt sich entnehmen, daß in den Städten weit weniger Verwandtschaftsbezeichnungen gebräuchlich waren als auf dem Lande. Diese relativ bescheidene Anzahl von Begriffen, die zur Benennung der Seitenverwandten benutzt wurden, gibt deren gesunkene Bedeutung im städtischen Familienleben zu erkennen. Während auf dem Land der wichtigste intervenierende Verwandte neben dem Vater der Onkel väterlicherseits gewesen war, wurde diese Rolle in der Stadt von der Mutter übernommen.[11]

Als aufschlußreich erweist sich in diesem Zusammenhang, daß eine der wichtigsten Gestalten der Literatur des 12. und 13. Jahrhunderts der bösartige Onkel väterlicherseits ist, der seinen Neffen oder seine Nichte um deren Geburtsrechte betrügt, wie wir es zum Beispiel in »Cligès« und im »Lied von Havelok dem Dänen« nachlesen können. Seine Verurteilung entspricht der Stärkung des Erbrechtes, das den direkten Nachkommen zugebilligt wurde, und der Ablehnung der Ansprüche von Seitenverwandten. Mütter und Kinder gehen aus dieser Entwicklung zuungunsten von Onkeln sowie Kusinen und Vettern gestärkt hervor.

Seitenverwandte und horizontale Verwandte spielten im Alltagsleben natürlich weiterhin eine wichtige Rolle. Das einfache Volk fand in dem Netzwerk aus Verwandten, Nachbarn und Freunden – die Begriffe sind mehrdeutig und zuweilen offenbar synonym – während des gesamten Mittelalters und darüber hinaus weiterhin Gelegenheiten zur Geselligkeit und zudem materielle und moralische Unterstützung. Auch den Adel ließ das Schicksal der Vettern und Kusinen nicht gleichgültig; Karl-Heinz Spieß hat zur Charakterisierung der deutschen Adelsfamilie, die für bedürftige Verwandte »sorgte«, um ihr eigenes Prestige zu schützen, den Begriff »Wohlfahrtsfamilie« geprägt.[12] Die Familien der Adeligen und Patrizier waren im allgemeinen größer – Wohlstand und Fruchtbarkeit gingen häufig Hand in Hand – und komplexer strukturiert. In diesen Kreisen lebten die erwachsenen Kinder üblicherweise auch nach ihrer Heirat weiterhin bei den Eltern; das Hausgesinde füllte die Reihen der »familia« zusätzlich auf. Beim einfachen Volk hingegen wurden vor allem im nordwestlichen Europa komplexe oder Drei-Generationen-Familien durch den Ausschluß von Vettern, Kusinen und anderen Seitenverwandten sowie infolge der niedrigen Lebenserwartung zur Seltenheit. So entstanden Haushalte, die eine große Ähnlichkeit mit dem Gebilde aufweisen, das wir als Kernfamilie bezeichnen könnten.

Die Frauen, das feudale Bündnis und das Paar

Wir können sehen, daß die zunehmende Betonung der Vertikalität beim Adel und die Einschränkung der Bedeutung von Seitenverwandten sowohl im Adel als auch im gemeinen Volk die Position der Ehefrau stärkte. Wie aber sah die Situation der Frauen insgesamt aus, wie war es um ihre Erbfähigkeit und ihre Rechtsfähigkeit generell bestellt?

Am Status der Frau in den frühmittelalterlichen germanischen Gesellschaften haben sich erhitzte Debatten entzündet. Manche Forscher schreiben der germanischen Frau eine außerordentlich aktive Rolle in einer bilateralen Gesellschaft zu, andere glauben, daß sie eher passiv gewesen sei, bis der christliche und römische Einfluß ihr eine zuvor nicht gekannte Würde verlieh. Und schließlich gibt es Autoren, die sich gegen Verallgemeinerungen und geradlinige Entwicklung aussprechen und weder einen »Aufstieg« noch einen »Niedergang« des weiblichen Status postulieren wollen. Zu einem großen Teil lassen sich die Schwierigkeiten, die Sachlage angemessen einzuschätzen, auf die geringe Anzahl verfügbarer Texte und deren mangelnde Eindeutigkeit zurückführen. Die frühesten Texte, die sich mit dem Erbrecht beschäftigen – Tacitus und später das germanische Recht –, verwenden zur Kennzeichnung von Erben Begriffe, die sowohl »Kind« als auch »Sohn« bedeuten können. Das bedeutet, daß Frauen je nach Interpretation dieser Begriffe von dem Recht, Grundbesitz zu erben, entweder ausgeschlossen sind oder zugunsten ihrer Brüder zurücktreten müssen, so daß sie Liegenschaften nur dann erben können, wenn sie keine Brüder haben; möglicherweise müssen sie sogar hinter dem vorrangigen Recht von Cousins zurückstehen. Noch komplizierter wird die Situation durch den Einfluß, den die römische Steuergesetzgebung und der Militärdienst auf frühere germanische Gebräuche ausübten; diese Veränderungen waren für die Frauen unter Umständen mit »artifiziellen« Nachteilen verbunden.

Trotz der einleuchtenden Komplexität des Problems lassen dennoch viele Faktoren darauf schließen, daß die Rechtsfähigkeit der Frauen gegen Ende des frühen Mittelalters allgemein in höherem Maße respektiert wurde als zu Beginn. Runeninschriften scheinen zu zeigen, daß Frauen von einer eher passiven zu einer aktiveren Rolle übergingen, als sich das Christentum in der Gesellschaft ausbreitete. Formelsammlungen, in denen die Vererbungspraxis im fränkischen Königreich festgehalten ist, sprechen von der »alten, gottlosen Sitte«, Frauen das Recht zu verweigern, Land zu erben; indirekt besagt dies, daß die Frauen mittlerweile einen Anspruch auf das Erbe von Grund und Boden erheben konnten. Bestätigt wird diese Tendenz durch die aufeinanderfolgenden Versionen des salischen Rechts im Königreich. Die Praxis, Frauen vom fränkischen Thron auszuschließen, könnte durchaus einen »Rückfall« in das Familienrecht jener alten Tage repräsentieren, in denen Frauen keinen Grundbesitz erbten. Am besten bestellt war es um den allgemeinen Status der Frauen im westgotischen Königreich, wo das römische Recht den größten Einfluß ausgeübt hatte. Im Laufe der Jahre gibt auch das angelsächsische Recht eine Entwicklung hin zur Anerkennung der Rechtsfähigkeit der Frau zu erkennen.[13]

Wie aber war die Position der Frau im hohen Mittelalter beschaffen? Läßt nicht das männliche Erstgeburtsrecht darauf schließen, daß sich der Status der Frauen verschlechterte? In Familien mit Söhnen und Töchtern waren die Frauen – ebenso wie die jüngeren Söhne – zwar nicht in der günstigsten Position, dennoch aber konnte ihnen das strikte Festhalten an der direkten Erbfolge und der Ausschluß von Seitenverwandten nur zugute kommen. Dementsprechend wurden die Rechte weiblicher Nachkommen im hohen und späten Mittelalter gegen die Ansprüche männlicher Seitenverwandter verteidigt. Die Erb»befähigung« der Frau wurde definitiv bestätigt, und nach und nach entwickelte sich die Erbin zu einer Standardfigur in der Literatur wie auch im realen Leben. Es ist bezeichnend, daß der »Topos« des lange Jahre kinderlos gebliebenen Paares, das sich endlich über eine Geburt freuen kann – und zwar über die Geburt einer Tochter! –, im späten Mittelalter auftaucht, nämlich im »Roman von Perceforest«, dem aus dem 14. Jahrhundert überlieferten Vorläufer von »Dornröschen«.

Als Töchter machten Frauen von ihrem Erbrecht Gebrauch. Als Mütter schützten Frauen die Rechte ihrer Kinder gegen mögliche Ansprüche der Familie väterlicherseits. Und als Schwestern kam den Frauen im Feudalsystem eine entscheidende Rolle bei der Stiftung von Bündnissen zu. Es ist vielleicht kein Zufall, daß im Französischen ein und dasselbe Wort, nämlich »allié«, sowohl den Verbündeten bezeichnet als auch den angeheirateten Verwandten. Schwäger wurden als wesentliche Bestandteile des familiären Netzwerkes betrachtet. Diese durch eine Frau vermittelte Männerbeziehung wird noch in einem so späten Werk wie dem höfischen Roman »Guillaume de Dole« von Jean Renart (frühes 13. Jahrhundert) dargestellt, in dem der Kaiser durch seine Heirat mit Liénor nicht nur eine schöne, kluge und treue Frau gewinnt, sondern in Guillaume auch einen heldenhaften und verläßlichen Schwager findet.

Bezeichnenderweise läßt sich beobachten, daß Könige und hohe Adelige im 9. und 10. Jahrhundert, also in einer Zeit, in der sich nach und nach die lineare Verwandtschaftsberechnung durchsetzte, begannen, bei der Wahl ihrer Ehepartner große Sorgfalt walten zu lassen. Von den Anthropologen wissen wir, daß die Wichtigkeit des Paares gerade in abstammungsbewußten Gesellschaften betont wird und die Frauen hier als Ehefrauen größere Achtung genießen denn als Schwestern. Hand in Hand mit der Stabilisierung feudaler Bündnisse festigte sich auch die Ehe. Adelige und Könige verzichteten nun auf die zuvor üblichen informellen Ehen mit sozial niedriger gestellten Frauen und suchten sich statt dessen aktiv Partnerinnen aus illustren Familien, deren Prestige sie nutzten, um ihren Anspruch auf wichtige Ämter zu rechtfertigen. Die Titel solcher Ämter gingen häufig auch auf die Ehepartnerin über; so wurde die Frau des Grafen als »Gräfin« bezeichnet. Der Angehörige des einfachen Adels stieg durch die Ehe mit einer Frau aus dem höheren Adel auf. Noch im 13. Jahrhundert wählten Adelige ohne zu zögern das Familienwappen der mütterlichen Herkunftsfamilie, wenn deren Ansehen das Prestige der väterlichen Familie übertraf.[14]

Die Wichtigkeit der Ehe und der Bündnisbildung betont die zentrale Rolle der Frau in der mittelalterlichen Gesellschaft und den hohen Stellenwert ihrer Loyalität gegenüber der eigenen Herkunftsfamilie, gegenüber der Familie ihres Mannes, dem Mann selbst und den gemeinsamen Nachkommen. Hierbei handelt es sich nicht um eine anachronistische Projektion zeitgenössischer feministischer Themen, sondern um ein genuin mittelalterliches Anliegen von großer Bedeutung. Die mittelalterliche adelige Frau sah ihre Identität in ihren Siegeln, in ihren Stickereien und anderen Ziergegenständen widergespiegelt, in den Wappensymbolen ihrer Herkunftsfamilie, in der Vereinigung dieser Symbole mit jenen ihrer angeheirateten Familie oder auch, vor allem im städtischen Milieu, in der Ersetzung der eigenen durch die des Mannes.[15]

Die Schlüsselrolle, die der Frau in den familiären Beziehungen zukam, hat auch mittelalterliche Autoren beschäftigt. Die ambivalente Position der zwischen der Loyalität gegenüber ihrem Ehemann einerseits und ihren Blutsverwandten andererseits zerrissenen Frau wurde sogar zum zentralen Thema des bedeutendsten germanischen Epos, des »Nibelungenlieds«. Die Protagonisten dieses Werkes, Kriemhild und Siegfried, lieben sich und sind miteinander verheiratet, Kriemhilds Brüder aber, die Siegfried einer Indiskretion verdächtigen, die ihrer eigenen Familie schaden würde, verbünden sich mit einem Vasallen Siegfrieds, der seinen Herrn ermordet. In tiefster Trauer um ihren geliebten Ehemann geht Kriemhild schließlich eine zweite Ehe ein. Sie lockt ihre Brüder in ihr neues Heim und tötet sie mitsamt ihren Vasallen, um den ermordeten Gatten zu rächen.

Eine ausdrucksvollere Darstellung der ambivalenten Position der Frau in den familiären Beziehungen des Mittelalters als diese tragische Geschichte über gespaltene Loyalitäten ist kaum vorstellbar. Verfaßt um das Jahr 1200, geht das »Nibelungenlied« auf ältere Quellen zurück, in denen die Geschichte einen gänzlich anderen Verlauf nimmt. In diesen älteren Fassungen ist es Kriemhilds

Mann, der die Ermordung ihrer Brüder betreibt; ihre eigene Rolle besteht in dem Versuch, die Brüder vor dem geplanten Verrat ihres Gatten zu warnen und sie später, nachdem ihre Warnung vergeblich war, zu rächen. Bezeichnenderweise erfolgt die Umkehr von Kriemhilds Rolle in der »modernen« Fassung, die sie zur Rächerin ihres Ehemanns und Mörderin ihrer eigenen Brüder werden läßt, erst um die Mitte des 12. Jahrhunderts. Viele archaische Aspekte der Geschichte bleiben gleichwohl erhalten – das Rachethema selbst ist schwerlich eine »Modeerscheinung« des hohen Mittelalters, und die in diesem Epos dargestellte Liebe zum Ehemann läuft auch nicht auf eine Verherrlichung der Kernfamilie hinaus, da sich Kriemhild ihren Kindern gegenüber tatsächlich vollkommen gleichgültig verhält und um den Tod eines treuen Vasallen tiefer trauert als um den Tod ihres eigenen Sohnes. Dennoch ist das zentrale Element des Epos die ausgesprochen »moderne« Rollenumkehr; Kriemhild ist in erster Linie Ehefrau und nicht Schwester und ihrem Ehemann treuer ergeben als ihren Blutsverwandten. Das leidenschaftlich liebende Paar triumphiert, aber dieser Triumph, so warnt der im Grunde doch konservative Verfasser, gefährdet die innersten Strukturen der traditionellen Gesellschaft.

Ehe und Besitz

Ist das »Nibelungenlied« die Geschichte einer Leidenschaft – die Geschichte der Liebe einer Frau zu ihrem Ehemann, des schockierenden Verrats durch die eigene Verwandtschaft und des Verlangens nach Rache –, erzählt es doch, was den modernen Leser vielleicht überraschen mag, zugleich auch die Geschichte materieller Güter. Kriemhild hat nämlich zwei Motive, an ihren Brüdern und deren Vasall Hagen Rache zu üben – jene haben sich verschworen und beschlossen, Siegfried zu töten, aber sie haben sich zudem des Raubs an ihrer Schwester schuldig gemacht, indem sie den Schatz, den sie von Siegfried erhalten hatte, im Rhein versenkten. Ebenso wie in diesem germanischen Epos spielt das Eigentum auch in der französischen epischen Dichtung eine wichtige Rolle, vor allem in den Werken Chrétiens de Troyes, die im 12. Jahrhundert entstanden: Iwein verteidigt eine junge Frau, und zwar nicht gegen einen Drachen, sondern gegen eine ältere Schwester, die sie um ihr Erbe betrügen will; Erek bittet seinen Vater, die Hälfte seines Vermögens seiner Frau Enite zu vermachen, falls er selbst sterben sollte. Darüber hinaus schwelgen die zahllosen, durch ein Happy-End gekrönten Erzählungen des Spätmittelalters nicht weniger in detaillierten Beschreibungen der Erbschaft des glücklichen Paares als in der Schilderung seines ehelichen Glücks.

Angesichts der Tatsache, daß sich die große Literatur so stark auf den materiellen Aspekt des Ehestandes konzentriert, ist es nicht überraschend, daß eine Vielzahl der historischen Dokumente über Eheschließungen den Transfer von Eigentum betrifft. Wie bereits betont, handelt es sich bei den in den mittelalterlichen Urkunden dargelegten familiären Verhältnissen in großem Umfang um Besitzverhältnisse. Dies ist in bezug auf das Erbrecht, den Eigentumstransfer im Todesfall, nicht anders zu erwarten, aber Eigentum wechselte auch häufig anläßlich einer Eheschließung den Besitzer, da der Profit aus Landbesitz im mittelalterlichen Europa nicht anders als in den meisten traditionellen Gesellschaften den wichtigsten Beitrag zum Lebensunterhalt lieferte. In einer Zeit, in der die Lohnarbeit noch keine dominierende Rolle spielte, war die Gründung eines eigenen Haushaltes für ein Paar, dem kein Grund und Boden zur Bewirtschaftung zur Verfügung stand, unvorstellbar. Die entscheidende Frage lautet hier: Wer war für die Aussteuer (häufig auch als Heiratsgut bezeichnet) verantwortlich, die Familie des Bräutigams (deren Beitrag oft als »Brautschatz« bezeichnet wird) oder die Angehörigen der Braut (die eine »Mitgift« stellten)?

Die Aussteuern: Brautschatz und Mitgift

Wie haben sich diese Aussteuern aus Anlaß der Eheschließung im Laufe des frühen Mittelalters entwickelt? Ursprünglich standen römisches Recht und germanischer Brauch einander absolut konträr gegenüber. In der römischen Gesellschaft war es die Familie der Braut, die für eine Mitgift (englisch »dowry«, lateinisch »dos«) sorgte. Tacitus, der die Germanen im ersten Jahrhundert unserer Zeitrechnung beschrieb, berichtet, daß die Aussteuer in der germanischen Gesellschaft (und, wie wir hinzufügen dürfen, auch in vielen anderen Gesellschaften jener Zeit) vom Bräutigam oder seiner Familie stammte und nicht von der Familie der Braut. Bis zum 6. Jahrhundert aber hatte der Gegensatz zwischen germanischen und römischen Bräuchen an Bedeutung verloren. Einerseits legte das römische Recht mittlerweile nahe, daß die Aussteuern von Braut und Bräutigam gleichwertig sein sollten; die »donatio ante nuptias« des Bräutigams sollte der »dos« der Brautfamilie entsprechen. Auf germanischer Seite sehen wir, daß der Brautschatz des Bräutigams um eine bedeutende Zuwendung seitens der Familie der Braut ergänzt wird; diese im lombardischen Recht als »faderfio« bezeichnete Aussteuer gewann zwischen dem 7. und dem 9. Jahrhundert an Bedeutung.[16]

Obwohl das Heiratsgut des Bräutigams ursprünglich vermutlich der Familie der Braut als Entschädigung für den Verlust der Kontrolle über diese Angehörige und ihre Kinder übereignet wurde (allerdings nicht, so erinnern uns die Anthropologen, als »Kaufpreis« für die Frau), gingen die Güter in der Zeit, in der die Mehrzahl der germanischen Gesetzessammlungen schriftlich niedergelegt wurden, direkt an die Braut, die im Anschluß an die Hochzeitsnacht auch die »Morgengabe« erhielt, den »Preis« für ihre Jungfräulichkeit. Da Eheschließungen in jener Phase weitgehend virilokal oder neolokal erfolgten (das Paar ließ sich im Elternhaus des Ehemannes oder aber in einem neuen Heim nieder), versorgte sich der neue Haushalt vor allem durch die Erträge, den das Land der Familie des Ehemannes abwarf. Daher erfüllte das Heiratsgut des Ehemannes häufig auch die Funktion, der Frau nach dem möglichen Ableben ihres Mannes das Auskommen zu sichern.

Zwei fundamentale Veränderungen kennzeichnen die Aussteuern im Hochmittelalter. Erstens wandelt sich der Brautschatz (das Heiratsgut des Bräutigams) von einer direkten Gabe an die Braut zum Nießbrauch des Eigentums für den Fall, daß der Ehemann vor seiner Frau starb. Die Witwe profitierte von den Erträgen des Besitzes, konnte aber nicht frei über ihn verfügen. Bei ihrem Tod hatte er ungeschmälert an die Kinder des Paares überzugehen; war das Paar kinderlos, so fiel der Besitz an die Familie des Ehemannes zurück. Die zweite fundamentale Veränderung, die sich im Hochmittelalter in bezug auf die Aussteuern vollzog, besteht darin, daß die Mitgift der Braut an Bedeutung gewann, so daß sie das Heiratsgut des Bräutigams in vielen Ländern bald deutlich übertraf; die Mitgift, so sagt man, »ersetzte« den Brautschatz.

Diese Veränderungen vollzogen sich in der gleichen Zeit, in der familiäre und Verwandtschaftsbeziehungen anscheinend einen grundlegenden Wandel von der horizontalen Verwandtschaft zum linearen Modell erfuhren. Die Bedeutung dieser gewandelten Aussteuerbräuche und ihres Zusammenhangs mit der Transformation der Verwandtschaftsbeziehungen wird sehr unterschiedlich interpretiert. So sieht etwa Diane Hughes im Anwachsen der Mitgift eine erneuerte lineare Organisation und eine Schwächung der ehelichen Bindung. Jack Goody hingegen deutet sie als Beweis einer verstärkten unmittelbaren Macht der Frau. Und David Herlihy führt die Vermehrung der Mitgift auf einen Frauen»überschuß« zurück, der bewirkte, daß Familien ihre Töchter auf dem »Heiratsmarkt« attraktiver machen mußten.[17] Es ist zwar schwierig, definitive Schlußfolgerungen zu ziehen, aber vielleicht kann man die Bedeutung dieser Entwicklungen besser verstehen, wenn man sie im Zusammenhang mit dem Erbrecht und dem Umgang der Ehegatten mit ihrem Besitztum untersucht.

Mitgift und Erbe

Der Zusammenhang zwischen den größeren Mitgiften der Frauen und den Erbgepflogenheiten wird deutlich, sobald wir uns klarmachen, daß sich zur selben Zeit, in der die Mitgiften den Wert der Brautgaben zu übertreffen beginnen, im lokalen und gelehrten Recht der Brauch durchsetzt, bereits ausgesteuerte Kinder von weiteren Erbschaften auszuschließen. Dieser Brauch, der sich im 12. Jahrhundert in Südfrankreich verbreitete, war offenbar lombardischen Ursprungs.[18] Das Problem, das er aufwirft, verweist uns erneut auf die Kontroverse um die Erbrechte der Frau im germanischen Recht. Wenn man annimmt, daß die Frauen bei den Germanen ebenso erbten wie ihre Brüder, dann gäbe diese Entwicklung eine Einschränkung ihrer Rechte zu erkennen, eine Minderung ihres gesellschaftlichen Status.

Wenn wir aber annehmen, daß Frauen traditionell kein Land erbten, können wir behaupten, daß sich die lombardische Mitgift, das »faderfio«, unter römischem und christlichem Einfluß entwikkelte und gleichzeitig eine Aussteuer und den Anteil der Frau (eine Neuerung) am Familienerbe darstellte. Die Tatsache, daß Zeitgenossen die Erbrechte einzuschränken versuchten, könnte durchaus bedeuten, daß diese Ansprüche mittlerweile mit größtem Nachdruck vertreten wurden und daher in einer Phase des Bevölkerungswachstums die Erbanteile der Söhne zu schmälern drohten. Die faktische Gleichwertigkeit von Mitgift und Erbe kommt in der Sprache der Notariatsakten zum Ausdruck, welche die Mitgiften in Katalonien sowie im Languedoc im 12. Jahrhundert verzeichnen; die Begriffe »dos« und »hereditas« werden hier praktisch austauschbar benutzt.[19]

Interessanterweise setzte sich dieser Brauch, ausgesteuerte Kinder bei der Erbschaft nicht mehr zu berücksichtigen, zuerst in einem Gebiet durch, in dem die teilbare Erbschaft – die gleiche Aufteilung unter den Erben – Tradition war, und nicht in jenen Regionen, in denen das Erbrecht des Erstgeborenen galt. Ebenso wie in anderen Gegenden Europas konnte der Grundsatz der Gleichheit jedoch auch hier durch »megliore« – eine gewisse Begünstigung eines bevorzugten Kindes – modifiziert werden. Aber sowohl in Regionen mit dem System der teilbaren Erbschaft als auch in jenen mit der Primogenitur als Regel gab es in einer Phase des Bevölkerungswachstums weniger zu verteilen als vorher, so daß es unbedingt notwendig war, Belastungen des Familienvermögens zu reduzieren. Es ist auch bezeichnend, daß sich dieser Brauch, ausgesteuerte Kinder im Erbschaftsfall nicht mehr zu berücksichtigen, in einer Region entwickelte, deren Gesetz in der Zeit des Frühmittelalters (als das Languedoc unter westgotischer Herrschaft stand) Töchtern einen großzügigen (nämlich dem der Söhne gleichwertigen) Erbanteil zugestanden hatte. Dies könnte die Hypothese stützen, daß der Erbausschluß der mit einer Mitgift ausgestatteten Töchter nicht als Hinweis auf eine relativ schwache Position der Frau im Erbschaftssystem zu verstehen ist, sondern vielmehr als massive Reaktion auf eine beträchtliche weibliche Besitzautonomie.

Ein weiterer wichtiger Faktor, der im Zusammenhang mit dem Ausschluß von Kindern, die eine Mitgift erhalten hatten, betont werden muß, ist die Tatsache, daß diese Maßnahmen zur selben Zeit erkennbar werden, in der die Kirche ihre Inzestverbote mit Erfolg durchzusetzen begann (siehe Kapitel »Kirchliche Vorschriften über Sexualität und Ehe«, S. 55ff.). Als die Heirat zwischen nahen Verwandten nicht länger als akzeptabel galt, wurde es vermutlich wichtiger, die Erbrechte der Frauen zu kontrollieren. Schließlich drohte die Gefahr, daß ererbter Besitz der »Familie« ein für allemal verlorenging, jedenfalls dann, wenn die Tochter einen Mann heiratete, der nicht zur Verwandtschaft zählte – zumal Ehepartner verstärkt dazu tendierten, sich testamentarisch gegenseitig als Erben einzusetzen.

Abgesehen von dem terminologischen Problem, das der Versuch mit sich bringt, die Beziehung zwischen Mitgift und Erbanteil zu analysieren, müssen wir festzustellen versuchen, ob die Mitgift – die aus Grundbesitz und/oder Geld bestehen konnte, das mitunter über mehrere Jahre hin gezahlt wurde – quantitativ tatsächlich einem Erbanteil entsprach. Die Höhe einer Mitgift wird normalerweise nicht prozentual auf das Vermögen einer Familie bezogen. Wie können wir beurteilen, welchen Anteil vom Familienvermögen beispielsweise 100 Lire ausmachten? Wir wissen, daß die Mitgiften in Italien während des 14. Jahrhunderts beträchtlich anwuchsen. Dante klagte voller Bitterkeit, daß diese Tendenz bedeutende Familien ruiniere; einige Stadtverwaltungen versuchten sogar, Höchstlimits für Mitgiften festzulegen. Viele Familien mußten bis an die Grenze des für sie Tragbaren gehen, um die Töchter angemessen aussteuern zu können, und einige Notariatsakten halten tatsächlich fest, daß die Mitgift der Tochter das Erbteil ihres Bruders übertraf.[20]

Töchter wurden also von ihren Vätern nicht unbedingt »übers Ohr gehauen«, auch wenn das Gesetz sie nach Erhalt einer Mitgift vom Erbe ausschloß. Viele Töchter waren bruderlose Erbinnen, denen das gesamte elterliche Vermögen zufiel und beim Adel häufig auch Lehnsgüter sowie die Regierungsgewalt über ganze Herrschaftsbereiche – Ermengarde, Vizegräfin von Narbonne (gest. 1196), Eleonore von Aquitanien (gest. 1204) und Mahaut, Gräfin von Artois (gest. 1329), sind nur drei der berühmteren Beispiele für solche »politischen Erbinnen«. Darüber hinaus konnte die Gepflogenheit, ein bestimmtes Kind zu bevorzugen, sehr wohl einer Tochter auf Kosten ihrer Brüder zugute kommen. In einem Teil der Pyrenäen hatte sich die absolute Primogenitur behauptet, das heißt, das erste Kind erbte ungeachtet seines Geschlechts den Wohnsitz der Familie, so daß eine erstgeborene Tochter Vorrang gegenüber ihren jüngeren Brüdern erhielt. Und selbst wenn Töchter nur eine Mitgift bekamen, konnte diese, wie wir gesehen haben, den Erbanteil der Söhne deutlich übertreffen. Zudem zeigen die Notariatsakten häufig, daß ausgesteuerte Töchter trotz gegenteiliger gewohnheitsrechtlicher Bräuche erneut als Erbinnen eingesetzt wurden. Frauen konnten zudem ohne Einschränkungen andere Verwandte beerben. Mit einer minimalen Mitgift abgefundene Frauen hatten sogar die Möglichkeit, den Rechtsweg einzuschlagen und sich gegen jüngere Gesetzesstatuten, die sie vom Erbe ausschlossen, auf das traditionelle Gewohnheitsrecht und das römische Recht als Vorläufer des gleichwertigen Erbes zu berufen. Was das Erbrecht betraf, so konnten sich Töchter auf mehr als nur ein juristisches Standbein stützen.[21]

Das Heiratsgut des Bräutigams und das Schicksal der Witwe

Während die Bedeutung der Mitgiften im Hochmittelalter wuchs, verlor die Aussteuer des Bräutigams in vielen Ländern tendenziell an Wert. Vor allem im Norden Italiens breitete sich im 12. und 13. Jahrhundert eine kommunale Gesetzgebung aus, welche die Güter des Mannes, die der Frau als »Schenkung« übergeben werden konnten, begrenzte und Feudalbesitz grundsätzlich ausschloß. In ähnlicher Weise legte der Jurist »Glanvill« im 12. Jahrhundert in England als maximale Höhe der bei der Heirat erfolgenden Versorgung der Frau durch ihren Mann ein Drittel von dessen Besitz fest. Im 13. Jahrhundert entsprach das Heiratsgut des Mannes in Toulouse einem Drittel der Mitgift seiner Frau, und in der Provence belief es sich gegen Ende des Mittelalters durchschnittlich auf nur ein Zehntel des Mitgiftwertes.[22] Wie bereits erwähnt, wurde das Gut des Mannes sogar in Regionen, in denen er einen beträchtlichen Wert in die Ehe einbrachte, von einer direkten Schenkung in einen Nießbrauch zugunsten der Witwe umgewandelt.

All dies scheint den Frauen und Witwen jener Zeit recht düstere Aussichten eröffnet zu haben. Betrachten wir jedoch die Praxis, dann können wir das Bild auch in diesem Fall deutlich modifizieren. In manchen Ländern – Polen und Österreich beispielsweise – entsprach die Aussteuer des Ehemannes weiterhin der Mitgift der Braut. Sogar im Süden Frankreichs, wo der Anteil des Bräutigams auf die unbedeutenden, in Eheverträgen festgehaltenen Summen geschrumpft war, erzählen letztwillige Verfügungen und Testamente, die seit der Wiederentdeckung des römischen Rechts zunehmend an Bedeutung gewannen, eine andere Geschichte. Ehemänner, die über ihren Besitz sehr frei verfügen konnten, setzten in ihren Testamenten häufig ihre Frau als Universalerbin ein – eine besonders aufschlußreiche Geste, wenn es sich um kinderlose Paare handelte. In Toulouse waren es im 13. Jahrhundert häufig die Erblasser niedriger Herkunft, die ihren Besitz an ihre Frauen vermachten. Letztwillige Verfügungen, die uns aus Marseille, aus Sizilien und Kreta überliefert sind, geben eine vergleichbare Großzügigkeit der Ehemänner gegenüber ihren Frauen zu erkennen.[23]

In ähnlicher Weise hat sich die Situation offenbar auch in England trotz des generellen Verbotes, Grundbesitz in die Erbmasse einzubeziehen, gegen Ende des Mittelalters verbessert. »Glanvills« Vorgabe, der Frau bei der Heirat maximal ein Drittel vom Besitz des Ehemannes zu übereignen, war vergessen, der Versorgungshöhe waren keine Grenzen mehr gesetzt. Eine Frau konnte sogar von ihrem Schwiegervater Grund und Boden erben, falls ihr Ehemann vor seinem Vater und dessen Frau gestorben war! Im 14. und 15. Jahrhundert klagten Witwen ihr Wittum im Court of Common Pleas erfolgreich ein, ja, sie konnten sogar auf eine Summe klagen, welche die zum Zeitpunkt der Eheschließung vereinbarte übertraf. Durch den Trick des »feoffment to uses«, des Nießbrauchs (eine juristische Einrichtung, die den Vorläufer des Treuhandwesens darstellt), konnten großzügige Ehemänner ihren Frauen noch auf dem Sterbebett über eine dritte Partei Eigentum übertragen.[24]

Auch in Nordeuropa war der Witwe ein günstiges Los beschieden. Durch das »ravestissement«, einen Brauch, der sich in vielen flämischen Städten beobachten läßt, konnte der Ehemann all seine Güter seiner Frau hinterlassen (allerdings kam es in Krisenzeiten gelegentlich zu einer Gegenreaktion zugunsten der Familie des Mannes). In Deutschland sahen die Gesetzgebungen bestimmter Städte (München, Göttingen und andere) vor, daß Ehegatten voneinander erben sollten. In anderen Städten war der Anteil der Witwe auf die Hälfte (Lübeck) oder auf Zweidrittel (Konstanz) der Güter ihres Ehemannes begrenzt.[25] Arme Frauen konnten durch die Witwenschaft unter Umständen in eine schwierige ökonomische Situation geraten, Witwen aus den wohlhabenden Schichten Europas jedoch waren gegen Ende des Mittelalters beinahe um ihr Schicksal zu beneiden, da Tradition, testamentarische Verfügungen oder Manöver, mit denen herkömmliche Einschränkungen umgangen werden konnten, ihre Verhältnisse recht günstig gestalteten.

Ehevereinbarungen: Gütertrennung oder Gütergemeinschaft?

Die Bräuche, die zu Lebzeiten beider Gatten, also bevor die Ehe durch den Tod aufgehoben wurde, die Besitzverhältnisse regelten, variierten je nach Region und sozialer Schichtzugehörigkeit. Allgemein gesprochen, wurde im südlichen Frankreich und in Italien, aber auch vom Adel in anderen Territorien ein Mitgiftsystem bevorzugt. Die Frau brachte eine Aussteuer in ihren neuen Haushalt ein, die ihr zurückgegeben werden mußte, wenn der Ehemann vor ihr starb; starb sie selbst kinderlos, so ging die Mitgift zurück an ihre Familie. In Nordeuropa, aber auch in Spanien, war es vor allem unter Nichtadeligen üblich, daß Mann und Frau ihren Besitz vereinten. Dieser Zusammenschluß konnte in Form einer »Universalgemeinschaft« erfolgen, die sämtliches Eigentum beider Partner umfaßte. Weit verbreitet aber war auch eine Gemeinschaft der erworbenen Güter, das heißt lediglich jenes Besitzes, den das Paar nach der Heirat hinzugewonnen hatte. Von der Familie ererbte Liegenschaften waren also davon ausgeschlossen.

Für beide Systeme war es vor allem gegen Ende des Mittelalters charakteristisch, daß – zumindest theoretisch – die Kontrolle über den Besitz, gleichgültig, ob es sich um das Aussteuergut der Frau oder um gemeinschaftliches Eigentum handelte, in der Hand des Mannes lag. Untersuchungen über Familien in Südfrankreich haben gezeigt, daß man von den dortigen Ehemännern erwartete, nicht nur die Mitgift, sondern auch das Paraphernalgut der Frau zu kontrollieren, das heißt, ihren eigenen, persönlichen Besitz, den sie neben der Mitgift mit in die Ehe gebracht hatte. Es ist nicht überraschend, daß viele Historiker in dieser Tendenz, dem Ehemann die Kontrolle über den Besitz zu überlassen, einen Hinweis auf den sinkenden Status der Frau gesehen haben.

Aber wie auch in so vielen anderen Bereichen bestand zwischen Theorie und Praxis ein Unterschied. Theoretisch konnte eine verheiratete Frau ohne Beteiligung ihres Ehemannes keine Handels- oder Gütertransaktionen durchführen, dennoch aber zeigen Notariatsakten aus Süd-, Mittel- und Nordeuropa, daß Frauen in solchen Angelegenheiten häufig selbständig handelten. Giustiniana

O'Riordan hat von einer »intensiven juristischen Aktivität der Frauen« im Venedig des 15. Jahrhunderts gesprochen. In Florenz benötigten Frauen theoretisch einen »Vormund« (»mundualdus«), der sämtlichen notariellen Maßnahmen zustimmen mußte; in zwei von drei Fällen aber war der in Frage stehende »mundualdus« mit der Frau gar nicht verwandt – möglicherweise hatte man ihn nur kurz von der Straße hereingeholt, damit er ihre Rechtshandlung sozusagen »abstempelte«. Auch jüdische Frauen entfalteten im wirtschaftlichen und juristischen Bereich beträchtliche Aktivitäten.[26]

Abgesehen von diesem Gegensatz zwischen Theorie und Praxis aber dürfen wir auch fragen, inwieweit eine eigenständige Kontrolle über Privatbesitz tatsächlich einem hohen Status der Frau entspricht. Unter diesem Blickwinkel gesehen, erweist sich ein Vergleich der ehelichen Besitzverhältnisse im mittelalterlichen Westen mit denen in islamischen Ländern als interessant. In islamischen Ländern erfreuten sich die Frauen in der Zeit des Mittelalters in bezug auf ihr privates Eigentum einer weitgehenden Unabhängigkeit. Eine Frau konnte ihre Eltern beerben und nach ihrer Heirat selbständig über diesen Besitz verfügen. Er wurde als ihr persönliches Eigentum, nicht als Eigentum des Paares, betrachtet, da allein der Ehemann für die Haushaltskosten aufzukommen hatte. Dennoch war diese relative materielle Autonomie in jenen Gesellschaften, die Polygamie praktizierten und die unilaterale Verstoßung der Ehefrau zuließen, nicht mit einem grundsätzlich hohen gesellschaftlichen Rang der Frau verbunden.[27]

In Westeuropa *scheint* die Ehefrau ihrem Mann im 13. und 14. Jahrhundert in materieller und häufig auch in psychologischer Hinsicht untergeordnet zu sein. Dennoch löschte die Tendenz, daß der Ehemann den gesamten Besitz des Paares kontrollierte, nicht einmal in der Theorie die Rechtsfähigkeit seiner Frau aus. Ihre Rechtsfähigkeit war nicht »nicht-existent«, sondern »ruhte«, und konnte, was sogar Juristen wie Beaumanoir zugeben, in mindestens zwei spezifischen Fällen »aktiviert« werden. Die Frau konnte im Falle einer längeren Abwesenheit ihres Mannes die Leitung des Haushalts übernehmen, beispielsweise wenn er auf den Kreuzzug ging, auf eine Pilgerfahrt oder eine Geschäftsreise. Wenn der

Mann dem Wahnsinn anheimfiel, konnte sie ebenfalls, und zwar sogar dauerhaft, seinen Platz einnehmen. Reale Beispiele für solche Situationen bieten sämtliche soziale Milieus in Hülle und Fülle. Wie so viele Städterinnen hielt beispielsweise Elisabeth Vekkinchusen im frühen 15. Jahrhundert in Nürnberg während der häufigen, ausgedehnten Abwesenheit ihres Mannes nicht nur im Haus die Stellung, sondern leitete auch sämtliche Familiengeschäfte, führte Zahlungen aus und war für die Buchhaltung verantwortlich. Margaret Paston verwaltete wie viele andere Landadelige den Gutsbesitz der Familie, während ihr Ehemann sich in London aufhielt, um als Anwalt zu praktizieren, und trotzte sogar der Belagerung durch tausend bewaffnete Männer. Königin Blanche von Kastilien (gest. 1252) wurde zur Regentin ernannt, solange ihr Sohn Louis IX. noch minderjährig war (in dieser Zeit schlug sie einen Aufstand der Barone nieder), und sie übernahm die Regierungsgeschäfte auch später wieder, als er auf den Kreuzzug ging. Königin Isabella von Bayern (gest. 1435) regierte in den Phasen, in denen Charles VI. wahnsinnig war. Christine de Pisan hielt es für wichtig, daß ein König seiner Gattin »die Regierungsgewalt« übergeben konnte und die adelige Frau über »sämtliche Fakten der Regierung« ihres Mannes informiert war, damit sie ihn notfalls vertreten konnte.

Wir sehen also, daß das mittelalterliche Paar ein häusliches Team bildete – gelegentlich sogar ein professionelles wie im nordeuropäischen Handwerker- und Händlermilieu; nominell hatte der Ehemann das Sagen, unter bestimmten Umständen aber konnte er sich notfalls durch seine Frau vertreten lassen. Ein Übergang zu diesem »Team«-Modell läßt sich bereits im karolingischen Zeitalter beobachten; die Frauen »büßten an Unabhängigkeit ein, wurden aber an der Verwaltung [gestion] stärker beteiligt«. In der islamischen Gesellschaft hingegen konnten Frauen zwar ihren eigenen Besitz kontrollieren, aber es war unvorstellbar, daß sie ihren Mann, und sei es nur vorübergehend, als Haushaltsvorstand ersetzten.[28] Das mittelalterliche Beziehungsmodell der Ehe war in vielerlei Weise tatsächlich flexibler als unser eigenes Verständnis der traditionellen männlichen beziehungsweise weiblichen Rolle. Wir sehen dies sehr deutlich in bestimmten Teilen Südeuropas, wo die Sitte, eine Mitgift zur Gründung eines neuen Haushaltes einzubringen, überraschenderweise ebenso für den Mann wie für die Frau verbindlich sein konnte! Wie Laurent Mayali zeigte, betreffen die ältesten Bräuche, nach denen die Mitgift eine Abfindung der Erbansprüche von Kindern darstellte, nicht nur ausgesteuerte Töchter, sondern Kinder überhaupt. In welchen Fällen konnte ein Sohn – oder sogar ein Bruder – eine Mitgift erhalten? Häufig wurde der Sohn, der in ein Kloster ging, zum Zeitpunkt seiner Trennung von der Familie ausgesteuert. Aber ein Sohn konnte auch anläßlich seiner Heirat eine Aussteuer erhalten – hier handelte es sich wahrscheinlich in den meisten Fällen um einen jüngeren Sohn, der eine Erbin heiratete. In mancherlei Hinsicht bildete diese Situation das Spiegelbild einer konventionellen Ehe. Der Ehemann brachte die Mitgift ein, für deren Rückerstattung die gleichen Bedingungen galten wie im Falle der Mitgift einer Braut. Während die meisten frischgebackenen Eheleute im Mittelalter entweder ins Elternhaus des Mannes zogen oder ein eigenes Heim gründeten, zogen Ehemänner, die selbst eine Mitgift erhielten, ins Haus der Brautfamilie. Diese Situation kam gar nicht so selten vor, wie man vielleicht annehmen könnte, denn ungefähr ein Fünftel alle Paare besaß nur Töchter; da diese in der Erbfolge automatisch Vorrang vor jedem männlichen Seitenverwandten hatten, erbten sie den Familienbesitz. Unter diesen Umständen war es für solche Erbinnen nur ein logischer Schritt, einen nachgeborenen Sohn zu heiraten, der nur kleine oder gar keine Liegenschaften erbte und damit zufrieden war, eine Mitgift in die Ehe einzubringen und sich mit seiner Frau auf deren Besitz niederzulassen.[29]

In diesen Fällen war mitunter nicht die Frau, sondern der Schwiegervater der Haushaltsvorstand. Nicht selten verlangte dieser von seinem Schwiegersohn auch, den Familiennamen der Frau anzunehmen. Eine solche Heirat konnte mit einem regelrechten Adoptionsverfahren einhergehen. Aus dem Languedoc ist sogar ein Fall überliefert, in dem in einem Ehevertrag aus dem Jahre 1406 festgehalten wurde, daß der Gatte, sollte seine Frau vor ihm sterben, weiterhin Wohnrecht bei seinem Schwiegervater haben und sich sogar wiederverheiraten könne – allerdings unter der Bedingung, daß letzterer die Wahl der neuen Gattin billigte!

Aber die Lebenserwartung war im Mittelalter normalerweise nicht sehr hoch, und so unterstand der Ehemann häufig nicht seinem Schwiegervater, sondern seiner Frau, die auch das Eheeigentum verwaltete, das sie ja weitgehend selbst beigesteuert hatte. Bestimmte Eheverträge verpflichtete den Ehemann sogar, im Elternhaus seiner Frau zu wohnen. Den Kanonisten – Spezialisten im Kirchenrecht – mochte diese Situation, die der biblischen Auffassung vom Ehemann als »Haupt« des Paares radikal zuwiderlief, Unbehagen bereiten, dennoch aber wurden solche Übereinkünfte in der Zivilrechtsprechung konsequent bestätigt, und zwar in der Schweiz ebenso wie im Languedoc. Selbst der Adel konnte sich dieser Tendenz nicht entziehen, so daß es kein Zufall ist, wenn die höfische Literatur des späten Mittelalters immer wieder die hypergame Ehe (die Heirat einer sozial höhergestellten Frau) behandelt und sie zu einem literarischen »Topos« erhebt, der aber tatsächlich die zeitgenössische Praxis widerspiegelt. Noch Mitte des 13. Jahrhunderts hatten Kinder, die aus solchen Ehen hervorgingen, die Möglichkeit, statt des Wappens der väterlichen Familie das der Familie mütterlicherseits zu übernehmen; gegen Ende des Mittelalters ging der Trend dahin, beide zu kombinieren.

Angesichts der weitverbreiteten Praxis der Hypergamie überrascht es nicht, daß sogar Frauen, die eine traditionelle Mitgift in die Ehe eingebracht hatten, diese und unter Umständen sämtliche Güter des Paares verwalten konnten, wenn sich das Paar dahingehend einig war. Im Schweizer Wallis ist aus dem Jahre 1450 gar ein Fall dokumentiert, in dem der Ehemann eine solche Vereinbarung nachträglich bereute und seine Frau wegen Mißwirtschaft oder Veruntreuung des ehelichen Besitzes verklagte![30]

Die Vereinigung der Besitztümer und die Tatsache, daß viele Frauen vorübergehend oder auf Dauer bei der Verwaltung der ehelichen Finanzen ein Wörtchen mitzureden hatten, erklären, weshalb Männer ihren Besitz so häufig an ihre Ehefrauen vererbten. Eine Frau konnte zur Vollstreckerin des letzten Willens ihres Mannes ernannt werden und trat häufig das gesamte Erbe an. »Dame, maitresse et administresse« – diese Begriffe, die sich in verschiedenen Bräuchen und Testamenten finden, sind ein vielsagendes Zeugnis für das Vertrauen, das Ehegatten in ihre Frauen setzten.

Dieses Vertrauen der Männer in die Fähigkeit ihrer Frauen, den Haushalt zu leiten, zeigt sich auch darin, daß Männer die Vormundschaft über die kleinen Kinder des Paares immer häufiger ihren Frauen anstatt männlichen Verwandten übertrugen. Die Fähigkeit der Witwen, die Verantwortung für die gemeinsamen kleinen Kinder zu übernehmen, ist ein deutliches Zeichen für die sich wandelnde gesellschaftliche Rolle der Frau, denn im frühen Mittelalter noch galt sie selbst als schutzbedürftig und keinesfalls als Beschützerin. Die Frau unterstand in der germanischen Welt dem »mundium« (Munt, Schutz) ihres Vater und nach ihrer Heirat der Munt des Ehemannes. Im Spätmittelalter aber wurde sie nach dem Tod ihres Gatten in den meisten Fällen zum Vormund ihrer Kinder. Dieser Trend läßt sich in England, Frankreich, Sizilien und Norditalien beobachten. Das Stadtrecht einer Reihe deutscher Städte wie Göttingen, Konstanz und München – eine Ausnahme bildet unter anderem Magdeburg – enthielt Paragraphen, in denen die Stellung der Witwe als Vormund der kleinen Kinder bestätigt wurde.

Das Studium von Notariatsurkunden sowie den Verzeichnissen von Stadt- und Herrschaftsgerichten vermittelt den Eindruck, daß mittelalterliche Frauen als Mädchen, Ehegattinnen und Witwen unter Umständen über ein beträchtliches Maß an Autonomie verfügten. Freilich, die Frauen heirateten jung – sehr häufig im Alter zwischen 16 und 18 Jahren –, früher als die Männer, und so könnte man vermuten, daß sie von der Obhut ihrer Väter direkt in die ihrer Männer übergingen. Aber Frauen galten ebenso wie Männer bereits sehr früh als heiratsfähig – Mädchen konnten mit 12 Jahren heiraten, Jungen mit 14. Ein Mädchen niedriger Herkunft konnte sich durchaus als Dienstmagd bei einem Handwerker oder als Bauernmagd verdingen, bevor es sich verheiratete. Häufig war die Lebensdauer nur kurz, so daß Mädchen mit 16 oder 18 Jahren unter Umständen bereits keinen Vater mehr hatten. Diese beiden Faktoren erklären, weshalb Mädchen oft – in Marseille während des 14. Jahrhunderts in nahezu der Hälfte aller Fälle – nicht von ihren Vätern oder Verwandten ausgesteuert wurden, sondern selbst für ihre Mitgift sorgten, die entweder aus ihrem Erbe oder aus erarbeiteten Ersparnissen oder aus beidem bestand. In ähnlicher Weise hat

Judith Bennett gezeigt, daß junge, unverheiratete Männer und Frauen im England des 14. Jahrhunderts eine wichtige Rolle bei Verkäufen von Grundbesitz spielten; sie zieht daraus den Schluß, daß beide Partner durchaus bereits vor der Ehe Eigentum akkumulieren konnten.[31]

Auch in der Ehe fanden Frauen – häufig mit Unterstützung einfühlsamer Ehemänner – Möglichkeiten, um bestimmte Gebräuche zu umgehen, die ihrer Rolle als Verwalterin der Familiengeschäfte abträglich waren. Selbst in Gegenden, in denen das Mitgiftsystem vorherrschte, konnte die Gemeinschaft erworbenen Eigentums vertraglich vereinbart werden. Die ehelichen Besitzverhältnisse konnten in sogenannten »affrèrement entre époux« (Bruderschaft der Ehepartner) detailliert niedergelegt werden; vor allem, wenn die Frau den Löwenanteil des Besitzes mitgebracht hatte, konnte sie in hohem Maße die Bedingungen dieses Vertrags vorschreiben und zum Beispiel den Ort des Wohnsitzes bestimmen. Das Mitgiftsystem selbst mag darüber hinaus gelegentlich die innige Komplizenschaft zwischen Mann und Frau verdecken. Es konnte sich zum Beispiel als Vorteil erweisen, wenn ein Paar von Schulden, einem chronischen Problem des Alters, bedroht war; die Aufrechterhaltung der Sonderstellung von Dotaleigentum konnte diesen Besitz vor habsüchtigen Gläubigern schützen. Auch Rechtsstreitigkeiten geben die Solidarität des Paares im Dotalsystem zu erkennen, beispielsweise die Klage, die im 15. Jahrhundert in Aragon gemeinsam von einem Mann und seiner Frau gegen deren Vater angestrengt wurde, weil er ihre Mitgift nicht ausgezahlt hatte.[32]

Selbst in England, wo die anglo-normannische Tradition Frauen in eine vollständige Passivität zu bannen schien, fanden Paare die Möglichkeit, Bräuche zu umgehen, so daß durch Gemeinschaftsbesitz die Beteiligung der Frau an Übertragungen von Grund und Boden möglich wurde. Und wie wir gesehen haben, stärkten der Nießbrauch (feoffment to uses) in England, die Testamentspraxis in Südeuropa und sogar der Brauch selbst in bestimmten Regionen der Niederlande und Deutschlands die Position der Witwe. Nicht mehr der Bruder des Verstorbenen übernahm den Haushalt und die Vormundschaft über die Kinder, sondern die Witwe. Auf direktem und indirektem Weg gelang es den Frauen überall, sich eine entscheidende Rolle bei der Verwaltung des ehelichen Besitzes und in den familiären Angelegenheiten aufzubauen und zu sichern.

Mittelalterliche Misogynie

Aber, so könnte der Leser einwenden, wie hängt all dies mit der Frauenfeindlichkeit zusammen? Es ist doch allgemein bekannt, daß das frauenfeindliche Schrifttum im Mittelalter eine Blütezeit erlebte. Wie läßt sich das recht optimistische Bild, das wir vom Familienleben und von der Rolle, die die Frau darin spielte, gezeichnet haben, mit dieser misogynen Tradition vereinbaren?

Zwei Dinge sind hier festzuhalten. Erstens gab es neben diesen misogynen Schriften gleichzeitig auch eine pro-weibliche Literatur. Bereits im hohen Mittelalter priesen bestimmte Autoren, beispielsweise Peter Abälard (gest. 1142), die Tugenden der Frauen, wobei sie nicht nur die Jungfrau Maria rühmten, sondern auch Maria Magdalena, die Sünderin, die zur Heiligen wurde, und andere heilige Frauengestalten aus der Bibel. In bezug auf das 15. Jahrhundert können wir sogar von einer feministischen Literatur sprechen, als deren berühmtestes Beispiel Christine de Pisan gilt, die in ihrer *Stadt der Frauen* (1405) erklärte, daß Frauen »Gott dafür danken« sollten, daß er »den Schatz ihrer Seelen in weibliche Körper gesenkt« habe. Die *Stadt der Frauen* ist eine Art Verzeichnis von Heldinnen (einschließlich tugendhafter Heidinnen) und wurde teilweise durch Boccaccios *De mulieribus claris* inspiriert, einem Werk, das von mehr als einem Autor imitiert wurde, als das Lob der Frau, häufig auf ihre Regierungsfähigkeit bezogen, im 15. und 16. Jahrhundert zur literarischen Standardkost der Intellektuellen wurde.[33]

Der zweite relevante Punkt betrifft die Tatsache, daß sich die Misogynie gegen Ende des Mittelalters grundlegend veränderte. Traditionell geistlicher Herkunft, verurteilt die frühere misogyne Literatur die Frau als Inbegriff all dessen, was materiell und vergänglich ist, da ihre Körperlichkeit das Symbol jeder Sexualität ist und als solche von den damaligen Kämpfern für Keuschheit und Askese verabscheut wird.

Wenngleich der sinnliche Charakter der Frauen im Spätmittelalter alles andere als vergessen ist – nicht nur ein Großteil der geistlichen, sondern auch die »populäre« Literatur wählt die weibliche Sexualität immer wieder zum Thema, wie es die »Fableln« beweisen –, nimmt die spätmittelalterliche frauenfeindliche Literatur nun doch eher das weibliche Machtstreben ins Visier. In »Die fünfzehn Freuden der Ehe« (15. Jahrhundert) – der Titel ist natürlich ironisch gemeint – wird die Ehefrau nicht nur sinnlicher Gelüste (gegenüber allen Männern mit Ausnahme ihres eigenen) beschuldigt; man wirft ihr auch vor, den Gatten durch ihre Ausgaben für Kleidung und Einladungen von Verwandten finanziell zu ruinieren, ihre eigene überlegene soziale Position protzig zur Schau zu stellen und ihn seinem Schicksal zu überlassen.[34] Mit anderen Worten: Thema ist die hypergame Ehe, in der die sozial überlegene Frau das Sagen hat. Die Feindseligkeit, mit der ihr Mann ihr begegnet, richtet sich weit weniger gegen ihre Körperlichkeit oder Sexualität als vielmehr gegen ihre Machtanmaßung. Diese spezielle Form der Misogynie verweist also gerade nicht auf die niedrige gesellschaftliche Stellung der Frauen, sondern stellt eine recht paranoide Reaktion auf eine weibliche Position dar, die von den Autoren als Machtmißbrauch erlebt wird.

»Die fünfzehn Freuden« sind nur ein Beispiel für ein ganzes Genre misogyner Literatur, in der die Frau wegen ihrer außerordentlichen Macht kritisiert wird. »Die Frau herrscht ... sie wollte Herrin sein ... so wird er, der frei war, zum Sklaven gemacht«, klagte der Autor des im späten 13. Jahrhundert verfaßten Werkes »De coniuge non ducenda«.[35] Das Thema der weiblichen Macht, der »Frau an der Spitze« (wie Natalie Zemon Davis es in ihrer Beschreibung von Gesellschaftsparodien aus einem späteren Zeitalter formulierte), taucht in vielen Genres der mittelalterlichen Literatur auf. Autoren fabulierten die Welt der Amazonen, in der Frauen regierten und Erbinnen die entscheidende Rolle spielten, sie beschrieben das Land von Torelore in »Aucassin et Nicolette«, wo die Frauen kämpften und die Männer Babys bekamen, das »Valley of no Return«, in dem die Fee Morgane treulose Liebhaber in den Kerker warf. In verschiedenen Werken sowohl des komischen Genres (»Berengère«, »Der vrouwen turnei«, »Nonnenturnier«) als auch des dramatischen (»Willehalm«, »Sir Isumbras«, »Floriant et Florete«) greifen Frauen zu den Waffen, um wie Ritter zu kämpfen. Im »Roman de Silence« und im »Dekamerone« (II.9, III.9) legen als Männer verkleidete Frauen »männliche« Tugenden an den Tag und erkämpfen sich in einer Männerwelt Respekt. Ein beliebtes Motiv der bildenden Kunst wie auch der Literatur war Phyllis, die tyrannische Kurtisane des Aristoteles. Phantasien über weibliche Macht sowie Kritik am Papsttum liegen der im 13. Jahrhundert entstandenen Legende von der Päpstin Johanna zugrunde. Gegen Ende des Mittelalters maßten sich zahllose Prophetinnen priesterliche Gewalt an, und einige von ihnen behaupteten, vom Heiligen Geist geschwängert worden zu sein.[36]

Zwei ganz unterschiedliche literarische Werke illustrieren auf höchst lebendige Weise die obsessive Beschäftigung des Spätmittelalters mit dem Reichtum und der Macht der Frau. An der Grenze zur Gotteslästerung porträtiert der »Disput zwischen Gott und seiner Mutter« [Desputoison de Dieu et de sa mère] (1417) einen neiderfüllten Christus, der seine Mutter um all die glänzenden Kathedralen beneidet, die ihr geweiht sind, während er selbst lediglich »ein paar kleine Hospitäler« sein eigen nennen darf. Die Jungfrau, als fleißig und wirtschaftlich denkend geschildert, wird ihrem mittellosen Sohn gegenübergestellt; sie häuft nicht nur größeren Reichtum an als er, sondern kann sich auch geschickt verteidigen und den »Disput«, den ihr Sohn vor den Papst gebracht hat, gewinnen.[37]

Nicht der Reichtum, sondern die Macht steht im Mittelpunkt der Erzählung, die Chaucer der »Frau aus Bath« in den Mund legt.[38] Nachdem er eine Jungfrau vergewaltigt hat, soll ein junger Ritter enthauptet werden, aber die Königin interveniert und gewährt ihm das Leben unter der Bedingung, daß er die Antwort auf folgende Frage weiß: »Was ist es, das zumeist ein Weib begehrt?« Der Ritter findet nur allzu viele Antworten: Frauen wollen »Putz«, »Liebesschäkerein«, »Lob- und Schmeichelworte«. Schließlich schlägt ein häßliches altes Weib ihm einen Handel vor; sie ist bereit, ihm die richtige Antwort zu verraten, wenn er verspricht, ihr zu Gefallen zu sein. Diese Antwort lautet: »Lehnsherrin mein, im allgemeinen steht / Der Frauen Wunsch nach – Souveränität, / Die

Gatten und Geliebten zu regieren / Und über sie das Regiment zu führen.« Alle Frauen bei Hofe sind sich einig, daß ihm diese Antwort seinen Kopf gerettet hat. Nun trägt die häßliche Alte ihren Wunsch vor: der Ritter soll sie heiraten, dieser aber ist entsetzt und sucht nach Ausflüchten, bis er schließlich einwilligt, sie zur Frau zu nehmen und ihr die »Herrschaft« zu überlassen. Seine Fügsamkeit wird belohnt: Das alte Weib verwandelt sich in ein wunderschönes junges Mädchen, und sie leben »bis an ihr seliges Ende in höchster Lust«. Die Frau aus Bath schließt:

> ... und Jesus Christus sende
> Uns Männer, sanft und jung und frisch zum Werke,
> Und geb uns, sie zu überleben, Stärke;
> Auch kürze Jesus Christus deren Leben,
> Die ihren Frauen nicht die Herrschaft geben ...

Die misogyne Literatur des Spätmittelalters ist nicht nur weit davon entfernt, das Bild Lügen zu strafen, das wir von der recht starken materiellen wie psychologischen Position der Frauen in der Paarbeziehung und in der Familie entwickelt haben; sie bestätigt es ebenso wie die anderen oben erwähnten Gattungen. Es ist interessant zu beobachten, daß in islamischen Ländern offenbar keine vergleichbaren Tiraden gegen übergroße weibliche Machtfülle geführt wurden. Dies könnte den Schluß nahelegen, daß nur dort, wo man die Macht der Frauen als Gefährdung der gesellschaftlichen Position des Mannes erlebte, eine derart bösartige frauenfeindliche Literatur entstehen konnte.

In »Die fünfzehn Freuden der Ehe« heißt es, daß sich der Ehemann in einer Fischreuse verfangen habe. Verführt durch die Schönheit seiner Verlobten, heiratet er sie und findet sich danach in einer ausweglosen Lage wieder. Einige Jahrhunderte zuvor wäre eine solche Situation noch unvorstellbar gewesen, weil es für den Mann ein leichtes war zu fliehen – die Ehe war flexibel. Wenn die frauenfeindliche Literatur am Ausgang des Mittelalters eine Reaktion auf weibliche Macht darstellte, die als exzessiv erlebt wurde, war sie doch zugleich auch eine Reaktion auf die Verschärfung moralischer Normen in der westlichen Gesellschaft. Männer wie auch Frauen sollten sich der Keuschheit ergeben, und die Entwicklung einer kohärenteren Ehegesetzgebung, die vor allem die Unauflöslichkeit der Ehe betraf, hatte die eheliche Gemeinschaft tatsächlich zu einer »Falle« gemacht, aus der es zumindest theoretisch kein Entrinnen gab, wie wir im Zweiten Teil sehen werden.

Zweiter Teil:
Die Kontrolle von Sexualität und Ehe

Kirchliche Vorschriften über Sexualität und Ehe

Für die frühen Christen war die Ehe kein sonderlich wichtiges Thema; weit stärker bedrängten sie eschatologische Fragen, da das Königreich Gottes, wie sie glaubten, unmittelbar bevorstand. Die Zeitgenossen waren von der sexuellen Enthaltsamkeit der Christen beeindruckt. Die Entscheidung vieler Priester für ein zölibatäres Leben erhielt zusätzlichen Nachdruck durch die extrem asketische Haltung der im dritten Jahrhundert einsetzenden mönchischen Bewegung. Die Ehe wurde lediglich als zweitbeste Lösung angesehen, die für jene Männer und Frauen in Betracht kam, die eine solche Enthaltsamkeit nicht zu leben vermochten; es sei, so die halbherzige Beruhigung des heiligen Paulus, besser, »zu heiraten als zu brennen«.

Als aber die Hoffnungen auf eine baldige Ankunft des Königreichs Gottes dahinschwanden, entwickelte die Kirche Schritt für Schritt eine Ehedoktrin und -gesetzgebung. Was die Kirchenväter betrifft, so war es vor allem der heilige Augustinus, der die Ehe als etwas Gutes betrachtete und sie gegen die Angriffe der Manichäer verteidigte, für die alle materiellen und sexuellen Dinge böse waren. Die Kirchenkonzile setzten sich ebenso wie die Papstbriefe mit spezifischen Punkten des christlichen Eherechtes auseinander, insbesondere mit den Inzestverboten und den verschiedenen Einschränkungen der Scheidungsgründe. Aber erst im 12. und 13. Jahrhundert wurde diese Gesetzgebung systematisiert und vervollständigt, als Päpste, Kirchenrechtler und Theologen zu der Übereinkunft gelangten, daß die Ehe ein Sakrament sei, und aus diesem Faktum ihre Unauflösbarkeit herleiteten.

Monogamie

Die Monogamie war im Römischen Reich zur Zeit des frühen Christentums die typische Form der Ehe und selbstverständlich die natürliche Wahl für eine Kirche, der die Zügelung der sexuellen Aktivität am Herzen lag. Aber dieses Grundelement des westlichen Ehe- und Paarmodells stand in scharfem Widerspruch zu den sexuellen und ehelichen Bräuchen der keltischen und germanischen Völker der Spätantike, insbesondere zu den Gepflogenheiten der reichen und mächtigen Männer dieser Gesellschaften. Im frühen Irland zum Beispiel war die Polygynie (oder Polygamie) unter den Reichen gang und gäbe – praktiziert wurden vielfältige Formen unterschiedlich intensiver Beziehungen, die von der formellen Ehe über das Konkubinat bis zu gelegentlichen, sehr häufig zutiefst inzestuösen Begegnungen reichten. Selbst die Reformsynode von Cashel wagte es im Jahre 1101 nur, den Inzest anzugreifen, und schwieg zu Konkubinat und Scheidung. Obwohl in England bereits früher Gesetze gegen sexuelle Mißstände erlassen worden waren, blieb das Konkubinat unter den Reichen während der gesamten angelsächsischen Periode weit verbreitet. Auf dem Kontinent praktizierten die germanischen Völker, beispielsweise die Kelten, verschiedene »Grade« der Ehe und des Konkubinats; die merowingischen Könige etwa lebten die Polygynie vor, da Chlothar I., Charibert I., Chilperich I. und Dagobert allesamt zwei oder drei Frauen gleichzeitig hatten. Frühmittelalterliche Monarchen konnten ihr Verhalten jederzeit unter Hinweis auf die alttestamentlichen Könige rechtfertigen und sich zum Beispiel auf Salomon mit seinen 300 Frauen und 700 Konkubinen berufen. Obwohl sich in den meisten polygynen Gesellschaften nur die sehr Reichen viele Frauen leisten können, war es im frühen Mittelalter auch dem einfachen Mann möglich, polygyn zu leben; die Vita eines Heiligen berichtet von einem armen Mann, der sich noch zu Lebzeiten seiner ersten, erblindeten Gemahlin eine zweite Frau nahm.[1]

Es besteht kein Zweifel, daß die Polygynie der Reichen sich bis ins Feudalzeitalter und darüber hinaus behauptete. Vor allem die Wikinger waren bekannt für ihre Sitte, mehr als eine Frau zu haben

– die berühmte Ehe »more Danico«; noch im 11. Jahrhundert hatte Harald der Strenge, König von Norwegen, zwei Frauen. Auch in den osteuropäischen Gebieten wie zum Beispiel in Pommern erfreute sich die Vielweiberei unter den Mächtigen bis ins 12. Jahrhundert hinein großer Beliebtheit. Ladislaus IV. (gen. der Kumane), der 1272 ungarischer König wurde, brachte seine drei Frauen »in Kunscher Manier« mit, sehr zum Verdruß seiner westlichen Frau Isabella von Anjou.

Im Zentrum der germanischen Christenheit aber begann die Popularität der offiziellen Polygynie oder Polygamie schon im 8. Jahrhundert zu sinken. Der karolingische König Pippin der Kleine, dessen Vater und Großvater jeweils zwei Frauen und mindestens eine Geliebte gehabt hatten, zog es vor, eine Art sequentieller Monogamie zu praktizieren, das heißt, er beschied sich mit einer offiziellen Ehefrau – vermutlich um die Kirche, auf deren politische Rückendeckung er angewiesen war, zufriedenzustellen. Auch Karl der Große beschränkte sich auf nur eine Frau (war allerdings insgesamt mindestens viermal verheiratet); er zögerte nicht, eine Ehe aufzulösen, wenn es ihm behagte, unterhielt zwischen seinen Ehen und nach der letzten mindestens sechs Konkubinen und zeugte eine große Zahl unehelicher Kinder. Die sequentielle Monogamie blieb die offizielle Politik der Karolinger und ihrer Nachfolger, vor allem der Kapetinger in Frankreich. Die angelsächsischen Könige von Wessex arrangierten sich im 9. und 10. Jahrhundert ebenfalls mit der sequentiellen Monogamie. Dieses »Ehemodell«, an dem sich zuerst die königlichen Familien orientierten, wurde später ebenso wie die dynastische »Vertikalität« der Königshäuser von den Adelsfamilien der entsprechenden Länder übernommen. Bis zum 12. Jahrhundert hatten sogar die meisten jüdischen Gemeinden (mit Ausnahme der spanischen) den Grundsatz der Polygamie fallengelassen.

Die erfolgreiche Durchsetzung der sequentiellen Monogamie bedeutete natürlich nicht, daß der Laienstand die von der Kirche gepredigte sexuelle Enthaltsamkeit plötzlich akzeptiert hätte. Selbst die meisten Geistlichen einschließlich vieler Äbte und Bischöfe waren in dieser oder jener Form sexuell aktiv, trotz der gregorianischen Reform des 11. Jahrhunderts, die sie zum Zölibat verpflichtete. Die mächtigen Laien orientierten sich in der Mehrzahl weiterhin an Karl dem Großen, heirateten nacheinander eine ganze Reihe Frauen und hielten sich zwischen und nach ihren Ehen und oft genug auch als verheiratete Männer Geliebte.

Es gab jedoch auch Herrscherhäuser, die sich für die kirchlichen Ermahnungen empfänglicher zeigten. In Deutschland etwa vertraten die Ottonen bereits im 10. Jahrhundert relativ strenge Vorstellungen von der Ehe; Heinrich II. (gest. 1024) hielt seiner Frau, Königin Kunigunde, sogar trotz deren Unfruchtbarkeit die eheliche Treue.[2] Im 13. Jahrhundert schließlich bekannte sich auch das Herrscherhaus der Kapetinger in der Person Ludwigs IX. nach einer Reihe von Auseinandersetzungen über königliche Scheidungen zur ständigen Monogamie und sogar zur ehelichen Treue; es ist vielleicht kein Zufall, daß auch er, ebenso wie vor ihm Kaiser Heinrich II., schon bald heiliggesprochen wurde!

Aber die sexuelle Freizügigkeit war längst nicht nur harten Zynikern vorbehalten; sie wurde auch von den ansonsten Frommen gepflegt. Der gleichen Generation angehörend wie der heilige Ludwig, wurde auch Johann der Eroberer, König von Aragon-Katalonien (gest. 1276), als »heiliger König [sanctus rex]« betrachtet. Er war von den Templern erzogen worden, widmete sich dem Marienkult, hielt die Fastenzeiten aufs strengste ein und dankte schließlich ab, um Zisterzienser zu werden. Gleichzeitig aber war sein sequentiell monogames Eheleben kaum weniger abwechslungsreich als das Karls des Großen, er beging Ehebruch und zeugte drei uneheliche Kinder. Nichts davon scheint eine existentielle Angst in ihm geweckt zu haben; vielmehr ist klar, daß er diese Abweichungen von den christlichen Geboten – weniger gravierend als jene seines sorglosen Vaters – als geringfügige Vergehen betrachtete.[3]

Die Kirche stand also vor der entmutigend schwierigen Aufgabe, diese Gesellschaft davon zu überzeugen, daß die Ehe, die man zuvor als familiäre Angelegenheit betrachtet hatte, streng monogam sein und bestimmten christlichen Geboten entsprechen sollte. Eines der Gebote, um dessen Durchsetzung sich die Kirche im Frühmittelalter nach Kräften bemühte, betraf merkwürdigerweise die Exogamie, das Verbot des Inzestes.

Inzestverbote

Die Erweiterung eines Inzesttabus sogar auf entfernte Verwandte ist ein einzigartiges Charakteristikum der kirchlichen Gesetzgebung des frühen Mittelalters. Für ein derart umfassendes Verbot gab es im klassischen römischen Recht keinen Vorläufer, weil hier das Tabu lediglich sehr enge Verwandte – in ab- und aufsteigender Linie sowie enge Seitenverwandte – betraf. Die Vorschriften im 3. Buch Mose sind schwerlich umfassender, da sie nur angeheiratete Verwandte hinzufügten. Die frühen christlichen Konzile hatten lediglich vorübergehende spezifische Verbote ausgesprochen, und im 6. Jahrhundert billigte Kaiser Justinian sogar die Ehe zwischen Vettern und Kusinen ersten Grades.

Im 6. Jahrhundert aber gewann der Kampf gegen den Inzest an Schärfe. Konzil nach Konzil drohte den Inzestsündern in Gallien mit Exkommunikation. Auch das Zivilrecht verhängte diese Verbote; im römischen Recht der Westgoten erstreckte sich das Tabu gar bis auf den sechsten Verwandtschaftsgrad. Die frühen Merowinger reagierten auf die Inzestvorschriften der Kirche zunächst mit dem gleichen Widerstreben, das sie in der Frage der Monogamie bekundet hatten – sowohl Chlothar als auch Charibert nahmen in zweiter Ehe ihre Schwägerin zur Frau –, im Jahre 596 aber verurteilte Childebert II. den Inzest mit der Witwe des Vaters eines Mannes, und 630 bestrafte Dagobert II. Inzestsünder mit der Konfiskation ihrer Güter.

In einem neuerlichen Anlauf wurden die Inzestverbote im 8. Jahrhundert noch einmal erheblich erweitert. Das Konzil von Rom schloß 721 nicht nur sämtliche Blutsverwandte, sondern auch die sogenannten »geistlichen Verwandten«, das heißt Paten, aus. Unter Karl dem Großen vervielfältigte sich die Anzahl der Konzile und kaiserlichen Kapitularien zu diesem Thema, bis im 9. Jahrhundert eine Mischung zwischen den vom späten römischen Recht ausgeschlossenen Verwandtschaftsgraden und der germanischen Form der Verwandtenzählung – welche die verbotenen Grade verdoppelte – das Verbot in aberwitziger Weise auf Vettern sechsten Grades ausdehnte![4]

Warum bestand die Kirche mit solchem Nachdruck auf diesen unglaublich weit gefaßten Inzestverboten, für die es weder im römischen Recht noch in germanischen Bräuchen oder in der Bibel Vorläufer gab? Man hat über dieses Thema lebhaft diskutiert. Jack Goody, der ursprünglich Anthropologe war, bevor er Historiker wurde, hat in diesem Kampf gegen den Inzest eine echte Verschwörung der Kirche gesehen: Sie habe, so Goody, auf diese Weise versucht, die Zahl der Erben zu reduzieren, um selbst in den Genuß möglichst vieler Erbschaften zu gelangen. Die Inzestverbote verfolgten daher laut Goody ein ähnliches Ziel wie der Kampf gegen Polygamie, Konkubinat und uneheliche Nachkommenschaft.

Goodys Theorie wurde besonders von David Herlihy kritisiert, der darauf hinwies, daß kein einziger zeitgenössischer Text eine solche Strategie formuliert habe und die Zentralisierung der Kirche noch nicht in dem Maße fortgeschritten war, als daß eine solche einheitliche Politik denkbar gewesen wäre. Herlihy ist der Ansicht, daß diese Verbote harmonische familiäre und soziale Beziehungen gewährleisten sollten (viele der angeführten Verwandten waren Frauen, die mit den Männern unter einem Dach lebten).[5]

Man könnte dieser Erklärung noch hinzufügen, daß Inzestverbote mit den vielen sexuellen (manchmal auch das Blut betreffenden) Tabus vergleichbar sind, die von der frühmittelalterlichen Kirche gepredigt wurden und die Gelegenheiten zum Geschlechtsverkehr selbst zwischen verheirateten Paaren einschränken sollten. Zahlreiche Erlasse der Konzile belegten sexuelle Beziehungen mit menstruierenden Frauen und den Geschlechtsverkehr an Feiertagen mit Verboten. Die Kirche schaffte es, die christliche Bevölkerung davon zu überzeugen, solche Tabus zu respektieren, indem sie die Strafe Gottes in Aussicht stellte und für den Fall eines verbotenen Geschlechtsverkehrs zum Beispiel mit der Geburt eines mißgestalteten Kindes drohte. Solche Ängste konnten auch geschürt werden, indem man die rote Flagge des Inzestes schwenkte. Karl der Große beispielsweise, der möglicherweise Inzest mit seiner Schwester begangen hatte, deutete den Tod seines Neffen Roland – der dann zugleich sein Sohn gewesen wäre – als Strafe für seine Sünde. Die Tragödie wirkte auch auf einen weltlichen Herrscher ernüchternd und konnte ihn zur Verdammung althergebrachter Gewohnheiten bewegen.[6]

Aber die weltlichen Obrigkeiten hatten durchaus auch nichtreligiöse Motive für ihre Unterstützung des Kampfes gegen den Inzest. Die Endogamie der Aristokratie (die in jüngster Zeit durch archäologische Funde bestätigt wurde) stellte eine Bedrohung für den Staat dar, weil die Konzentration von Ländereien und Reichtum in den Händen großer Familiengruppen die Obrigkeit schwächen und den inneren Frieden gefährden konnte. Es scheint kein Zufall zu sein, daß die nachdrücklichsten weltlichen Initiativen im westgotischen Königreich, dem großen Erben der römischen Staatstradition, und unter Karl dem Großen ergriffen wurden, dessen Ratgeber eine fortgeschrittene Staatsidee vertraten.

Vielleicht liegt das entscheidende Motiv für die außerordentliche Energie, die Kirche und weltliche Herrscher in ihrem gemeinsamen Kampf gegen die Endogamie mobilisierten, vor allem in dem Umstand begründet, daß sich die obsessive Beschäftigung der Kirche mit der rituellen Reinheit und der Einschränkung tolerierter Sexualität mit dem Bedürfnis bestimmter Könige vereinte, den Widerstand gegen ihre Autorität zu schwächen, indem sie die Konzentration des Reichtums in den Händen einiger weniger aristokratischer Familien zu begrenzen versuchten.

Die juristischen Grundlagen der Inzestverbote wurden im 12. Jahrhundert im Zusammenhang mit der Entwicklung einer kohärenten Theorie der Ehe vervollständigt. Bluts- und geistliche Verwandtschaft galten nun als Ehehindernisse, und selbst wenn zwei Verwandte tatsächlich miteinander verheiratet waren, wurde ihre Ehe nicht anerkannt; die Ehe war ungültig, und die Partner mußten sich trennen. Es handelte sich nicht um eine Scheidung, also um die Auflösung einer Ehe, sondern um eine Annullierung, die Erklärung, daß eine Ehe nie existiert hatte.

Es dauerte nicht lange, bis deutlich wurde, zu welchem Mißbrauch ein solches System führen konnte. Angesichts der außerordentlich weit gefaßten Definition des Inzestes und der Tatsache, daß eine Scheidung im eigentlichen Sinn theoretisch unmöglich geworden war, mußte es einem Paar, das sich in eheliche Schwierigkeiten verstrickt hatte, verlockend erscheinen, »Verwandtschaft!«

zu rufen und eine zuvor unentdeckte Beziehung ans Tageslicht zu befördern, die es ihnen erlaubte, einer Ehe, die rechtlich nie existiert hatte, ein gottgefälliges Ende zu bereiten. Auf diese Weise ließen 1152 zum Beispiel Ludwig VII. von Frankreich und Eleonore von Aquitanien ihr unglückliches Eheleben hinter sich. Dieser Mißbrauch ist der entscheidende Grund, weshalb die Kirche die inzestrelevanten Verwandtschaftsgrade schließlich beträchtlich reduzierte. In Reaktion auf zeitgenössische Kritik begrenzte das Vierte Lateranische Konzil von 1215 die verbotene Beziehung vom siebten auf den vierten Verwandtschaftsgrad (die Ehe zwischen Vettern und Kusinen dritten statt sechsten Grades).

Es ist schwierig einzuschätzen, inwieweit der Feldzug gegen den Inzest in den frühen Jahrhunderten erfolgreich verlief. Man hat behauptet, daß die kapetingischen Könige und die hohen Adeligen Frankreichs bereits im 10. und 11. Jahrhundert bewußt versuchten, die Eheschließung mit engen Verwandten zu vermeiden, und sich ihre Partner statt dessen in fernen Ländern suchten. Möglicherweise aber ließen sie sich dabei von einem Streben nach Ansehen leiten; so verhielt es sich bei den Grafen von Toulouse und Barcelona, die sich im 12. Jahrhundert exotische Partnerinnen nahmen, um ihr Image aufzupolieren. Gleichzeitig scheint der niedrige Adel offenbar an der Praxis der Endogamie festgehalten zu haben.[7]

Im 14. Jahrhundert aber führten ein enger umschriebenes und realistischeres Verbot und eine verstärkte Institutionalisierung der Kirche zu strengerer Befolgung der Inzestregeln. Nach wie vor wurden unter dem deutschen Hochadel Verwandte ersten und zweiten Grades ernster genommen als entferntere Angehörige; häufig mit der Begründung, den Frieden erhalten zu wollen, wurde ihnen päpstlicher Dispens gewährt. Die deutschen Adeligen schafften es, weiterhin endogam zu heiraten, während sie gleichzeitig die kirchlichen Restriktionen beachteten, indem sie »verflochten«, das heißt Söhne und Töchter in Doppelhochzeiten austauschten.[8]

Was das einfache Volk angeht, so stützt sich unser Wissen weitgehend auf die Verzeichnisse der vor kirchlichen Gerichten geführten Eheprozesse. Bezeichnenderweise gibt es praktisch keinen Prozeß, in dem die Partner eine Annullierung der Ehe wegen Blutsverwandtschaft anstrebten. Die meisten Verfahren wurden vielmehr angestrengt, um eine Eheerlaubnis zu erlangen, nicht um eine bestehende Verbindung aufzulösen. In den Fällen, in denen es um Trennung ging, war der Grund häufig Grausamkeit; bei Annullierungen wurden häufiger erzwungene Einwilligung, Bigamie und Impotenz angeführt als Blutsverwandtschaft. Trotz gegenteiliger Annahmen waren die kirchlichen Gerichte des späten Mittelalters keine »Scheidungsmühlen«, die Ehepartner wegen verspätet entdeckter angeblicher Verwandtschaft voneinander befreiten.[9]

Behielten die Menschen ihre Genealogie so genau im Blick, daß sie wußten, wer ein Vetter dritten Grades war? Vermutlich nicht. Selbst die ältesten überlieferten Genealogien des deutschen Hochadels datieren erst aus dem 15. Jahrhundert. Um wieviel schwieriger muß es für die Angehörigen der niedrigen Schichten gewesen sein, ihre Verwandtschaftsbeziehungen detailliert zu verfolgen! In England stammte ungefähr die Hälfte aller Paare, die in ehelichen Angelegenheiten prozessierten, aus unterschiedlichen Dörfern; dies bot vermutlich den sichersten Schutz vor einer Verwandtschaftsehe. Wahrscheinlich wurden im gemeinen Volk ebenso wie im deutschen Hochadel die engsten Verwandtschaftsgrade am sorgfältigsten gemieden.

Die jüdischen Gemeinden Westeuropas setzten ihre (nach christlicher Definition) endogame Heiratspraxis während des gesamten Mittelalters fort. Durch ihren intensivierten Kontakt mit dem südlichen Mittelmeerraum kamen die Christen mit dem islamischen System der Endogamie in Berührung, das die Heirat zwischen Vettern und Kusinen favorisierte. Einzelne christliche Gemeinden im Mittelmeerraum dürften von diesen Modellen beeinflußt worden sein, und spätmittelalterliche Autoren zeigen ein deutliches Bewußtsein für die kulturelle Relativität der Inzestverbote; gegen Ende des Mittelalters aber wurde die Heirat naher Verwandter von den Christen der meisten westlichen Länder im allgemeinen vermieden.[10] Wenngleich der Nutzen dieses Kampfes gegen die Endogamie für die Entwicklung eines westlichen Ehe- und Paarverständnisses auf den ersten Blick weit weniger einleuchtet als der Sinn des Kampfes gegen die Polygamie, ist gleichwohl klar, daß die Befreiung der Partnerwahl von familiären Restriktionen den Horizont erweitert und es wenn auch nicht gewährleistet, so doch ermöglicht, daß persönliche Entscheidung und gegenseitige Zuneigung zu wichtigen Faktoren der Paarbildung werden.

Eine andere, in jüdischen und islamischen Gemeinden übliche Praxis, welche die Kirche in ihrem Kampf um strenge Ehegesetze ins Visier nahm, war die Scheidung und die Verstoßung der Frau. Während aber Polygamie und Inzest von den Zivilregierungen im Westen zumindest offiziell bereits recht früh verurteilt wurden, blieb die Scheidung jahrhundertelang ein offenbar unveräußerliches Recht des christlichen Mannes.

Unauflösbarkeit und lebenslange Monogamie

In Sachen Scheidung hatte die Kirche schwer zu kämpfen. Weder in der römischen Gesellschaft noch in der germanischen gab es eine Tradition der Unauflöslichkeit der Ehe. Darüber hinaus waren die meisten biblischen Texte bestenfalls mehrdeutig, schlimmstenfalls aber sprachen sie sich klar zugunsten der Scheidung aus. Die Verstoßung der Frau wurde im Alten Testament empfohlen (5. Mose 24:1-4), und sie wurde praktiziert; Matthäus 19:9 lehnt die Scheidung ab, läßt sie jedoch im Falle eines Ehebruchs der Frau zu. Die Befürworter der Scheidung zogen es vor, jene Texte zu ignorieren, in denen Paulus die Unauflösbarkeit der Ehe beschrieb, und rechtfertigten ihren Standpunkt mit älteren Bibelstellen. Selbst die meisten Konzile des 5. Jahrhunderts erkannten den Ehebruch der Frau als Scheidungsgrund an. Nach langem Zögern listete Kaiser Justinian (gest. 565) in seiner Novella 117 legitime Scheidungsgründe auf; sie waren weit weniger umfassend als im klassischen römischen Recht oder in seinen eigenen früheren Entwürfen vorgesehen, gingen aber über die von der Kirche anerkannten Gründe hinaus und schlossen zusätzlich zum Ehebruch auch die versuchte Ermordung des Ehegatten ein, die Verschwörung gegen den Kaiser, das nächtliche Verlassen des Hauses ohne Erlaubnis des Gatten (!), Impotenz des Ehemannes, Versklavung, Gefangenschaft und den Eintritt ins Kloster.[11]

Die Gesetze, denen sich die in den germanischen Königreichen lebenden Römer im frühen Mittelalter zu unterwerfen hatten, wiederholen diese in Justinians Text formulierten Scheidungsgründe. Einige von ihnen führen sogar die Scheidung in wechselseitigem Einverständnis, die das klassische römische Recht vorsah, wieder ein; die germanischen Scheidungsgesetze selbst sind im allgemeinen großzügig. In Irland konnten sogar Frauen unter bestimmten Umständen die Scheidung verlangen. Die strengsten Maßnahmen, die in dieser Phase ergriffen wurden, sind jene Beschlüsse der Kirchenkonzile, die sich auf Matthäus 19 stützen und die Verstoßung der Frau lediglich im Falle des Ehebruchs vorsehen. Ein Beispiel dafür ist der 8. Kanon des Konzils von Toledo aus dem Jahre 681.

Im Zeitalter der Karolinger beharrte zwar eine Reihe päpstlicher Briefe auf absoluter Unauflösbarkeit der Ehe, in den populären Pönitenzbüchern aber – Sündenregistern nebst Auflistung der angemessenen Buße – ist die Wiederheirat nach Verstoßung wegen Ehebruchs häufig gestattet, und die Konzile verhielten sich in dieser Frage alles andere als konsequent. Dies ist angesichts der sequentiellen Monogamie, die Karl der Große zur selben Zeit praktizierte, nicht überraschend; und sogar Karls Sohn Ludwig der Fromme war dreimal verheiratet.

Eines der häufigsten Motive, weshalb Männer zur damaligen Zeit ihre Frauen verstießen und eine neue Ehe eingingen, war die angebliche Unfruchtbarkeit der Frau. Im 9. Jahrhundert aber zeichnet sich eine Tendenz der Kirche ab, diese Begründung nicht länger zu akzeptieren. Das Scheidungsbegehren Lothars II. und seine Auseinandersetzung mit Hinkmar, dem Erzbischof von Reims, in den 60er Jahren des 9. Jahrhunderts illustrieren, welch hohe Bedeutung diesem Thema beigemessen wurde. Der wahre Grund für Lothars Scheidungsbegehren war die Unfruchtbarkeit seiner Frau – sie hatte ihm in dreijähriger Ehe keine Kinder geboren –, aber da Lothar auf die politische Unterstützung bestimmter mächtiger Bischöfe angewiesen war, beschloß er, sich in die Spielregeln der Kirche zu schicken: Er beschuldigte seine Frau des vorehelichen Inzests mit ihrem Bruder – ein Vergehen, das ihr die Heirat grundsätzlich unmöglich gemacht hätte. Erzbischof Hinkmar warnte den König, eine neue Ehe einzugehen, bevor die Schuld seiner Frau erwiesen sei. Lothar ließ sich jedoch nicht abschrecken und heiratete aufs neue. Daraufhin berief Papst Nikolaus I. in Rom eine Synode ein, welche die durch das Konzil von Metz erfolgte Ratifizierung der neuen Ehe für ungültig erklärte.

Die Auseinandersetzung demonstriert sowohl die wachsende Autorität, die der Kirche in dieser Frage zukam, als auch ihre Tendenz, Unfruchtbarkeit als Scheidungsgrund nicht länger zu akzeptieren; Lothar, der von der politischen Macht lokaler Bischöfe abhängig war, wagte es im Unterschied zu seinen Vorgängern nicht einmal, solche Gründe geltend zu machen. Dennoch war auch Hinkmars Widerstand nicht gleichbedeutend mit einer kompromißlosen Verteidigung der Unauflöslichkeit. Hinkmar bestand lediglich auf einem juristischen Beweis und war sogar bereit, die Entscheidung eines weltlichen Gerichts zu akzeptieren, sofern sie dem Kirchenrecht nicht zuwiderlief. Darüber hinaus ließ er sich von einer germanischen Vorstellung von den konstituierenden Elementen einer Ehe leiten und nahm an, daß der Bund erst nach vollzogenem Geschlechtsverkehr (»copula carnalis«) unauflösbar sei. Die Widersprüche im Denken der Kirche werden durch die Zustimmung des örtlichen Konzils und deren Ungültigkeitserklärung durch eine vom Papst einberufene Synode offenbar.[12]

Lothars Zeitgenossen – und in späteren Jahrhunderten viele mächtige Männer, die auf die politische Unterstützung der Kirche weniger angewiesen waren als er – zogen aus diesen Widersprüchen ihren Vorteil. Frauen wurden weiterhin verstoßen, sei es wegen ihrer Unfruchtbarkeit oder weil sie keine männlichen Erben gebaren, wegen Ehebruchs und zunehmend auch wegen angeblicher Blutsverwandtschaft der Eheleute – Ludwig der Stotterer, die kapetingischen Könige Robert der Fromme und Philipp I., Raoul, Herzog von Valois, um nur einige wenige Beispiele zu nennen, haben sich ihrer Frauen auf diese Weise entledigt. Im 12. Jahrhundert aber hatten drei seit längerem zu beobachtende Veränderungen die Position der Kirche in Ehefragen gestärkt, so daß sich der Grundsatz der Unauflösbarkeit schließlich, wenn auch gegen Widerstände, durchzusetzen vermochte. Erstens wurde zunehmend anerkannt, daß ausschließlich die Kirche in derartigen Fragen Recht sprechen dürfe. Eine Trennung oder Annullierung war keine reine Familienangelegenheit mehr, sondern konnte einzig von kirchlichen Gerichten entschieden werden. Zweitens entwickelten diese Gerichte in ihren Beschlüssen eine größere Übereinstimmung und Konsequenz. Im Zuge der kirchlichen Zentralisierung während und nach der gregorianischen Reform im späten 11. sowie im 12. Jahrhundert wurden die päpstliche Politik und die Entscheidungen der Kirchenkonzile und -synoden in erhöhtem Maße aufeinander abgestimmt; der Grundsatz, gegen eine Entscheidung bei einer höheren Instanz Beschwerde einlegen zu können, »rationalisierte« die kirchliche Rechtsprechung. Und schließlich wurde diese Vereinheitlichung und Rationalisierung nicht nur durch die strukturelle und administrative Veränderung und Zentralisierung der kirchlichen Institutionen ermöglicht, sondern auch durch die Präzisierung des kirchlichen Eheverständnisses, die sich im 12. Jahrhundert in der Theologie und in der kirchlichen Gesetzgebung vollzog.

In seiner wegweisenden kanonischen Gesetzessammlung, der »Vereinheitlichung der verschiedenen Rechtssätze« [»Concordantia discordantium canonum«] (besser bekannt als »Decretum Gratiani«), von 1140 versuchte der Bologneser Mönch Gratianus, die häufig widersprüchliche Rechtsprechung der Kirche zu den meisten wichtigen Themen, einschließlich der Unauflösbarkeit der Ehe, zu vereinheitlichen. Er lehnte die Möglichkeit der Wiederheirat nach Verstoßung einer Frau wegen Ehebruchs ab und stützte seine Argumentation weitgehend auf Texte des heiligen Augustinus, jenes hartnäckigen Verteidigers des Ehestandes. Damit knüpfte er an die Bemühungen an, die eine Reihe französischer Konzile während des 11. Jahrhunderts in dieser Richtung unternommen hatte.

An der theologischen Front lehnte Petrus Lombardus in seinen bedeutenden »Sentenzen« (um 1155) die Scheidung im Falle eines Ehebruchs kategorisch ab. Er stützte sein Konzept der Unauflösbarkeit der Ehe auf ihren Sakramentscharakter, eine Vorstellung, die bereits der Kirchenrechtler Ivo von Chartres sowie die Theologen Gautier de Mortagne und Hugo von St. Viktor entwickelt hatten und deren Rechtfertigung sich ebenfalls aus den Werken des heiligen Augustinus herleitete. Die Ehe war eine menschliche und göttliche Einrichtung zugleich, ihre göttliche Natur spiegelte die Beziehung zwischen Christus und der Kirche wider; ebenso wie die

Beziehung zwischen Christus und der Kirche unauflösbar war, konnte auch das Band zwischen Mann und Frau nicht durchtrennt werden.

Von Alexander III. (gest. 1181) bis zu Innozenz III. (gest. 1216) perfektionierten die Päpste den Grundsatz der Unauflösbarkeit und grenzten die Fälle, in denen eine Trennung ausgesprochen werden konnte, immer weiter ein. Zuweilen konnte die Trennung des Paares vollzogen werden, weil es sich nie um eine rechtlich anerkannte Ehe gehandelt hatte – diese sogenannte Ehe wurde für ungültig erklärt. Möglich war dies allerdings nur dann, wenn ein gravierender Hinderungsgrund vorlag: enge Verwandtschaftsbindungen, geistliche Verwandtschaft oder eine voreheliche sexuelle Beziehung beispielsweise zwischen einem Mann und einer Verwandten seiner Verlobten. Die »Ehe« galt auch als ungültig, wenn die Partner nicht wirklich ihre Zustimmung gegeben hatten, das heißt, wenn die Heirat unter Zwang zustande gekommen war. Schließlich setzte eine legitime Ehe die Heiratsfähigkeit beider Partner voraus; Minderjährigkeit, Impotenz, Heidentum oder eine frühere Ehe konnte es den Heiratswilligen verwehren, eine gültige Verbindung einzugehen.

Neben diesen Gründen für die Ungültigkeitserklärung einer Ehe konnte auch eine Trennung ohne Auflösung der ehelichen Bindung ausgesprochen werden. Die Trennung »von Tisch und Bett [a mensa et thoro]«, die physische Trennung des Paares, war bei Ehebruch, Abfall vom Glauben und – gegen Ende des Mittelalters – Grausamkeit möglich. Bei Eheproblemen konnte ohne physische Trennung des Paares eine Trennung der Güter veranlaßt werden, die der Frau das Recht einräumte, ihre Mitgift zurückzufordern.

Der einzige »Mittelweg« zwischen Ungültigkeit und Trennung war die Möglichkeit, eine nicht vollzogene Ehe zu beenden, ein Grundsatz, der sich an der Argumentation Hinkmars von Reims im 9. Jahrhundert orientiert. Dieses atavistische Überbleibsel germanischen Gewohnheitsdenkens über die Ehe eröffnete unter bestimmten Umständen einen »Ausweg«. Wenn sich der Hochzeit keine »copula carnalis« angeschlossen hatte, konnte diese »unvollkommene« Ehe beendet werden, falls einer der Partner zum Beispiel beschloß, ins Kloster zu gehen.

Somit schützte die Kirche das Prinzip der Unauflösbarkeit angesichts unvermeidlicher Scheidungsbegehren durch eine Doppelstrategie. Einerseits ermöglichten strenge Voraussetzungen für die Gültigkeit der Eheschließung die Annullierung bestimmter Ehen unter der Annahme, daß diese nie wirklich existiert hatten; andererseits konnte der Weg der körperlichen oder materiellen Trennung dem Paar das Leben erleichtern, ohne daß die eheliche Bindung zerstört wurde. In Ausnahmefällen gab es auch die Möglichkeit, eine »unvollkommene«, nicht vollzogene Ehe unter bestimmten Umständen zu beenden. Die Kirche paßte sich also dem zeitgenössischen Bedürfnis nach Trennung trotz des Grundsatzes der Unauflösbarkeit an.

Es dauerte Generationen, bis sich die neuen Ehevorschriften in der Gesellschaft durchsetzten. In der keltischen Welt blieb die Scheidung weiterhin möglich, und noch im hohen Mittelalter konnten Frauen auf der iberischen Halbinsel verstoßen werden (im späten 12. Jahrhundert zum Beispiel erlaubte das *Buch der Sitten und Gebräuche* von Cuenca in Kastilien es einem Mann, seine Frau wegen Ehebruchs zu verstoßen). Obwohl der Grundsatz der Unauflösbarkeit in seinem Gesetzeswerk »Las siete Partidas« verankert war, verstieß der kastilische Herrscher Alfons X. der Weise (gest. 1284) seine Frau Violante von Aragon. Die geringe Anzahl von Scheidungsprozessen, die in England vor die geistlichen Gerichte kamen, könnte durchaus zu erkennen geben, daß sich die Menschen weiterhin »selbst« schieden – ein Paar, das nicht länger zusammenbleiben wollte, konnte sich einfach trennen, ohne dafür die Zustimmung der Kirche einzuholen. Italienische Notariatsakten zeigen, daß Paare wegen Unverträglichkeit (»diversitas animarum«) auseinandergingen; vergleichbare Dokumente aus Südfrankreich belegen, daß die Scheidung dort tatsächlich bis ins 15. Jahrhundert hinein praktiziert wurde. Selbst einige geistliche Gerichte verhehlten nicht, daß bestimmte Trennungen infolge gegenseitigen Einverständnisses zustande kamen.[13]

Tendenziell aber verstärkte die Kirche ihre Kontrolle über die Bildung und Trennung von Paaren, um Trennung und Wiederverheiratung schwieriger zu gestalten. Im 13. Jahrhundert wurden die herkömmlichen Scheidungsgründe von der Kirche nicht mehr anerkannt, sondern strikt verworfen: Ehebruch, Unfruchtbarkeit und Lepraerkrankung konnten nicht länger geltend gemacht werden, und Innozenz III. weigerte sich sogar, die Scheidung im Fall der Ehe mit einem Heiden zu gestatten. Nach Philipp August (gest. 1223) können wir in der kapetingischen Linie der französischen Könige die Tendenz beobachten, lebenslang mit einer einzigen Frau verheiratet zu bleiben. Karl V. (gest. 1380) bekundete zum Beispiel nie die Absicht, seine Frau Jeanne zu verstoßen, obwohl das Paar während der ersten sechs Ehejahre kinderlos blieb.[14]

Vor diesem Hintergrund überrascht es nicht, daß der Verfasser von »Die 15 Freuden der Ehe« das Eheleben mit einer Fischreuse verglich. War die Ehe in der Vergangenheit ein Zustand gewesen, den man auch ohne weiteres wieder hinter sich lassen konnte, so erschien sie manchen Männern gegen Ende des Mittelalters als echtes Gefängnis, als Falle, aus der es theoretisch kein Entrinnen gab. Insgesamt betrachtet stärkte diese Situation die Stellung der Frau, denn in der Vergangenheit war Scheidung in der großen Mehrheit der Fälle mit der Verstoßung der Frau durch ihren Mann gleichbedeutend gewesen. Vereinzelt mögen Frauen die Verpflichtung, weiterhin mit einem Mann zusammenzuleben, den sie nicht mehr mochten, als Joch empfunden haben (vermutlich litten sie besonders unter der Unmöglichkeit, sich wiederzuverheiraten, denn gegen Ende des Mittelalters war es den Frauen möglich, sich wegen Grausamkeit zu trennen), verallgemeinert gesprochen aber war der Kampf der Kirche um die Unauflösbarkeit der Ehe für die Frauen von Vorteil, da er sie vor der einseitigen Entscheidung ihres Mannes, sie zu verstoßen, schützte. Und die Frauenfeindlichkeit der »15 Freuden« bringt keine verächtliche Haltung gegenüber einer Unterlegenen zum Ausdruck, sondern vielmehr eine – vielleicht gelinde ironisierte – Frustration angesichts des Ausmaßes, zu dem die Stellung der Frau im Haushalt gestärkt worden war.

Wie wir jedoch später sehen werden, fand die lebenslange Monogamie trotz eines fortbestehenden ehefeindlichen Diskurses in der literarischen Welt – und vermutlich auch im realen Leben – mehr Befürworter als Gegner. Ja, wahrscheinlich gewann die Propagierung der Unauflösbarkeit durch weltliche Unterstützung und intellektuellen Beistand sogar an Nachdruck. Stabilere politische

Bündnisse verlangten im Hochmittelalter wahrscheinlich stabilere Ehebündnisse. Der Schutz gegen Verstoßung wurde mitunter zu einer vertraglichen Bedingung gemacht, noch bevor die Kirche über die Möglichkeiten verfügte, ihn juristisch durchzusetzen; bereits im 11. Jahrhundert versprach der Graf von Pallars-Sobirà in seinem Ehevertrag mit Lucia, der Schwägerin des Grafen von Barcelona, sie außer im Falle einer Lepraerkrankung nicht zu verlassen.[15]

Am Ausgang des Mittelalters hatte die Kirche also drei wichtige Heiratsvorschriften durchgesetzt: das Verbot der Polygamie, das Verbot, nahe Verwandte zu ehelichen, und die drastisch reduzierte Möglichkeit zur Trennung und Wiederverheiratung, sobald eine Ehe als vollzogen galt. Wenngleich weiterhin Mißbrauchsfälle vorkamen, war es nicht länger »gesellschaftlich korrekt«, mehrere Frauen zu haben, einen nahen Verwandten zu heiraten, Frauen zu verstoßen oder sich nach dem Perlenkettenprinzip eine Partnerin nach der anderen zuzulegen. Die lebenslange Monogamie hatte, wenn auch nicht immer im realen Leben, so doch als Ideal triumphiert.

Konkubinat

Verglichen mit der eindeutigen Politik, zu der die Kirche früher oder später in bezug auf Polygamie, Inzest und Scheidung fand, blieb das Konkubinat ein schwieriges Problem, da es sich je nach Organisationsform sehr unterschiedlich gestalten konnte. Ein Mann, der mehrere Konkubinen unterhielt – einen echten Harem –, oder ein Mann, der neben seiner Ehefrau noch Beziehungen zu einer Geliebten hatte, mußte natürlich von der Kirche verurteilt werden, da er schamlos gegen den Grundsatz der Monogamie verstieß. Wie aber sollte man mit einem unverheirateten Mann verfahren, der eine einzige Konkubine hatte? Einerseits bestand die Möglichkeit, ihn als verstockten Sünder zu verdammen, da er nicht nur gelegentlich hurte, sondern die Beziehung zu der Frau sozusagen »institutionalisiert« hatte und auf diese Weise die Absicht bekundete, weiterhin in Sünde zu verharren: Er gerät nicht nur dann und wann in Versuchung, weil das Fleisch nun einmal schwach ist; vielmehr hat er es systematisch darauf angelegt, langfristig in Unzucht zu leben. Andererseits aber könnte man den langfristigen Charakter der Beziehung auch positiv deuten, da er eine gewisse Bindung an eine bestimmte Frau zu erkennen gibt, die dem Tändeln mit vielen Partnerinnen vorzuziehen ist. Die Kirche stand somit vor einem Dilemma: War es besser, eine über lange Zeit aufrechterhaltene unzüchtige Beziehung zu verdammen, oder sollte sie derartige Verhältnisse anerkennen und der Ehe gleichsetzen?

Die frühe Kirche bezog zu diesem Punkt nicht eindeutig Stellung. Der heilige Augustinus betrachtete das (nach zeitgenössischem römischen Recht legale) Konkubinat des unverheirateten Mannes als sündhaft. Im Jahre 400 aber exkommunizierte das Konzil von Toledo zwar verheiratete Männer, die sich Konkubinen hielten, gestand dem unverheirateten Christen jedoch eine Konkubine zu. Das letzte Kirchenkonzil, das diesen Kanon zitierte, war das römische im Jahre 1069. Mit der Präzisierung der christlichen Ehegesetzgebung im 12. Jahrhundert ging der Versuch der Kirche einher, dem Konkubinat von Laien wie auch von Geistlichen konsequent Widerstand zu leisten. Der Kanonist Gratian, der ältere Texte zum Konkubinat zusammenstellte, vertrat die Ansicht, daß sich jene Autoren, die ein solches Arrangement zu befürworten schienen, in Wirklichkeit auf echte Ehen bezogen, die ohne öffentliches Ritual geschlossen worden waren; deshalb gelangte er zu dem Schluß, daß das Konkubinat grundsätzlich zu verdammen sei.

Diese Sichtweise blieb jedoch nicht unangefochten. Durch die Wiederentdeckung des römischen Rechts wurden weltlichen Juristen Beispiele für das legitime Konkubinat unverheirateter Männer zugänglich; der gelehrte Kommentator des Buches der Sitten und Gebräuche von Toulouse zögerte 1296 nicht, beiläufig auf »meine frühere Konkubine« zu verweisen. Die Konkubine (»barragana«) genoß im 12. und 13. Jahrhundert im Stadtrecht von Kastilien einen offiziellen Status, und »barragania« (Konkubinat des Unverheirateten) wurde in »Las siete Partidas«, der juristischen Enzyklopädie von Alfons X. dem Weisen, toleriert. In der Welt des Mittelmeerraumes war diese Praxis so verbreitet, daß man in

Notariatsverzeichnissen aus dem späten Mittelalter nicht selten Verträge findet, die Konkubinatsverhältnisse regeln. In einer korsischen Akte aus dem Jahre 1287 etwa verspricht eine gewisse Johaneta Oliveti, sechs Jahre lang mit Marco Bentrame zusammenzubleiben – zum Dank für seine »Dienste und seine Freundschaft [serviciali et amaxia]«; Marco verspricht seinerseits, Johaneta in diesem Zeitraum »in Krankheit und Gesundheit« zu versorgen und ihr 10 Pfund zu zahlen.

Solche Verträge waren in Teilen der Pyrenäen offensichtlich gang und gäbe. 1462 einigte sich ein verheirateter Mann vertraglich mit dem Vater eines jungen Mädchens, Gailhardine, dieses als »Dienerin« anzustellen und sie »den Bräuchen des Landes Barège gemäß« zu bezahlen, je nachdem, ob sie ihm Kinder gebären würde oder nicht! Der Mann versprach darüber hinaus, Gailhardine zu heiraten, falls seine Ehefrau sterben sollte, und sie als seine Universalerbin einzusetzen. 1476 versprach Amanibe de Minibiele mit dem Beistand ihres Vaters und Onkels dem unverheirateten Adligen Jourdan de Casabon »sinnliche und andere Dienste«; für den Fall, daß Jourdan vor ihr sterben oder aber heiraten sollte, konnte sie 50 Florin beanspruchen.[16]

In Italien existierte die häusliche Sklaverei noch bis ins späte Mittelalter hinein; in Genua waren im 15. Jahrhundert 86 % dieser Sklaven Frauen, und eine große Anzahl von ihnen diente ihren Herren zweifellos als Konkubine. In seiner Untersuchung über das spätmittelalterliche Sizilien spricht Henri Bresc von dem »massiven Konkubinat«, das dort existierte. Auch die Akten zyprischer Notare aus dem 14. Jahrhundert enthalten zahlreiche Hinweise auf das Konkubinat; in einem Testament von 1331 zum Beispiel verpflichtet ein Mann seine Ehefrau, seine Konkubine zu »empfangen«![17]

Weit verbreiteter aber war das Konkubinat unter den Unverheirateten. Es entwickelte sich eine ganze Denkschule, deren Vertreter diese Art von Konkubinat zu rechtfertigen versuchten. Azo (gest. 1230), der große Zivilrechtsgelehrte, prägte in seinem Kommentar zu den Passagen der Digesten, die sich auf das Konkubinat bezogen, eine Formulierung, der im Spätmittelalter großer Erfolg beschieden sein sollte; er bezeichnete die Konkubine eines unverheirateten Mannes, der neben ihr keine weiteren Geliebten hatte, als dessen »legitima concubina«, was besagte, daß theoretisch nichts gegen eine eventuelle Heirat sprach. Wir finden den Ausdruck in dem Testament, das ein Gewürzhändler 1384 zugunsten seines »natürlichen«, durch päpstliche Autorität legitimierten Sohnes verfaßte; Lorenzetto sei, so fügte der Notar hinzu, von einer »legitimen Konkubine« geboren worden. Der legale Charakter dieser Form des Konkubinats wurde darüber hinaus von einer ganzen Juristengeneration in der italienischen Stadt Ferrara verteidigt. Ludovico Sardi (gest. 1445), Benedetto Barzi (gest. 1459) und Martino do Lodi (gest. 1493) sprachen sich für die Legitimität eines exklusiven Konkubinats aus, das zwei unverheiratete Personen eingehen und mit gegenseitiger Zuneigung aufrechterhalten (»affectu concubinario«, wie Benedetto Barzi es formulierte).[18]

Die kirchlichen Gerichte in England, Frankreich und Deutschland aber verfolgten jeden Mann, der im Konkubinat lebte, und entwickelten im 13. Jahrhundert eine spezielle »Bestrafung« für unverheiratete Rückfällige. Jene, die wegen ihres Verhältnisses zu einer Konkubine wiederholt vorgeladen worden waren, sollten sexuellen Beziehungen bei »Strafandrohung der Heirat [sub pena nubendi]« entsagen: Für den Fall, daß sie erneut sexuell aktiv wurden, galten sie automatisch als verheiratet! Diese »Bestrafung« aber verlor im 15. Jahrhundert an Bedeutung, vermutlich aufgrund des Drucks, den die Befürworter der Eheschließung in beiderseitigem Einverständnis ausübten. Statt dessen finden wir einerseits Notariatsakten, in denen die Auflösung von Konkubinatsbeziehungen festgehalten wird, wie zum Beispiel eine Akte aus Toulouse, in der ein Mann 1450 seiner ehemaligen Konkubine »aus Liebe zu Gott« eine Entschädigung zusichert, oder die Akte aus Avignon, in der das Paar sein Konkubinat »bekennt«, um »böse Taten wiedergutzumachen [mala gesta reparare]«.[19]

Die andere, ebenfalls in Notariatsakten dokumentierte Lösung bestand darin, freiwillig zu heiraten; einige solcher Akten sind in Ferrara erhalten geblieben, der Stadt, deren Juristen das »legitime« Konkubinat verteidigten. Das auffälligste Merkmal dieser Akten ist das liebevolle und sogar schmeichelhafte Vokabular, mit dem die betreffenden Konkubinen beschrieben werden. Im Jahre 1478 zum Beispiel wird Adriana da Fiamano als »gut, aufrichtig und treu« charakterisiert. 1509 wurde Pasia Costa, »einzige und legitime Konkubine« des Francesco da Castello, mit ihm verheiratet, und beide Parteien gaben ihre »von Zuneigung getragene« Einwilligung zu der Ehe. Eine ähnliche Zuneigung findet auch in sizilianischen Notariatsakten Ausdruck; manche Männer vermachten ihren Konkubinen testamentarisch großzügige Summen. Eine Konkubine verklagte den Mörder ihres Partners sogar vor Gericht, nicht anders, als es eine Ehefrau getan hätte. In Sizilien ebenso wie in Ferrara beschlossen nicht wenige Männer auf dem Sterbebett, ihre Konkubine zu ehelichen. In beiden Regionen hatten wahrscheinlich viele solcher Paare das Gefühl, daß sie im Grunde bereits verheiratet seien (Ferrara 1481) und die Eheschließung nur noch eine Formalität darstelle. Selbst in Westafrika handelte es sich bei Konkubinatsbeziehungen zwischen portugiesischen Männern und afrikanischen Frauen häufig um »de facto-Ehen, die von ... tiefer gegenseitiger Zuneigung geprägt« waren. Auch in Nordeuropa stellten die meisten Konkubinatsbeziehungen offenbar eine eheähnliche Beziehung dar; es war sogar üblich, daß beide Partner sich ihre Besitztümer wie offizielle Eheleute teilten.[20]

Was veranlaßte einen Mann, seine Konkubine letztlich doch zu heiraten? Ein offenkundiges Motiv war die Angst vor dem Jüngsten Gericht; Gott würde einem Ehemann sicherlich größere Milde entgegenbringen als einem Liebhaber. In einem aus dem Jahr 1474 überlieferten Fall gingen zwei Partner die Ehe ein, weil die Konkubine nicht länger in Sünde leben wollte und gedroht hatte, den Mann zu verlassen. Die »Angst vor dem Tod« taucht in einer Akte von 1478 als Heiratsgrund auf und der Wunsch, der »Höllenstrafe zu entgehen«, in Dokumenten aus dem Jahre 1503.

Dennoch geben diese Eheschließungen noch ein weiteres Motiv zu erkennen. In den meisten Akten aus Ferrara werden vom Notar ausdrücklich Kinder erwähnt. Es ist kaum zu bezweifeln, daß die Heirat in diesen Fällen – und vielleicht auch in anderen – eine Möglichkeit darstellte, die Nachkommen des Paares zu legitimieren. In einem Zeitalter, in dem Sterilität mindestens ein Fünftel aller Paare bedrohte, mag man solche Beziehungen durchaus so lange als vorläufig betrachtet haben, bis ihre Fruchtbarkeit als gesichert gelten konnte. Der Wunsch, diese Kinder zu legitimieren und sie somit auch als Erben ihres Vaters einzusetzen, war ein starkes Motiv für die Heirat.

Illegitimität

Eng verbunden mit dem Konkubinat war, wie wir soeben sahen, das Problem der Illegitimität. Indem sie auf Legitimität der Nachkommenschaft bestand, stellte sich die Kirche ebenso wie mit ihrem Kampf gegen das Konkubinat in Opposition zur germanischen und keltischen Tradition, in der sich die Erbberechtigung unehelicher Nachkommen als logische Konsequenz aus Polygamie und Konkubinat herleitete. Und so wie die Kirche die lebenslange Monogamie zur einzig gültigen Eheform erklärt hatte, betrachtete sie auch nur die legitimen Kinder als Erben ihres Vaters. In der spätkarolingischen Zeit war es der Kirche schließlich gelungen, das Herrscherhaus davon zu überzeugen, daß illegitime Kinder von der Thronfolge auszuschließen seien. Die meisten Adelsfamilien aber behandelten ihre Bastarde weiterhin nicht anders als ihre legitimen Nachkommen.

Es ist wohlbekannt, daß viele Adlige und Könige während des gesamten Mittelalters uneheliche Kinder zeugten. Wenngleich manche Könige, etwa der heilige Ludwig oder Karl V., ihren Frauen treu waren, hatten andere wie Karl VII. und Ludwig XI. zahlreiche Geliebte und Bastarde vorzuweisen. Der Herzog von Burgund, Philipp der Gute (gest. 1467), zeugte 26 uneheliche Kinder, den Rekord unter den Fürstenfamilien aber hält unangefochten Johannes II. von Kleve (gest. 1521), der vor seiner Heirat 63 Kinder zeugte!

Diese Zahlen über uneheliche Geburten in der Aristokratie sind jedoch irreführend, denn vermutlich wurden in der Gesamtbevölkerung nicht mehr als 10 % und möglicherweise sogar nur 2–3% der Kinder außerehelich geboren. Gerade die Beliebtheit der Legitimation »natürlicher« Kinder sollte unsere Aufmerksamkeit darauf lenken, daß die Außerehelichkeit im Spätmittelalter weit weniger selbstverständlich war als in einer früheren Phase. Die päpstliche »Korrektur« dieses »defectus natalium« war notwendig, um in der Kirche Karriere machen zu können. Auch der deutsche Kaiser, der sich auf das römische Recht stützte, konnte Legitimität gewähren, ebenso wie die Könige von Frankreich und Kastilien und bestimmte Prinzen. Nach dem Kirchenrecht konnten Kinder, die aus der Beziehung eines unverheirateten Paares hervorgegangen waren, auch durch eine »nachfolgende Heirat« legitimiert werden.[21]

Spätmittelalterliche Gerichtsverfahren, in denen Eigentumsfragen zu klären waren, zeigen uns, weshalb die Legitimation so wichtig, wenn auch häufig unzureichend war: Die legitimen Nachkommen des Verstorbenen waren nicht immer erpicht darauf, ihre »natürlichen« Halbgeschwister in die Arme zu schließen. Je größer der für die unehelichen Kinder bestimmte Erbanteil war, desto kleiner der Anteil, der den legitimen Kindern verblieb. In Kastilien gestand das Stadtrecht von Cuenca illegitimen Nachkommen im 12. Jahrhundert das Erbrecht zu, in Sepulveda aber mußten die städtische Obrigkeit und die Verwandten des Verstorbenen einer solchen Erbschaft zustimmen. Die Neffen eines unverheirateten Sekretärs fochten dessen Testament 1415 beim Pariser Parlament an, weil der Verstorbene seine beiden legitimierten »natürlichen« Töchter als Erbinnen seines Vermögens eingesetzt hatte. Besonders feindselig begegnete man illegitimen Familienangehörigen in Frankreich in den Kreisen der »peuple gras« – der reichen und mächtigen Bürger: Nachdem Simon Bireau 1496 gestorben war, überantwortete der Familienrat die Dokumente über die Legitimation seines natürlichen Sohnes den Flammen.[22]

Widerstand gegen die Illegitimität bekundeten aber nicht nur eifersüchtige Verwandte und die Kirche. Mit wachsender Strenge verlangten die Gilden vor allem in den Hansestädten (zum Beispiel Hamburg, Lüneburg und Lübeck) von ihren Angehörigen oder Bewerbern im Spätmittelalter den Nachweis der legitimen Geburt und verweigerten nachträglich Legitimierten häufig die Aufnahme. Das Brügger Hansekontor schloß Bastarde 1406 von verantwortlichen Ämtern aus. Auf einer höheren gesellschaftlichen Ebene entschied der Senat von Venedig 1376 – wenn auch knapp und in der dritten Lesung –, illegitime Patriziersöhne von der Mitgliedschaft im Rat auszuschließen. 1479 wurde Bastarden in Würzburg die Teilnahme am Lanzenturnier verwehrt. In manchen Städten sahen die Ratsvorschriften charakteristische Kleidung für illegitime Kinder vor.[23]

Aufschlußreich ist auch die Tatsache, daß der unehelich geborene König oder Held aus der mittelalterlichen Literatur verschwindet. König Artus, Sproß einer ehebrecherischen Verbindung, tritt in der spätmittelalterlichen Literatur in den Hintergrund, und seine illegitime Herkunft wird unter den Teppich gekehrt. Marie de France läßt in zweien ihrer »Lais« als Nebenfigur einen Illegitimen auftreten und stellt ihn in günstiges Licht; im »Yonec« handelt es sich um den in einer ehebrecherischen Beziehung gezeugten Sohn, der aber, nachdem er den Ehemann seiner Mutter ermordet hat, um den Tod seines Vaters zu rächen, von der Bevölkerung zum Grundherrn gewählt wird. Offenbar wurden diese Verserzählungen im Gegensatz zu anderen Lais der Marie de France später nicht mehr bearbeitet. Ein solches Loblied der Illegitimität hätte im Spätmittelalter keinen Anklang mehr gefunden. Das Wort »Bastard« war kein akzeptabler Beiname mehr wie noch im 11. Jahrhundert – Wilhelm der Eroberer wurde von seinen Zeitgenossen ohne jeden Hohn Wilhelm der Bastard genannt: Im 15. Jahrhundert aber konnte sich der Tollkühne, der seinen Nachbarn »Bastard« schimpfte, einen Zivilrechtsprozeß einhandeln.

Man hat das 15. Jahrhundert als das »Goldene Zeitalter« adliger Bastarde bezeichnet, die nicht nur in den königlichen Heeren des Hundertjährigen Krieges eine wichtige Rolle spielten, sondern auch in die Familie des Vaters integriert waren, an Familientreffen teilnahmen und gelegentlich sogar die Vormundschaft über die minderjährigen legitimen Kinder ihrer verstorbenen Väter übernahmen. Den unehelichen Kindern der Pariser Juristen stand im 14. und 15. Jahrhundert eine erfolgreiche Karriere als Mitglieder der königlichen Verwaltung offen. Eine Reihe herausragender Persönlichkeiten des Spätmittelalters war unehelich geboren: Boccaccio, Leon Battista Alberti, Antoine de la Sale, Leonardo da Vinci, Erasmus.[24]

Treffender aber wäre es vielleicht, nicht vom »Goldenen Zeitalter«, sondern vom Spätsommer adliger Bastarde zu sprechen, der den illegitimen Nachkommen im Adel noch eine bevorzugte Position bescherte, die im Grunde ein Privileg bereits vergangener Zeiten war. Das Unbehagen, das die Illegitimität weckte, mag durch die demographische Situation vorübergehend gemildert worden sein. In den Jahrzehnten nach der Schwarzen Pest, einem Zeitalter wiederkehrender Seuchen, war jedes Kind willkommen – ein Vater, der über genügend materielle Mittel verfügte, um Nachkommen großzuziehen, konnte es sich nicht leisten, Anstoß an dem juristischen Status eines Kindes zu nehmen, das wundersamerweise trotz aller Widrigkeiten des Schicksals überlebte.[25] Es ist kein Zufall, daß just in der Zeit des sogenannten »Aufstiegs« adliger Bastarde die Städte erstmals begannen, sich systematisch um ausgesetzte Kinder, die wahrscheinlich zum Großteil illegitim waren, zu kümmern. Für die Eltern wie auch für die städtischen Obrigkeiten war jedes lebende Kind wertvoll.

Private Unterstützung solcher Initiativen entwickelte sich im frühen 15. Jahrhundert. Viele zeitgenössische italienische Kaufleute, die auf moralische Notlagen und soziale Zwänge sensibler reagierten als ihre Vorfahren, finanzierten und gründeten sogar Einrichtungen, die sich um ausgesetzte Kinder kümmerten und in denen sie ganz diskret auch ihre eigenen illegitimen Nachkommen unterbringen konnten. Der Enthusiasmus, mit dem städtische Behörden diesen Kindern zu Hilfe kamen, ließ allerdings gegen Ende des 15. Jahrhunderts merklich nach, als ihre Zahl in einer Phase des raschen Bevölkerungswachstums anstieg. Daher bemühte man sich verstärkt darum, die Väter dieser Kinder ausfindig zu machen und finanziell zur Verantwortung zu ziehen; Kindesaussetzung galt nun, lange vor der sogenannten »Anti-Bastard«-Reaktion des 16. Jahrhunderts, als Verbrechen, und der deutliche Anstieg von Kindesmorden in dieser Phase hängt zweifellos mit dem wachsenden Unbehagen zusammen, das die illegitime Nachkommenschaft weckte. Selbst die Dichter priesen die Legitimität; »Kinder, die in der Keuschheit der Ehe empfangen wurden, sind die Freude des Mannes«, sang Wolfram von Eschenbach bereits im 13. Jahrhundert in seinem »Parzival«, und Oswald von Wolkenstein brachte das gleiche Gefühl Mitte des 15. Jahrhunderts beredt zum Ausdruck.[26]

Es erscheint verlockend, die grelleren Aspekte der Illegitimität und des Konkubinats im 15. Jahrhundert anzuführen, um ein anschauliches Bild von einer freizügigen Gesellschaft zu vermitteln, die ihre sexuellen Triebe mit Rabelaisscher Zügellosigkeit auslebte. Philippe Wolff hat vom »Niedergang der Sitten« im 15. Jahrhundert gesprochen, und es fiel ihm zweifellos nicht schwer, entsprechende Autoren zu finden, die ihren Zeitgenossen wegen deren beklagenswerter Moral schärfste Vorhaltungen machten.[27] Wie aber ist eine solche Kritik zu interpretieren? Als stichhaltiger Beweis für das grenzenlos unmoralische Verhalten jener Epoche oder eher als Ausdruck strengerer moralischer Maßstäbe? Wahrscheinlich haben Geistliche wie auch Laien am Ausgang des Mittelalters Verhaltensweisen, die ein oder zwei Jahrhunderte zuvor kaum Anlaß zur Kritik gegeben hatten, nun als skandalös und inakzeptabel verurteilt.

Das Konkubinat ist hierfür ein besonders aufschlußreiches Beispiel. Der Begriff »legitime Konkubine« wirkt auf den Leser des 20. Jahrhunderts intellektuell schockierend; »Konkubine« ist eine derart moralisierende, abwertende Bezeichnung, daß eine Verbindung mit dem Adjektiv »legitim« völlig unmöglich erscheint. Die Absurdität des Begriffs mag uns ein schiefes Lächeln über die Durchtriebenheit der Menschen des Spätmittelalters abringen, die klammheimlich in unchristlichen sexuellen Beziehungen schwelgten. Für den spätmittelalterlichen Schreiber aber – oder für das betroffene Paar – war es ein absolut seriöser Begriff, der den Versuch bezeichnete, eine Beziehung zu legitimieren, die zunehmend anrüchiger erschien. Einige Jahrhunderte zuvor war das Konkubinat in allen Varianten, auch der ehebrecherischen, noch derart verbreitet gewesen, daß sich eine Rechtfertigung erübrigte, im 15. Jahrhundert aber verlangte man eine Entschuldigung, Erklärung oder Rechtfertigung. Was uns auf den ersten Blick als unbekümmerte Sittenlosigkeit erscheint, galt zur damaligen Zeit als umsichtiges moralisches Verhalten. Besonders aufschlußreich ist die Tatsache, daß im Konkubinat lebende Paare die Gleichstellung ihres Verhältnisses mit der Ehe verlangten.

Das 15. Jahrhundert war also keine Zeit unbekümmerter Sittenlosigkeit, sondern eine Epoche, in der die moralischen Vorschriften allmählich strenger wurden, sexuelles und soziales Verhalten neue Definitionen erfuhren und das monogame Eheleben eine gesellschaftliche Aufwertung erlebte. Die Kirche weckte diese wachsende moralische Sensibilität und führte die strengeren sexuellen Normen ein, indem sie Exogamie und lebenslange Monogamie propagierte; im 15. Jahrhundert aber arbeiteten weltliche Obrigkeiten, Intellektuelle und die öffentliche Meinung allesamt in die gleiche Richtung. Was die sexuellen Beziehungen sowie die Fragen der Schicklichkeit generell betraf, so waren die Laien, wie Norbert Elias behauptete, in diesem langwierigen »Prozeß der Zivilisation« ihre eigenen Kritiker und Zensoren; im Spätmittelalter haben sie sich diese Normen, durch die das verheiratete Paar seine Aufwertung erfuhr, weitgehend selbst gesetzt.[28]

Weltliche Autoritäten, intellektuelle Gemeinschaft und Sexualität

Obwohl die mittelalterliche Kirche bei der Festschreibung sexueller Normen die Führung übernahm, hatten sich auch die weltlichen Autoritäten häufig mit diesen Fragen zu beschäftigen, teils infolge des kirchlichen Einflusses, teils wegen der deutlich andersartigen Zielsetzungen, die sie mit diesem Thema verbanden. Wir haben bereits gesehen, welch große Bedeutung den Initiativen der christlichen Kaiser in Fragen der Sexualität und Ehe zukam; auf die gelegentlichen Vorstöße der Merowinger folgte die intensive Beschäftigung der karolingischen Autoritäten mit diesen Angelegenheiten, die deren spezielle Beziehung zur Kirche widerspiegelt.

In der nachkarolingischen Ära vollzogen sich zwei wichtige Entwicklungen, die zur Durchsetzung der sexuellen Normen beitrugen. Erstens sicherte sich die Kirche nach und nach ihre Anerkennung als alleinige rechtsprechende Instanz in Eheangelegenheiten; vor allem mußten sämtliche Schritte, die mit der Schließung und eventuellen Auflösung einer Ehe zusammenhingen, von einem geistlichen Gericht genehmigt werden. Zweitens wurde die weltliche Justiz »dezentralisiert«, als regionale Grafen und Herzöge und sogar Grundherren mit dem Zerfall des karolingischen Reiches den Status rechtsprechender Instanzen erwarben. In diesen Gerichten war die Durchsetzung der öffentlichen Moral gegenüber der Beilegung privater Streitigkeiten zweitrangig, dennoch aber lassen gewisse Hinweise darauf schließen, daß Geldstrafen für sexuelle Übergriffe verhängt wurden. Dies gilt insbesondere für England, wo die geistlichen Gerichte eine große Anzahl von Fällen verhandelten, in denen es um sexuelle Vergehen ging – bei manchen Gerichten bilden diese sogar die Gesamtheit der verhandelten Fälle –, und körperliche Züchtigung anordneten oder, alternativ, eine Geldbuße verhängten. Aber auch Feudalgerichte belegten Sexualdelikte bis ins 14. Jahrhundert hinein mit Geldstrafen, die als »legerwite« bezeichnet wurden. Solche Urteile wurden sehr unregelmäßig ausgesprochen, entweder aufgrund einer inkonsequenten Politik der Grundherren oder infolge der unterschiedlichen Häufigkeit, mit der gesetzeswidrige Sexualaktivitäten gerichtsnotorisch wurden.[29]

Die zunehmende Beteiligung weltlicher Instanzen an der Verschärfung der Sitten läßt sich am deutlichsten in Südfrankreich beobachten, wo zeitgenössische feudalherrschaftliche ebenso wie geistliche Gerichte über unrechtmäßiges Sexualverhalten zu entscheiden hatten und städtische wie königliche Autoritäten eine Schlüsselrolle bei der Entwicklung eines öffentlichen Moralbegriffs spielten.

Ehebruch

Besonders deutlich wird die Beteiligung all dieser Autoritäten in Ehebruchsfällen. Sowohl in der römischen als auch in der germanischen Gesellschaft galt der Ehebruch der Frau als schweres Verbrechen, als Gefahr für die Familie, denn er stellte den Vaterschaftsanspruch des Ehemanns gegenüber den von der Frau geborenen Kindern in Frage. Auch die Kirche nahm den Ehebruch ernst; sie betrachtete ihn als Verstoß gegen die Heiligkeit der Ehe, da die Treue (»fides«) Augustinus zufolge eines der Ziele des ehelichen Bundes darstellte. Diese Treue sollte durchaus wechselseitig sein, und deshalb verstand die Kirche die Untreue der Frau wie auch des Mannes als Ehebruch; in der römischen und germanischen Gesellschaft hingegen konnten sich allein die Frau und ihr Liebhaber dieses Verbrechens schuldig machen.[30] Während die Kirche den Sündern, Männern wie Frauen, eine Buße auferlegte, pflegte die weltliche Gesellschaft über den Ehebruch des Mannes hinwegzusehen, der Ehebrecherin hingegen drohte Todesstrafe oder Verstümmelung. Wichtig war weniger, ob sie getötet werden sollte, als vielmehr die Frage, *ob* dem Vater oder dem Ehemann das Recht zustand, sie zu töten.

Weil der Ehebruch mit dem Tode bestraft werden konnte, wurde dieses Vergehen in der karolingischen Welt neben Mord und Brandstiftung als Schwerverbrechen (»causae majorae«) betrachtet. Mit der Dezentralisierung des Rechtssystems gelangten diese Fälle unter die Zuständigkeit der feudalherrschaftlichen Rechtsprechung. Texte aus dem 10., 11. und 12. Jahrhundert, in denen die Rechtsprechung der Grundherren aus Katalonien und dem Languedoc detailliert festgehalten wird, nennen immer wieder diese drei Schwerverbrechen: Mord, Brandstiftung und Ehebruch.[31]

Als Dörfer und Städte mit der Expansion von Wirtschaft und Handel im hohen Mittelalter an Bedeutung gewannen, erhielten ihre Einwohner von den regionalen Feudalherren Stadtordnungen, die das Zivil- und Strafrecht betrafen. Ehebrecherinnen und Ehebrecher spielen in ihnen eine vorrangige Rolle. Wie haben die Autoren jener Texte den Ehebruch definiert? In ihrer Mehrzahl betrachteten sie ihn als ein Vergehen, dessen sich ausschließlich eine verheiratete Frau und ihr Liebhaber schuldig machen konnten. Verschiedene Städte aber wählten eine egalitäre Definitionsform, das heißt, daß sich sowohl eine verheiratete Frau als auch ein verheirateter Mann durch Ehebruch strafbar machte. Den meisten dieser Städte stand als oberster Gerichtsherr ein Geistlicher vor, so etwa in Lezat und Pamiers, wo die Äbte der ortsansässigen Klöster die oberste Gerichtsbarkeit repräsentierten, oder in Manosque, wo sie dem Befehlshaber der Johanniter, eines Ritterordens, oblag.

Kam diese egalitäre Definition des Ehebruchs in den Städten, in denen die Sammlungen der Verordnungen und Gebräuche die Anklage nicht auf verheiratete Frauen beschränkten, wirklich zum Tragen? Die wenigen Dokumente, die wir besitzen, zeigen offenbar, daß die Bestimmungen dem Grundsatz der Gleichheit lediglich Lippendienste zollten. In Manosque definierte die Stadtordnung von 1235 den Ehebruch als Verbrechen, »wenn der Mann eine Frau hat oder wenn die Frau einen Mann hat«. Dennoch wurde in einem 1306 verhandelten Fall einzig die alleinstehende Frau des Ehebruchs angeklagt, während sich ihr verheirateter Liebhaber, den die Gerichtsvertreter in keiner Weise belangten, nur bemerkbar machte, um ihre Kaution zu zahlen! In ähnlicher Weise scheinen die Anklagen wegen Ehebruchs in den Ländereien um Avignon, die zum weltlichen Herrschaftsgebiet des Papstes gehörten, niemals den Familienstatus des beteiligten Mannes zu erwähnen. Wenn die

Strafverfolgung schon in der Rechtsprechung durch geistliche Gerichtsherren so nachlässig gehandhabt wurde, wie mag sie dann dort ausgesehen haben, wo Laien Recht sprachen? In den Gerichtsregistern der feudalherrschaftlichen Domäne Beuil in der Provence sowie in den Verzeichnissen des königlichen Gerichtshofes der Provence findet man zum Beispiel Mitte des 13. Jahrhunderts keine einzige Verurteilung wegen Ehebruchs – durch Mann oder Frau –, Vergewaltigung oder irgendeines anderen Sexualdelikts.[32]

In manchen Städten wurde die Straflosigkeit, mit der ein verheirateter Mann Ehebruch begehen konnte, sogar zum Grundsatz erhoben. Der Stadtordnung von Toulouse aus dem Jahre 1255 zufolge konnte kein Mann wegen Ehebruchs verhaftet werden, wenn er in seinem eigenen oder einem von ihm gemieteten Haus ertappt wurde. Die gleiche Einschränkung taucht auch in den 1286 schriftlich festgehaltenen städtischen Verordnungen auf, und der Kommentator dieser Vorschriftensammlung behauptete 1296 unerbittlich, daß kein königlicher Offizier ein Haus betreten dürfe, um eine Verhaftung wegen Ehebruchs vorzunehmen – obwohl die Krone diesem spezifischen Brauch die Anerkennung verweigert hatte.[33]

Dennoch waren die königlichen Erlasse gegen Sexualdelikte nicht nur leere Drohungen. Wenn der König keinen Wert darauf gelegt hätte, strengere Grundsätze walten zu lassen, hätte es für die Krone vermutlich keinen Grund gegeben, gegen das Toulouser Gewohnheitsrecht, das Männer davor schützte, in ihren eigenen Häusern wegen Ehebruchs verhaftet zu werden, zu protestieren. Die Verfolgung von moralischen Vergehen konnte, wie es wahrscheinlich für Ludwig IX. den Heiligen (gest. 1270) gilt, die Frömmigkeit des Herrschers zum Ausdruck bringen, aber auch als Möglichkeit zur Ausübung seiner politischen Kontrolle dienen. Sie bildete eines der Elemente, die an dem langwierigen Prozeß der Erweiterung königlicher Autorität im Spätmittelalter beteiligt waren. Ähnliche Motive mögen in England bereits im 9. Jahrhundert die Förderung und Anwendung der Sittengesetzgebung durch Alfred den Großen veranlaßt haben, in dessen Macht es stand, den Landbesitz inhaftierter Ehebrecher zu konfiszieren.

Wenngleich bestimmte lokale Sitten in Südeuropa, zum Beispiel in Kastilien, das Recht des Ehemanns anerkannten, seine Frau und deren Liebhaber zu töten, wenn er sie in flagranti erwischte, liefen Ehebrecherinnen im 13. Jahrhundert nicht länger Gefahr, von der Obrigkeit mit dem Tode bestraft zu werden. In Südfrankreich wurden die meisten Ehebrecher zu einem »ehrlosen Spaziergang« verurteilt: Die beiden Schuldigen mußten nackt eine bestimmte Strecke durch die Stadt laufen und wurden dabei vermutlich geschlagen. Der »Spaziergang«, der erstmals 1080 in der Stadtordnung von Oloron, einer Stadt in Katalonien, erwähnt wird, blieb in Südfrankreich bis zum 16. Jahrhundert die häufigste Strafe für Ehebrecher.

Auf uns wirkt diese Bestrafung absonderlich und bizarr, und tatsächlich empfanden bereits manche Zeitgenossen ganz ähnlich. Ein ungewöhnlicher Fall aus Manosque nämlich zeigt uns, wie die dortige jüdische Gemeinde reagierte. In der karnevalähnlichen Atmosphäre des Purim-Festes veranstalteten die Juden von Manosque einen Pseudo-»Spaziergang«, bei dem zwei Männer, der eine nackt, der andere als Frau verkleidet, die Rolle des verurteilten christlichen ehebrecherischen Paares spielten. Die Richter am Gerichtshof des Manosquer Johanniterordens fanden diese Form der Unterhaltung jedoch überhaupt nicht lustig und belegten die ganze Gemeinde für den mangelnden Respekt, den sie vor den christlichen Sitten bekundet hatte, mit einer Geldstrafe.[34]

Obwohl der »Spaziergang« die übliche Bestrafung für Ehebruch blieb, wurde es zunehmend möglich, sich von einer derart demütigenden Strafe freizukaufen. Statt »spazierenzugehen« konnte man ein Bußgeld zahlen, so daß gegen Ende des Mittelalters praktisch nur noch die Armen diesen »Gang« durch die Stadt auf sich nehmen mußten. Der Prediger Guillaume Pepin klagte über diese Bevorzugung der Reichen und behauptete, daß aus dem gleichen Grund die Frau, die in den Evangelien in flagranti ertappt worden sei (»eine arme kleine Frau [paupercula]«), alleine war, denn ihr Geliebter habe die Mittel besessen, sich von der Strafe freizukaufen!

Insgesamt gesehen wurde die Strafe für Ehebruch während des Spätmittelalters leichter. Manche Gerichte erlegten überhaupt keine Strafe mehr auf, sondern drängten das Ehepaar – zweifellos unter dem Einfluß des Kirchenrechts –, sich wieder zu versöhnen; solche Beilegungen finden sich im Register des städtischen Gerichts von Pamiers und in denen des Parlaments von Toulouse aus dem späten 15. Jahrhundert. Wo eine ehebrecherische Frau zum »Spaziergang« gezwungen wurde, geschah dies häufig wegen »erschwerten« Ehebruchs, zum Beispiel mit einem Priester, oder weil man sie gleichzeitig anderer Vergehen beschuldigte.[35]

Ein Ehebruch der Frau konnte gelegentlich auch von einem Notar statt von einem Richter verhandelt werden. In vielen Notariatsakten des Spätmittelalters ist von Frauen die Rede, die ihre Ehemänner für den von ihnen begangenen Ehebruch um Verzeihung bitten; manchmal überschreiben sie dem Mann zur Wiedergutmachung ihre komplette Mitgift oder Teile davon. In Toulouse erklärte sich ein geschädigter Ehemann 1414 bereit, sich mit seiner Frau unter der Bedingung zu versöhnen, daß sein Schwiegervater ihre Mitgift aufstocke. Die Versöhnungsbedingungen gereichten der Frau aber durchaus nicht immer zum Nachteil. In einer anderen Toulouser Akte aus dem Jahre 1448 bat eine ehebrecherische Frau ihren Mann um Verzeihung und versprach, künftig eine »gute Frau und Gattin« zu sein und ihrem Mann »zu dienen«; dieser wiederum gelobte, ihr »aus Liebe zu Gott« nach seinem Tod 20 Gulden zu hinterlassen, sie nicht zu verpflichten, aus Toulouse fortzugehen, und sie nicht zu schlagen, sondern sie »gut und wie es sich einem Ehemann geziemt zu behandeln« – bei Androhung von 20 Pfund Strafe, zu zahlen an die Armen! Ein berühmteres Beispiel für die Milde, die ein Ehemann im Spätmittelalter gegenüber seiner ehebrecherischen Frau walten lassen konnte, ist der Fall Kaiser Sigmunds des Luxemburgers (gest. 1437), der seiner zweiten Frau Barbara auf Bitten seiner Tochter und seines Schwiegersohnes ihre Untreue verzieh und sie zur Königin von Böhmen krönte. Welch eine Diskrepanz zum Verhalten des Grafen Fulk Nerra von Anjou, der seine untreue Frau im 11. Jahrhundert bei lebendigem Leib verbrannt haben soll!

Die obengenannten Fälle illustrieren, wie ein von den Priestern gepredigter Grundsatz im Spätmittelalter in die Realität umgesetzt wurde. So hieß es bei Jacques de Vitry, daß der Ehemann für das Vergehen seiner Frau mitverantwortlich sei, wenn er sie schlecht behandele, denn dadurch gebe er ihr, dem Kirchenrecht zufolge, »materia adulterandi«, frei übersetzt: »Gründe für den Ehebruch«! In einem merkwürdigen Fall, der vor dem bischöflichen Gericht in Paris verhandelt wurde, fehlte nicht viel, und die Ehebrecherin hätte Glückwünsche für ihr Verhalten entgegennehmen können; ihre Ehe mit einem impotenten Mann wurde unter der Bedingung annulliert, daß sie ihren Geliebten heiratete! In manchen Fällen konnte eine sorgfältig und zur rechten Zeit inszenierte ehebrecherische Affäre der schuldigen Frau statt Tod oder körperlicher Züchtigung materielle und moralische Vorteile einbringen.[36]

Ist diese Milderung der Strafe für den Ehebruch, die sich gegen Ende des Mittelalters beobachten läßt, ein Zeichen sinkender Moral, das im Widerspruch zu unseren Ausführungen über die wachsende Sittenstrenge des Spätmittelalters steht? Wahrscheinlich nicht, denn die Menschen des späten Mittelalters hatten eine Reihe durchaus plausibler Gründe für diese Strafmilderung, Gründe, die mit der Entwicklung einer strengeren öffentlichen Moral durchaus vereinbar waren. Die Verhaftungen wegen Ehebruchs hatten, wie gesagt, einen politischen Aspekt; vielen Verordnungen, die den »ehrlosen Spaziergang« als Strafe vorschrieben, ging es darum, ein Strafhöchstmaß festzulegen. Sie verhinderten so die Todesstrafe und definierten, unter welchen Voraussetzungen das Vergehen als bewiesen gelten konnte; auf diese Weise suchten sie zu vermeiden, daß das Urteil dem Gutdünken des Richters vorbehalten blieb. Die Höhe der Strafe ins freie Ermessen des Richters oder Königs zu stellen war insofern um so gefährlicher, als die Bestrafung ebenso wie einer untreuen Ehefrau und ihrem Liebhaber auch einem ehebrecherischen Mann drohte, wenn der Richter den Grundsatz der Gleichheit vertrat.

Noch wichtiger aber war vielleicht der Umstand, daß es einer Gesellschaft, in der die Möglichkeiten der Ehescheidung immer stärker eingeschränkt wurden – was die Ehe zu einer »Fischreuse« machte, in der man sich leicht verfing, aus der es aber kein Entkommen mehr gab –, vermutlich nicht sehr verlockend erschien, eine schwere Strafe über untreue Ehefrauen zu verhängen. Eine diskrete Geldbuße anstelle einer demütigenden öffentlichen Bestrafung mag in einer Zeit, in der die Verstoßung des schuldigen Partners keine Alternative mehr war, sowohl geschädigten Ehemännern als auch untreuen Frauen annehmbarer erschienen sein. Wenn der Mann ohnehin verpflichtet war, die Ehe mit seiner Frau aufrechtzuerhalten, dann mußte größtmögliche Diskretion in seinem eigenen Interesse liegen. In Toulouse ging ein geschädigter Ehemann sogar so weit, die Stadträte anzugreifen, weil sie seine ehebrecherische Frau zum »Spaziergang« verurteilt hatten! Der »Ménagier de Paris«, ein Bürger aus dem späten 14. Jahrhundert, der seine junge Frau schriftlich in Fragen der Ehe und der Haushaltsführung beriet, zitiert zwei Fälle, in denen Männer ihren Frauen den Ehebruch diskret verziehen, weil sie die »Ehre« der Damen »retten« wollten – ein Mann verkleidete seine Frau sogar als Pilgerin und gab vor, daß sie in Compostela gewesen sei –, um auf diese Weise auch sich selbst die Schmach zu ersparen.[37] Dem äußeren Anschein zum Trotz sprechen demnach sogar die leichteren Strafen, die im 15. Jahrhundert wegen Ehebruchs verhängt wurden, für eine strengere öffentliche Moral, denn sie geben keine zügellose Toleranz außerehelicher Affären zu erkennen, sondern vielmehr die Anerkennung der lebenslangen Monogamie als Norm, eine Anerkennung der Tatsache, daß die Verstoßung im Falle weiblichen Ehebruchs keine akzeptable Alternative mehr darstellte.

Die erhöhte moralische Sensibilität des 15. Jahrhunderts läßt sich auch in einem anderen Bereich beobachten, nämlich in der zunehmenden Tendenz der Städte, das bislang tolerierte Konkubinat von Laien zu »kriminalisieren«. Bereits im 14. Jahrhundert ging die städtische Obrigkeit von Straßburg, Cremona und Ardenburg gegen Konkubinatsverhältnisse vor. In Südfrankreich tauchen behördliche Statuten gegen das Konkubinat, das mit dem »ehrlosen Spaziergang« oder einer Geldbuße bestraft wurde, im 15. Jahrhundert auf. Nachdruck verliehen ihnen königliche Verordnungen und Initiativen des Parlaments von Toulouse. Die Statuten von Amadeus VIII. von Savoyen (1430) richteten sich nicht nur gegen verheiratete Männer, die eine Konkubine unterhielten, sondern auch gegen unverheiratete – die ein Verhältnis zu einer »legitimen« Konkubine, wie manche Juristen sich weiterhin ausdrückten, hatten; tatsächlich angewandt aber wurde das Gesetz wahrscheinlich lediglich auf Männer, die gegen die eheliche Treuepflicht verstießen. In Manosque wurde die strenge Verfolgung von Konkubinatsverhältnissen im 15. Jahrhundert zur Regel; in Genua ergriff man

1459, in Basel 1465, in Lucca Anfang des 16. Jahrhunderts entsprechende Maßnahmen. Dem Übergang von der strafrechtlichen Verfolgung verheirateter Männer, die sich eine Konkubine hielten, zur Verurteilung des männlichen Ehebruchs im allgemeinen stellten sich kaum Hindernisse entgegen. In Köln durften Ehebrecher im 15. Jahrhundert nicht Mitglied des städtischen Rates werden, und in England schlossen manche Gilden Ehebrecher aus. In den 90er Jahren des 14. Jahrhunderts erzählt der »Ménagier de Paris« die Geschichte einer Frau, die ihren schäkernden Ehemann so sehr beschämt, daß er sich schließlich zur ehelichen Treue bekennt. Mitte des 15. Jahrhunderts macht der »Bourgeois de Paris« König Karl VII. in seinem »Journal« schwere Vorhaltungen, weil er eine Geliebte habe und seiner Frau, der Königin, »untreu« sei.[38] Im 15. Jahrhundert wurde der Ehebruch des Mannes nicht länger als Beweis seiner Männlichkeit oder als Kavaliersdelikt betrachtet, sondern ebenso wie das Konkubinat der Laien zunehmend verurteilt.

Diese Verschärfung der Sexualmoral vollzog sich im Kontext einer erhöhten Sorge um die öffentliche Ordnung und einer wachsenden Sensibilität für Verstöße gegen Gottes Gebote oder gegen die Gesellschaft, das heißt für Vergehen, die zeitgenössische Gelehrte als »Verbrechen ohne Opfer« bezeichnet haben. Das 15. Jahrhundert war eine Phase, in der schärfere Gesetze gegen Spiel und Blasphemie erlassen und solche Delikte konsequenter verfolgt wurden, weil man annahm, daß insbesondere die Blasphemie Gottes Zorn wecke und Naturkatastrophen und Seuchen die Strafe seien.[39]

Prostitution

Wir können die Entwicklung der wachsenden Sorge um die öffentliche Ordnung und die Sexualmoral am besten verfolgen, wenn wir uns die Politik der städtischen Behörden gegenüber der Prostitution ansehen. Im Mittelalter hielt man die Prostitution für unvermeidlich; tatsächlich kam es überhaupt erst Mitte des 13. Jahrhunderts jemandem – dem heiligen Ludwig und seinem franziskanischen Gefolge nämlich – in den Sinn, sie abzuschaffen. Ganz allgemein läßt sich weniger eine moralische Verachtung der Prostitution an sich konstatieren als vielmehr eine soziale Feindseligkeit gegenüber den Prostituierten, die man als Auswurf der Gesellschaft betrachtete und deren Nachbarschaft die guten Bürger der Städte verabscheuten. Die öffentliche Politik bestand nahezu ausschließlich darin, die Prostituierten aus den »guten« Straßen der Stadt zu vertreiben (in Toulouse geschah dies bereits 1202) und ihnen im Alltagsleben Beschränkungen aufzuerlegen. Man verbot ihnen, Produkte auf dem Markt zu berühren oder die gleichen Kleider und Schleier zu tragen wie die ehrbaren Frauen, und gestattete es den »ehrlichen« Bürgern, Strafen zu vollziehen (Prostituierten den Schleier herunterzureißen, sie zu schlagen, wenn sie einen Bürger beleidigt hatten, sie aus den »guten« Straßen zu verjagen). De facto entwickelten sich die Prostitutionsbezirke an der Peripherie der Städte, zum Teil weil jede Prostituierte, die ihrem Gewerbe in einer »guten« Straße nachging, Gefahr lief, von den Behörden oder sogar von zornigen Nachbarn vertrieben zu werden, zum Teil weil die Unkosten, Mieten und Immobilienpreise außerhalb der Stadtmauern niedriger waren.[40]

Allmählich aber entwickelte sich in der öffentlichen Politik die Tendenz, die Prostituierten nicht lediglich aus den »guten« Straßen zu verjagen oder ihnen den Aufenthalt innerhalb der Stadtmauern zu untersagen, sondern ihnen einen offiziellen Bezirk zuzuweisen – ein Gebiet, in dem Prostituierte sowohl wohnen durften als auch mußten. Einen solchen Ort auszuwählen und das Einverständnis der Bürgerschaft zu erlangen war nicht leicht; den Bürgern wurde ein hohes Maß an Kooperation abverlangt, wie das aus Montpellier stammende älteste überlieferte Dokument (1285) bezeugt, in dem von einer solchen Entscheidung die Rede ist. Aber die Einrichtung eines offiziellen Bezirks für Prostituierte war der Mühe wert; sie ermöglichte die Durchsetzung einer öffentlichen Ordnung und garantierte eine gewisse Stabilität. Auf diese Weise gab es immer einen Platz, auf den man die Prostituierten verweisen konnte, wenn sie sich in »guten« Wohngebieten niedergelassen hatten. Dies war vermutlich der Grund, weshalb bis zum frühen 14. Jahrhundert die meisten Städte im Languedoc über einen solchen offiziell anerkannten Bezirk verfügten.

Ein aus dem Jahre 1337 stammendes Dokument aus Narbonne nennt einen weiteren Grund, weshalb eine derartige räumliche Abgrenzung durchaus im Interesse der »ehrbaren« Bürger einer Stadt gewesen sein könnte. Zu den Privilegien, die der Feudalherr der Stadt Narbonne gewährt hatte, gehörte auch das Recht verheirateter Narbonner Bürger, die Prostituierten aufzusuchen, ohne wegen Ehebruchs belangt zu werden. Die – auf eine nicht-egalitäre Definition des Ehebruchs gestützte – Begründung lautete natürlich, daß diese Frauen alleinstehend seien und ein Mann durch den Geschlechtsverkehr mit unverheirateten Frauen keinen Ehebruch begehe. Der Kommentator des Buchs der Sitten und Gebräuche von Toulouse war 1296 sogar so weit gegangen, einen Mann, der mit einer verheirateten Prostituierten Geschlechtsverkehr gehabt hatte, von der Anklage wegen Ehebruchs zu entlasten, weil »der Ort das Vergehen entschuldigt«, das heißt, weil man nicht damit rechne, in einem Bordell auf eine verheiratete Frau zu treffen.

Das 1337 in Narbonne verfaßte Dokument ist einzigartig, die Situation aber, die es beschreibt, war vermutlich alles andere als selten, denn der Schreiber vergleicht diese Privilegien mit denen, die das Bordell von Montpellier betrafen. Dennoch ist in keinem Dokument aus Montpellier oder auch aus anderen südfranzösischen Städten von solchen Privilegien die Rede. Warum sind keine analogen Dokumente überliefert? Möglicherweise wurden sie in späterer Zeit vernichtet, so wie auch die Tendenz späterer »Herausgeber« bezeugt ist, die Genitalien in älteren, naiven Handschriftenillustrationen, die den Geschlechtsverkehr darstellten, unkenntlich zu machen.

Aber wie dem auch sei – die Idee, offizielle »Rotlichtbezirke« einzurichten, nahm im gesamten Süden Frankreichs und darüber hinaus rasch Gestalt an. Ein revolutionäres neues Konzept des offiziellen Bezirks entwickelte sich in den Jahren nach dem Schwarzen Tod, als die Verwaltungen zahlreicher Städte in der zweiten Hälfte des 14. Jahrhunderts erkannten, daß sich die mit der Kontrolle der Prostitution zusammenhängenden Probleme am besten durch die Einrichtung eines in städtischem Besitz befindlichen Bordells lösen ließen. Mit Ausnahme der sehr großen Städte war es angesichts der durch die Pest dezimierten Bevölkerung durchaus möglich, die Prostitution auf ein einziges Haus zu begrenzen, und indem die Stadt selbst als Eigentümerin eines solchen Hauses auftrat, verbesserte sie ihre Möglichkeiten, es zu überwachen und zu kontrollieren. Die tägliche Verwaltung des Hauses wurde Einzelpersonen übertragen – zu Beginn sehr häufig Prostituierten, im 15. Jahrhundert aber zunehmend Männern, die einmal im Jahr Pachtgebühren abzuführen hatten, und zwar zum gleichen Zeitpunkt, an dem die Pacht auch für andere Liegenschaften der Stadt, beispielsweise für die vom Schlachter genutzten Stallungen, fällig wurde. Der Bordellwirt zahlte pro Jahr eine bestimmte Summe an die städtische Obrigkeit und erwarb sich damit das Anrecht auf den gesamten Profit, den das Haus einbrachte; die Stadt aber behielt sich die letzte Kontrolle über die »Führung« des Bordells vor.

Zur gleichen Zeit, in der die städtischen Bordelle eingerichtet wurden, entwickelte man weitere Maßnahmen, um die Prostitution unter Kontrolle zu bringen. Die käuflichen Frauen wurden verpflichtet, ein Zeichen zu tragen, um jede Verwechslung mit »ehrbaren« Frauen auszuschließen. Als die städtischen Behörden die Bordellverpachtung zu ihrer Angelegenheit machten, wurde die Kuppelei auf eigene Kasse, die zuvor toleriert worden war, verboten. Die Prostitution war ein sorgfältig geschütztes städtisches Monopol.

Wie rechtfertigten die Zeitgenossen ein derartiges System? Die Antworten weisen ein bemerkenswert hohes Maß an Übereinstimmung auf, gleichgültig, ob es sich um Südfrankreich, um Italien, Deutschland oder England handelt: Ein städtisches Prostitutionszentrum wurde eingerichtet, um »schlimmeres Übel zu vermeiden«. Die Historiker haben darüber spekuliert, was dieses schlimmere Übel gewesen sein mag; manche tippten auf die Homosexualität, andere auf die Bedrohung, der sich die »ehrbaren« Frauen der Stadt durch die potentiellen Kunden ausgesetzt sahen. Wenn aber die mittelalterlichen Obrigkeiten selbst präziser definieren, was sie meinen, dann ist ihre Erklärung in Deutschland die gleiche wie in Frankreich – die eigentliche Bedrohung der »ehrbaren« Frauen ging weniger von den Kunden der Prostituierten aus als vielmehr von den Prostituierten selbst. Die weibliche Sexualität, die im Mittelalter häufig als unersättlich galt, erzeugte im mittelalterlichen Mann »Angst«, denn er fürchtete, daß seine Frau oder seine Töchter versucht sein könnten, dem Beispiel der Prostituierten zu folgen, vor allem in Anbetracht der materiellen Vorteile, die ein lockeres Leben unter Umständen mit sich brachte. So schien es den Männern klug, die Prostitution in ein abgegrenztes Stadtgebiet zu verbannen, sicher verborgen vor den Augen ihrer Frauen und Töchter.

Dieses System der städtischen Prostitution erreichte seine Blüte im 15. Jahrhundert und wurde in Frankreich mit der königlichen Approbation gekrönt. Das öffentliche Bordell von Toulouse und seine Bewohnerinnen wurden 1424 unter königlichen Schutz gestellt. Königliche Erlasse verurteilten während des gesamten 15. Jahrhunderts den illegalen Wettbewerb und forderten eine strenge Bestrafung von Zuhältern, die – wie es manchmal indirekt, manchmal direkt formuliert wurde – die Jungfräulichkeit der Mädchen verkauften und verheiratete Frauen entführten. Als die Räte der Stadt Castelnaudary 1445 beschlossen, auf den fahrenden Zug aufzuspringen und ebenfalls ein städtisches Bordell zu eröffnen, schien es ihnen ganz natürlich, um die Erlaubnis des französischen Königs zu ersuchen, »congé et licence« ein offizielles Prostitutionshaus führen zu dürfen.

Der Text des Ersuchens, mit dem die Räte von Castelnaudary um die königliche Erlaubnis zur Einrichtung eines Bordells baten, zeigt, in welch hohem Maße sich die öffentlichen Moralvorstellungen seit dem vorangegangenen Jahrhundert weiterentwickelt hatten. Während Prostitutionsbezirke im frühen 14. Jahrhundert noch mit Privilegien verbunden waren, die zum Beispiel verheiratete Freier vor einer Anklage wegen Ehebruchs schützten, sollte das Haus in Castelnaudary *»unverheirateten* jungen Männern und Dienern [jeunes hommes et serviteurs non mariez]« offenstehen. Dem Schreiber bereitete diese rechtfertigende Erklärung offenbar gewisse Schwierigkeiten, denn er hat zuerst etwas anderes hingeschrieben und es dann ausradiert. Was hatte er ursprünglich geschrieben? »Viele Männer und Fremde« vielleicht? Das aber wirkte wahrscheinlich nicht genügend seriös, nicht moralisch genug für seine Zwecke. Die genaue Angabe, daß das Haus unverheirateten Männern zur Verfügung stehen solle, vermittelte eine Art moralischer Glaubwürdigkeit; ein Jahrhundert zuvor aber hätte ebendiese moralische Glaubwürdigkeit oberflächlich und vielleicht sogar ein wenig lächerlich und pedantisch gewirkt.

Vorschriften über die interne »Organisation« der Bordelle begannen die traditionelle Regelung der Prostitution zu ersetzen, denn man verlangte von den Frauen nun, daß sie in dem öffentlichen Haus praktisch in klösterlicher Abgeschiedenheit lebten. Die Vorschriften über ihren Aufenthalt in der Stadt und die Pflicht, das Kennzeichen zu tragen, wurden in den meisten Städten durch die Ordnung des Hauses ersetzt, in dem die Frauen lebten. Zuhälter oder spezielle Freunde wurden dort nicht toleriert; das Spiel war verboten, und es war auch nicht erlaubt, gotteslästerlich zu fluchen (ganz ähnliche Vorschriften herrschten in den von religiösen Orden geleiteten Hospitälern!). Personen mit ansteckenden Krankheiten durften das Freudenhaus nicht betreten, und den Kunden war auch das Tragen von Waffen untersagt. »Dort wurde keine freiere, ungezwungenere Sexualität gelebt«, wie Peter Schuster es so treffend in seiner Beschreibung des »inneren Betriebs« öffentlicher Freudenhäuser in Süddeutschland formuliert hat; auch die wenigen öffentlichen Bordelle in England unterlagen strengen Vorschriften.[41]

Vor allem in Deutschland und in den Niederlanden zeigen die Verzeichnisse der Strafrechtspflege, daß die Vorschriften, die sich auf den Bordellbesuch von Priestern, verheirateten Männern und minderjährigen Jungen bezogen, keineswegs nur auf dem Papier galten. Die südfranzösischen Strafverzeichnisse erzählen eine ähnliche, wenn auch ein wenig mehrdeutige Geschichte. In bestimmten Städten wurden verheiratete Männer belangt, wenn man sie beim Besuch eines Bordells erwischte, und zwar besonders dann, wenn an den sexuellen Aktivitäten gleich mehrere Männer und Frauen beteiligt waren.

Eine wachsende Sensibilität für die Anforderungen der öffentlichen Moral durchdrang die spätmittelalterliche Gesellschaft. Bestimmte städtische Handelsgilden in Skandinavien und Deutschland sprachen gegenüber ihren Mitgliedern das Verbot aus, Prostituierte zu heiraten, während zur gleichen Zeit in ganz Europa Maßnahmen gegen Ehebrecher und illegitime Kinder in die Wege geleitet wurden. In Deutschland war es seit langem Brauch gewesen, zu Hochzeiten eine Prostituierte einzuladen; sie sollte dem Paar gewissermaßen als gute Fee Fruchtbarkeit bescheren, aber gegen Ende des 15. Jahrhunderts wurde diese Sitte abgeschafft.

Das Unbehagen, das sich in einer Gesellschaft ausbreitete, die den außerehelichen Geschlechtsverkehr in städtischen Bordellen tolerierte, ja sogar förderte, gibt sich in den wachsenden Bemühungen zu erkennen, Prostituierte zur Umkehr zu bewegen. Klöster für reumütige Prostituierte (und andere entehrte Frauen) hatte es in Deutschland, Italien und Frankreich seit dem 13. Jahrhundert gegeben (in England hat man solche Einrichtungen offenbar nie gekannt); im gleichen Zeitraum entwickelte es sich zu einer beliebten Form der praktizierten Nächstenliebe, arme Mädchen mit einer Mitgift auszustatten – eine Art Präventivmaßnahme, um mittellose Frauen daran zu hindern, sich durch Prostitution eine Mitgift anzusparen. In diesem Zusammenhang ist es auch zu verstehen, daß die Bordelle seit der zweiten Hälfte des 14. Jahrhunderts während der Karwoche geschlossen blieben. Aber solche Bemühungen, Prostituierte zu »bekehren« und das Geschäft in der Karwoche vollständig zu verhindern, blieben während des folgenden Jahrhunderts sporadisch; wahrscheinlich wurden sie in regelmäßigen Abständen durch die kollektive Angst vor Gottes Zorn wiederbelebt, wenn eine Seuche ausgebrochen war oder sich ein besonders erfolgreicher Prediger der Verhältnisse angenommen hatte. Im eigentlichen Sinn institutionalisiert aber wurden diese Bemühungen am Ende des 15. Jahrhunderts. So wissen wir zum Beispiel, daß der Bordellwirt in Toulouse erst in den 90er Jahren reguläre Entschädigungen für die Schließung des öffentlichen Hauses in der Karwoche erhielt. Prostituierte wurden dort während dieser Zeit zu Bußpredigten begleitet, die sie anhören mußten; derartige Predigtbesuche waren für Prostituierte auch in Deutschland und Italien obligatorisch. Mitunter hatten die Mahner großen Erfolg: 1526 ließen sich fünf Frauen, das gesamte Personal des Bordells von Albi, zur »Umkehr« bewegen; sie beschlossen, fortan »als ehrbare Frauen zu leben ..., Gott zu dienen und für einen ehrbaren

Lebensunterhalt Sorge zu tragen«, und baten die Räte der Stadt, ihnen die für einen solchen Lebenswandel notwendigen Mittel zur Verfügung zu stellen.

Die christlichen Obrigkeiten verdienten daran, das Sündigen zu erleichtern; diese nackte Tatsache wurde auch von Zeitgenossen erkannt und schürte ein wachsendes Unbehagen. Die Prostituierten selbst konfrontierten die Räte von Toulouse mit diesem moralischen Dilemma und beschuldigten sie, die Sünde durch die Vermietung des Hauses an einen Wirt zu fördern, der in seinem Profitstreben alles tat, was dem Geschäft diente. Der Bordellwirt, so behaupteten die Frauen, sei nichts anderes als ein gewöhnlicher Grobian, der sich aufführe »wie ein Fuchs unter den Hennen«. Das durch die Prostitution verdiente Geld war letztlich Blutgeld; in Böhmen prangerten gegen Ende des 14. und zu Beginn des 15. Jahrhunderts fanatische prähussitische und hussitische Reformer den »illegalen Gewinn« jener an, die von der Prostitution profitierten. Von Zeit zu Zeit führten die Obrigkeiten dieses Geld karitativen Zwecken zu. In Augsburg kam das Geld aus dem Freudenhaus 1371 den Leprakranken zugute, und die Statuten von Amadeus VIII. von Savoyen aus dem Jahre 1430 bestimmten zwei Drittel der Strafgelder, die Prostituierte für unmoralisches Verhalten zu zahlen hatten, für mildtätige Zwecke. 1526 stellte Basel die Bordellprofite der Wohlfahrt zur Verfügung, und 1528 willigte die Obrigkeit von Toulouse ein, sämtliche Gewinne, die das Freudenhaus abwarf, den Hospitälern der Stadt auszuhändigen, nachdem die Stadträte durch Gerüchte unter Druck geraten waren, daß sie das Bordellgeld ausgaben, um sich prächtige Roben zu kaufen.

Mit der sinkenden öffentlichen Toleranz für die sogenannte »einfache Unzucht« wandte sich die Stimmung zunehmend auch gegen die organisierte Prostitution. »Einfache Unzucht« war der Begriff, mit dem der – weder durch Ehebruch noch durch Inzest erschwerte – Geschlechtsverkehr zwischen zwei unverheirateten Personen bezeichnet wurde. Im Mittelalter hatte man ihn noch für unvermeidbar gehalten; viele Geistliche, beispielsweise der Kirchenrechtler Johannes Teutonicus, waren der Ansicht, daß er ein universales Phänomen darstelle, und die meisten hatten Schwierigkeiten, ihre Gemeinde davon zu überzeugen, ihn als Sünde ernst zu nehmen. Die Mehrheit der Laien schloß sich offenbar der Meinung Boccaccios an, der die Unzucht als eine »natürliche« Sünde beschrieb, »falls Sünde die richtige Bezeichnung ist für das, was junge Leute tun, wenn sie verliebt sind«.[42] Bei derart allgemeiner Akzeptanz des außerehelichen Geschlechtsverkehrs mußte die Prostitution natürlich unvermeidbar erscheinen. Als Konkubinat und Ehebruch des Mannes im 15. Jahrhundert zunehmend unter Beschuß gerieten, bildete die Toleranz der einfachen Unzucht die letzte Bastion der Doppelmoral. Angesichts der erstarkenden Reformationsbestrebungen der Präprotestanten, Protestanten und Gegenreformatoren aber konnte man eine öffentliche Einrichtung, die zur Sünde ermunterte und sie vergab, nicht länger dulden. Man betrachtete die Tolerierung der einfachen Unzucht nun als Zeichen mediterraner Dekadenz (»Das hat er mitt aus Italia bracht!«, tobte Luther in seinen »Tischreden«) und hielt die Schließung der Freudenhäuser in einer wirklich reformierten Gesellschaft für notwendig; in Deutschland und in Frankreich jedenfalls wurden die Bordelle offenbar im Anschluß an die Verbreitung der Reformation abgeschafft.

»Sodomie« (Homosexualität)

Im 15. und 16. Jahrhundert widmeten sich die weltlichen Obrigkeiten mit wachsender Aufmerksamkeit der Sexualmoral, und die Strafregister der europäischen Städte spiegeln diese Tendenz wider. Es gab regionale Unterschiede; zu Anklagen gegen Männer, die im Konkubinat lebten, kam es in den Niederlanden und in Deutschland beispielsweise seltener als in Frankreich, aber dies ist wahrscheinlich kein Ausdruck einer größeren Toleranz gegenüber dem Konkubinat, sondern erklärt sich vielmehr mit der Tatsache, daß das Konkubinat unter das Stichwort Ehebruch fiel. Die Italiener setzten sich offenbar intensiver mit den illegalen Affären der Nonnen auseinander, während in Südfrankreich das Schwergewicht auf den amourösen Aktivitäten von Priestern und Mönchen lag. Allgemein aber kann man sagen, daß sexuelle Vergehen überall in

Europa gegen Ende des Mittelalters häufiger und in vielen Fällen schwerer bestraft wurden.

Obwohl der Ehebruch den Löwenanteil der bestraften Sexualdelikte ausmacht, wurden auch andere Vergehen, wenngleich mitunter nur sporadisch, verfolgt. Gegen Ende des 15. Jahrhunderts verhandelten die meisten weltlichen Gerichte bestimmte Fälle von Bigamie und Inzest (vor allem den inzestuösen Geschlechtsverkehr unter nahen Verwandten), Tatbestände, die zuvor an die geistlichen Gerichte verwiesen worden waren. Auch illegale Beziehungen zwischen Christen und Juden wurden vor die Gerichte gebracht, ebenso wie seltene Fälle von *bestialitas*, der Sodomie im heutigen Sinne, die unweigerlich mit dem Tod durch Verbrennen von Mensch und Tier bestraft wurden (der exemplarische Charakter dieser Strafe spielte dabei eine so wichtige Rolle, daß der »viguier«, der örtliche königliche Richter von Aiguesmortes, im Jahre 1460 eine außerordentlich hohe Summe für ein Maultier ausgab, um es anstelle des »schuldigen«, unglücklicherweise vor der Hinrichtung verschiedenen Tieres verbrennen zu lassen!).

Ein Bereich, in dem sich die Vorgehensweise von Region zu Region erheblich unterschied, war die Verfolgung der Homosexualität. In der Sozialgeschichte ist es mittlerweile zu einem Gemeinplatz geworden, Homosexuelle als eine im Spätmittelalter besonders verfolgte Minderheitengruppe zu betrachten. Der verstorbene John Boswell, dem sehr daran gelegen war, die Kirche in dieser Sache von jeder Verantwortung freizusprechen, behauptete in seinem Klassiker zu diesem Thema, daß sich die öffentliche Meinung zunehmend gegen die Homosexualität gewandt habe, und sah darin den Grund für eine wachsende Feindseligkeit. Seither aber konnte die Forschung überzeugend nachweisen, daß die kirchliche Feindseligkeit gegenüber der Homosexualität Tradition hatte und lange, bevor bestimmte Gesetzestexte oder -abhandlungen im 13. Jahrhundert den Feuertod für Homosexuelle forderten, Ausdruck in den Werken der Kirchenväter und in den Bußbüchern des frühen Mittelalters, in den Schriften des Petrus Damiani (ca. 1048–51), des Petrus Cantor (gest. 1197) und anderer gefunden hatte.[43]

Die beiden wichtigsten weltlichen Gesetzestexte zur Homosexualität aus dem 13. Jahrhundert – das spanische Gesetzbuch von

Alfons dem Weisen, »Las Siete Partidas«, und das »Livre de jostice et de plet« aus Orléans – waren stark durch das römische Recht beeinflußt und wiederholten im Grunde lediglich die gleichen schweren Maßnahmen, die Kaiser Justinian bereits im 6. Jahrhundert gegen homosexuelle Aktivitäten ergriffen hatte. Die Juristen, die das römische Recht studiert hatten, waren gewöhnlich auch mit dem Kirchenrecht vertraut; sie hatten mit den kirchlichen Rechtsgelehrten, mit denen zusammen sie eine intellektuelle Elite bildeten, zweifellos mehr gemeinsam als mit der »öffentlichen Meinung«, auf die sich Boswell beruft. Das römische Recht war im 13. Jahrhundert ungefähr ebenso »öffentlich« wie Blackstones »Commentaries« es im zwanzigsten waren!

Es ist jedoch wichtig zu betonen, daß weit mehr weltliche Gesetzessammlungen und juristische Abhandlungen im 13. Jahrhundert und sogar noch später das Problem der Homosexualität überhaupt nicht behandeln, sondern es ignorieren. Zu den Werken, in denen die Homosexualität bemerkenswerterweise keine Erwähnung findet, gehören die »Leges Henrici I« und der »Glanvill« (England, 12. Jahrhundert), der deutsche »Sachsenspiegel« (1220–1235) ebenso wie der »Schwabenspiegel« (1274–1275), das »Liber augustalis« von Kaiser Friedrich II. (1231), die isländischen »Gragas« (12. Jahrhundert) und sogar die »puritanischen« Statuten von Amadeus VIII. von Savoyen (1430). Darüber hinaus findet sich in den moralistischen Reformverordnungen Ludwigs IX. kein einziger Artikel gegen die Homosexualität; Boswells gegenteilige, von späteren Autoren übernommene Behauptung beruhte auf einer Verwechslung mit einer Abhandlung aus dem späten 13. Jahrhundert, die den durchaus irreführenden Titel trägt: »Les ètablissements de Saint Louis«, ein vom römischen Recht beeinflußtes Werk.

Was die Stadtordnungen betrifft, so erließen zwar einige italienische Städte Ende des 13. Jahrhunderts Gesetze gegen »Sodomie« (Siena 1262–70, Bologna 1288), dennoch aber ist es aufschlußreich, daß kein einziges städtisches Verordnungsbuch aus Südfrankreich einen Artikel gegen Homosexualität enthält; dies ist insofern von besonderer Bedeutung, als die Region im 13. Jahrhundert den Schauplatz für die Ketzerbewegung der Katharer und deren Verfolgung abgab und die Homosexualität derart häufig mit der Ketzerei in Verbindung gebracht wurde, daß die populäre Bezeichnung für Ketzer, »Bougrere«, mitunter auch zur Kennzeichnung Homosexueller benutzt wurde. Arnaldus de Vernhola, der 1324 vom Inquisitor Jacques Fournier, dem späteren Papst Benedikt XII., der Sodomie angeklagt wurde, verlieh seiner Bestürzung Ausdruck: »Ich dachte, daß Sodomie und einfache Unzucht von der gleichen [minderen] Schwere seien und daß Vergewaltigung oder die Defloration von Jungfrauen, Ehebruch und Inzest größere oder ernstere Sünden seien als Sodomie.« Nirgendwo anders als im Land der »Bougrerie« wurde die Sodomie ebenso wie die einfache Unzucht offenbar als geringfügiges Vergehen betrachtet![44]

Die wenigen überlieferten Strafregister aus einer späteren Phase zeugen von der in Frankreich verbreiteten Gleichgültigkeit gegenüber der sogenannten »unaussprechlichen Sünde«. Unter den 1300 Fällen, die zwischen 1494 und 1530 in erster Instanz vor das Gericht der Stadt Pamiers gebracht wurden, taucht keine einzige Anklage wegen Sodomie auf, während wegen anderer Sexualdelikte zahlreiche Verhandlungen geführt wurden. Auch in den Inventaren des Toulouser Parlaments aus dem 15. und 16. Jahrhundert findet sich kein einziger Fall. In der Stadt Manosque wurde von dem außerordentlich strengen Gericht der Johanniter keinem einzigen Sodomiten der Prozeß gemacht. Die Hinweise, die aus Südfrankreich übrig bleiben, beschränken sich auf einen einsamen Sodomiten, der vom »cour d'exces« in Lyon verurteilt wurde, und einen zweiten in Nizza, so daß von systematischer Verfolgung, geschweige denn von obsessiver Nachstellung kaum die Rede sein kann!

Abgesehen von einer gelegentlichen Verhandlung vor dem Parlament von Paris scheint es im Norden Frankreichs, in England, in der Schweiz und in Deutschland keine konsequente Verfolgung von Homosexuellen gegeben zu haben, auch wenn das Delikt in einigen deutschen Statuten erwähnt wird. In Köln zum Beispiel zog eine Untersuchung homosexueller Vorfälle im Jahre 1484 keine Verfolgung nach sich. Gewisse Hinweise auf eine solche Verfolgung finden sich in Nordeuropa allein in den Niederlanden, und selbst hier beschränkten sich die wenigen Untersuchungen auf die großen Städte: vier Fälle in Utrecht Mitte des 15. Jahrhunderts, sieben in Malines im späten 14. und frühen 15. Jahrhundert, und ungefähr die gleiche Zahl in Antwerpen im frühen 15. Jahrhundert. Den Rekord halten Brüssel mit 26 Anklagen im gesamten 15. Jahrhundert und Brügge mit 99 in den Jahren zwischen 1385 und 1515.[45] Kurz, die Fälle waren praktisch ebenso selten wie die Anklagen wegen Unzucht mit Tieren.

Warum aber steht das späte Mittelalter dann in dem Ruf, Homosexuelle konsequent verfolgt zu haben? Es gab einen leidenschaftlichen Kreuzzug gegen Homosexualität, aber er beschränkte sich beinahe ausschließlich auf einige wenige italienische Städte. Auch Ragusa (Dubrovnik), das zu Venedig in engen wirtschaftlichen Beziehungen stand, ergriff Maßnahmen gegen die Homosexualität, aber es gibt keinerlei Hinweise darauf, daß sie tatsächlich wirkungsvoll zum Tragen kamen. Darüber hinaus sind auch aus vielen italienischen Städten wie beispielsweise Brescia, Ivrea und sogar Susa, wo andere Sexualdelikte streng geahndet wurden, keine Hinweise auf Verfolgungen überliefert. Die großen Zentren der Verfolgung waren Florenz, Lucca und Venedig; in Venedig erhöhte sich die Anzahl der Verhaftungen wegen Sodomie von einem Fall alle zwei Jahre im dritten Viertel des 14. Jahrhunderts auf fünf oder sechs Fälle jährlich im 15. Jahrhundert. Zur Untersuchung solcher Vergehen wurden spezielle Kommissionen einberufen; die Obrigkeit ermunterte zu Denunziationen und setzte Belohnungen dafür aus. Das Ziel waren offenbar nicht die Randgruppen der Gesellschaft, die der spätmittelalterlichen Strafverfolgung so häufig zum Opfer fielen, sondern die Adeligen und die humanistischen Kreise, deren neu erwachtes Interesse an der griechischen und römischen Kultur auch »besondere« Freundschaften gefördert haben mag. Die Reaktion des holländischen Autors Dirk Potter auf homosexuelle Aktivitäten, die er während seiner Romfahrt 1410 beobachtete, bestätigt, daß man die Homosexualität als ein spezifisch italienisches Phänomen betrachtete.[46]

Anklagen wegen Homosexualität wurden gelegentlich auch in politischen Strafverfahren erhoben; der berühmteste Fall ist der Prozeß, der zu Beginn des 14. Jahrhunderts gegen die Tempelherren geführt wurde, weil Philipp der Schöne, den es nach dem Reichtum dieses Ritterordens gelüstete, einen Vorwand suchte, um ihn aufzulösen. Einen ähnlichen »politischen« Gebrauch von Aussagen in Prozessen wegen homosexueller Aktivitäten machte der König von Aragon gegen seinen unbequemen Vasallen Pons Hugh de Ampurias im Jahre 1311.[47] Die Anklage wegen Sodomie, die gegen König Edward II. von England erhoben wurde, spielte bei dessen erzwungener Abdankung im Jahre 1326 eine entscheidende Rolle. Auch in diesem Kontext blieb die Zielgruppe auf eine bestimmte Elite begrenzt.

Homosexualität wurde im Westen zur Zeit des Mittelalters gewiß nicht mit Wohlwollen betrachtet. Bereits der schlichte Vergleich zwischen den mittelalterlichen »Fabliaux«, die trotz ihrer obsessiven Beschäftigung mit Skatologie und weiblicher Sexualität jede Erwähnung homosexueller Aktivität vermeiden, und den »Geschichten aus 1001 Nacht«, in denen Homosexualität und Bisexualität genußvoll geschildert werden, zeigt, daß das mittelalterliche Abendland alles andere als homophil gewesen ist. Nicht vorhandene Homophilie aber läßt nicht automatisch auf eine allgemeine Homosexuellenverfolgung schließen. Anklagen in bestimmten politischen Verfahren, einige Fälle in Brüssel und ein paar mehr in Brügge sowie eine erwähnenswerte Kampagne in Venedig und Florenz berechtigen nicht dazu, von einer allgemeinen spätmittelalterlichen, paneuropäischen Verfolgung Homosexueller zu sprechen. In den meisten Teilen Europas lagen den städtischen Obrigkeiten der Schutz der Ehe und die Bestrafung skandalösen Verhaltens in der Öffentlichkeit weit mehr am Herzen als das Ausspionieren des Privatlebens ihrer Einwohner.

Medizinische Sichtweisen der Sexualität

Die weltliche Einstellung zur Sexualität beruhte nicht nur auf behördlichen Vorschriften; ein großer Einfluß ging zunächst auch von den neu gegründeten medizinischen Schulen der städtischen Universitätszentren aus. Diese Entwicklung setzte in Italien ein und verbreitete sich anschließend auch im Norden. In der Lehre der Anatomie und Physiologie der menschlichen Sexualität rivalisierten im Spätmittelalter zwei – aus der Antike überlieferte – Interpretationen der Empfängnis. Der »traditionellen« Sichtweise des griechischen Arztes Galen (gest. 201) zufolge entsteht der Fötus aus zwei Spermien, einem männlichen und einem weiblichen. Aristoteles jedoch, dessen Schriften im 13. Jahrhundert wiederentdeckt wurden, glaubte, daß allein der Mann Sperma abgebe, während die Frau lediglich das passive Gewebe zur Verfügung stelle, auf dem der männliche Samen gedeihe. Diese Interpretation hat zweifellos misogyne Implikationen, und viele Historiker zogen eilends den Schluß, daß die aristotelische Analyse seit dem 13. Jahrhundert als repräsentativ für »die« mittelalterliche Sichtweise zu gelten habe.

Aktuelle Untersuchungen haben jedoch gezeigt, daß im späten Mittelalter allerlei unterschiedliche Meinungen über die Fortpflanzung Ausdruck fanden, wobei die Mehrheit der zeitgenössischen Ärzte einen »gemäßigten Galenismus« vertrat und annahm, daß sowohl der Mann als auch die Frau Spermien produziere.[48] Entscheidend für die Fortsetzung der Galenschen Tradition und die Entwicklung einer wirklichen Philosophie der »gesunden Sexualität« war der Einfluß arabischer medizinischer Schriften über Sexualhygiene. Mehr als 100 solcher Abhandlungen wurden zwischen dem 9. und 12. Jahrhundert in arabischer Sprache verfaßt, und alle betonten sie, daß sexuelle Aktivität für die Gesundheit des Individuums unverzichtbar sei. Avicenna (gest. 1037), vielleicht der einflußreichste unter all diesen Autoren, hob die gesundheitsfördernde Wirkung des Koitus hervor und postulierte einen Zusammenhang zwischen Fruchtbarkeit und sexueller Lust, wie ihn auch der als Moslem geborene Mönch Constantin der Afrikaner in seinem Werk »Über den Koitus« (spätes 11. Jahrhundert) beschrieb, das umfangreiche arabische medizinische Kenntnisse tradierte. Avicenna ging ebenfalls von der Existenz weiblichen Spermas aus und betonte, daß der Stimulation der weiblichen erogenen Zonen eine große Bedeutung zukomme. Ein weiterer einflußreicher Autor, Ibn Fallita (1350–1400), verurteilte Männer, die ihren Frauen sexuelle Lust vorenthielten.

Diese Sichtweisen wurden mit einigen »behutsamen« Modifizierungen von zahlreichen mittelalterlichen Autoren, die im Westen

Abhandlungen über die Sexualität verfaßten, übernommen. »Nichts Natürliches«, so erklärte der Autor der »Questiones Salernitanes« (um 1200), »ist anstößig«. In den Werken der europäischen Ärzte John de Gaddesden, Michael Savonarola, William von Saliceto, Arnald von Villanova und Anthony Guarnerius klingt die arabische Haltung gegenüber der sexuellen Lust der Frau nach, und sexuelle Lust war auch das Thema zahlreicher Diskussionen beispielsweise über die Frage, ob der Mann oder aber die Frau größere Lust empfinde. Das »Speculum al foederi«, ein katalonischer Text aus dem 14. Jahrhundert, geht sogar noch weiter als die oben zitierten gelehrten Ärzte. Es hebt als sachlicher medizinischer Traktat an, um sich dann mit seiner ausführlichen Beschreibung von Ambiente und Phantasie, mit der Aufforderung zum Vorspiel und der Auflistung von insgesamt 24 Positionen als regelrechtes »Kama Sutra« zu entpuppen!

Was aber, so könnte man fragen, hat all dies mit der zunehmend strengen Sexualmoral zu tun, die wir soeben erläutert haben? Besteht nicht ein Widerspruch zwischen dieser »Erotisierung des medizinischen Diskurses« und der Entwicklung einer rigideren öffentlichen Moral, wie sie die Obrigkeiten anstrebten? In Wahrheit sind beide Seiten durchaus vereinbar, ja, sie ergänzen sich sogar. Zum Beispiel begrenzte das »Speculum foederi« trotz all seines erotischen Zaubers die beschriebenen Positionen auf solche, die zweifelsfrei der »natürlichen Weise« entsprachen (das heißt, oraler und analer Sex wurden gemieden). Und die meisten Autoren, die erotische Ratschläge gaben, dachten dabei an den Sex in der Ehe. Bernard de Gordon, der 1303–1305 in Montpellier das »Lilium medicine« verfaßte, war überzeugt, daß nur der eheliche Sex für den Mann gesund sei: Sich »schamlos in Bordellen herumzutreiben«, so warnt er, »macht ehrbare Männer unfruchtbar«. Eine ähnliche Einstellung bekundet Johann Hartlieb, der Hofarzt des bayerischen Herzogs Sigmund. In seiner 1460–65 entstandenen Übersetzung der »Secreta mulierum« (einer gynäkologischen Abhandlung aus dem späten 13. Jahrhundert) modifizierte er das Original durch eine stärkere Betonung der weiblichen Erotik und merkte an, daß der Traktat »Eheleuten zum Nutzen gereichen« sollte. Er vertrat die Ansicht, daß sexuelle Lust der Fortpflanzungsfähigkeit in der

Ehe dienlich sei; »nichts«, so schreibt Hartlieb, »ist schädlicher für Leib und Seele als der Geschlechtsverkehr ohne Lust«. Andere, für Eheleute verfaßte deutsche Traktate aus dem 15. Jahrhundert betonen, daß die sexuelle Befriedigung für das Wohlergehen des Paares und die Zeugung gesunder Nachkommen notwendig sei. Ein im 15. Jahrhundert in Lille entstandenes Manuskript führt die männliche Sterilität auf Sex ohne Liebe (»sine amore«) zurück.[49] Die europäischen Ärzte des Spätmittelalters hatten eine regelrechte Schule der »Freuden ehelicher Sexualität« entwickelt!

Kirchenrecht und Theologie zur Sexualität in der Ehe

Wie reagierte die Kirche auf solche Lehren? Wenn man sich lediglich die düstere Erklärung des Kanonisten Huguccio (gest. 1210) ansähe, daß der sexuelle Akt selbst innerhalb der Ehe immer sündig sei und der zur Befriedigung der Lust vollzogene Geschlechtsverkehr gar immer eine Todsünde darstelle, dann müßte man von einem absoluten Gegensatz zwischen der Lehre der Kirche und den zeitgenössischen medizinischen Blickwinkeln ausgehen; und tatsächlich haben zahlreiche Historiker Huguccios Äußerungen als definitive Meinung der Kirche zur Sexualität verstanden. In jüngerer Zeit aber hat man nachgewiesen, daß Huguccio lediglich ein spezifisches (und seiner eigenen Zeit nicht mehr gemäßes) Verständnis der Sexualität repräsentierte, eine im Vergleich zu anderen zeitgenössischen Autoren, die dem ehelichen Sex positiver gegenüberstanden, außerordentlich pessimistische Sichtweise. Der Theologe Petrus Lombardus erklärte, daß beim ehelichen Sex ebenso wie beim Essen nur die »Maßlosigkeit« sträflich sei. Aristotelische Konzeptionen des »Natürlichen« konnten solchen Einstellungen nur dienlich sein. Im 13. Jahrhundert argumentierte der Florentiner Franziskanermönch Servasanto de Faenza in seiner Verteidigung der Ehe, daß »alles Natürliche [das heißt die Sexualität] keine Sünde ist«, und Thomas von Aquin förderte das aristotelische Verständnis der Lust als positiven Wertes. Der englische Franziskaner Richard Middleton (gest. 1310) erklärte, daß es »im wesentlichen keine Sünde« sei, »gemäßigte Lust in einer ehrbaren Tat zu suchen«. Und der Theologe Albertus Magnus, ein Dominikaner (gest. 1280), sprach sich ebenso wie die Ärzte für den Nutzen des Vorspiels beim ehelichen Sex aus.

Aber selbst im kanonischen Recht kam Huguccios Stimme keine beherrschende Rolle zu; manchen Kirchenrechtlern erschien seine Meinung offenbar nicht nur falsch, sondern geradezu lächerlich! Johannes Teutonicus, der Verfasser der »Glossa ordinaria« zum »Decretum Gratiani«, hatte beispielsweise den Eindruck, daß der zur Befriedigung der Lust betriebene Sex in der Ehe nur eine läßliche Sünde sei und die mit dem Ziel der Fortpflanzung oder zur Erfüllung der ehelichen Pflicht praktizierte Sexualität gar keine Sünde darstelle. Die Dominikaner Paul von Ungarn (gest. 1242) und Durand de St. Pourcain (gest. 1344) waren der Meinung, daß sogar der zur Vermeidung von Inkontinenz durchgeführte Geschlechtsverkehr ohne Sünde sei, und Martin LeMaistre (gest. 1481) behauptete, sexuelle Aktivitäten seien nicht strafwürdig, wenn sie zur Vermeidung »der Traurigkeit« dienten, die aus »dem Fehlen venerischer Lust« resultiere.[50]

Petrus von Palude (gest. 1342) ging so weit zu behaupten, daß der Geschlechtsverkehr während der Menstruation keine Sünde sei. Er verbündete sich mit anderen spätmittelalterlichen Theologen, die gegen eine lange Tradition ankämpften, in der das Menstruationsblut mit zahlreichen Tabus verbunden war. Viele frühmittelalterliche Texte untersagten menstruierenden Frauen, eine Kirche zu betreten, aber die Theologen des späteren Mittelalters lehnten dieses sehr restriktive und von Grund auf frauenfeindliche Verständnis ritueller Reinheit ab. Es ist interessant festzuhalten, daß Johannes Hartlieb, der verheiratete Paare mit Nachdruck aufforderte, Lust in der Sexualität zu suchen, Ehemännern auch riet, ihre Frauen während der Monatsblutung liebevoll zu umsorgen.

Rituelle Tabus waren im frühen 13. Jahrhundert auch ein Thema des Kardinals und päpstlichen Legaten Robert von Courson; er betonte den »semi-häretischen« Charakter jener, die sich der frühmittelalterlichen Tradition anschlossen, nach der die Kirche zu bestimmten Zeiten, an wichtigen Festtagen und während der Fastenzeit sexuelle Abstinenz forderte, und an praktisch jedem Wochentag zur Enthaltsamkeit rieten. Robert warf den strikten Befürwortern einer derartigen sexuellen Zurückhaltung vor, indirekt die Ehe zerstören zu wollen. Ebenso wie in der Frühzeit der Kirche, als sich Augustinus gegen die dualistischen Manichäer zum Fürsprecher der Ehe machte, verteidigten viele Geistliche, zum Beispiel Egbert von Schönau (gest. 1184) und Moneta di Cremona (gest. 1240), die Ehe und die Sexualität in der Ehe gegen die häretischen Katharer, die behaupteten, daß die Sexualität wie alle anderen körperlichen Dinge auch sündig sei. Ähnlich argumentierend verwarfen französische und englische Konzile seit 1217 zudem die Überzeugung, daß eine Person, die einmal die Letzte Ölung empfangen habe, nie wieder ehelichen Sex haben dürfe.[51]

Somit erkannte die Kirche den Geschlechtsverkehr als legitimes Ziel der Ehe selbst dann an, wenn er nicht dem Fortpflanzungswunsch diente. Bruder Laurence, der dominikanische Beichtvater König Philipps III. von Frankreich (gest. 1285), ging in seiner »Somme le roi« sogar noch weiter: »Der Ehestand ist so gesund und ehrbar, daß auch, was außerhalb der Ehe Todsünde ist, in der Ehe sündenfrei ist, und nicht nur sündenfrei, sondern ein Wegweiser zu Lohn und ewigem Leben.«[52]

Die Laienschaft pflichtete dem zweifellos von Herzen bei. Der Bischof von Avignon, Gilles de Bellemère (gest. 1407), erzählt, wie empört die Bewohner von Angers waren, als ein streng asketischer Bettelmönch sie mit seinen Predigten davon zu überzeugen versuchte, daß sie sich durch sexuelle Lust in der Ehe versündigten. Wie Chaucer es so treffend in der »Erzählung des Kaufmanns« formulierte: »Gesegnet sei das Joch, das uns verbunden, / Kein Unrecht wird in unserm Akt gefunden. / Man sündigt mit dem eignen Weibe nicht, / Wie man sich nicht mit eignem Messer sticht; / Der Spaß ist durch Gesetz uns zugesagt.«[53]

Diese »liberalisierte« Sicht der ehelichen Sexualität zeigt sich am deutlichsten in der Diskussion über die ehelichen Pflichten. Der Grundlagentext, der 1. Brief des heiligen Paulus an die Korinther, 7:3-6, besagt, daß der Ehemann seiner Frau »die schuldige Pflicht« leisten solle und umgekehrt. Neben der Fortpflanzung erkennt Augustinus diese Erfüllung der ehelichen Pflicht als untadeligen Grund für den Verkehr in der Ehe an. Hierin folgten Augustinus die meisten der spätmittelalterlichen Kirchenrechtler, wie wir soeben gesehen haben, einschließlich Papst Alexander III., der eine ausgesprochen wichtige Rolle bei der Entwicklung der kirchlichen Ehegesetze spielte. Freilich, Huguccio, jener kanonische Spielverderber, behauptete, daß die Vereinigung des Fleisches nicht ohne Sünde möglich sei, die großen Kanonisten Raimund von Pennafort, Hostiensis und Johannes Teutonicus folgten jedoch der Augustinischen Linie; und wie wir sahen, zogen zahlreiche andere Autoren es vor, sich ein noch liberaleres Verständnis der ehelichen Sexualität zu eigen zu machen.

Die Anerkennung der ehelichen Pflicht impliziert eine Gleichheit der sexuellen Rechte in der Ehe, das heißt, daß die Frau ebenso wie der Mann die eheliche Pflicht einfordern konnte. Diese Erwartung der Frau sei, so die Kanonisten, derart zwingend, daß sie Vorrang vor der Dienstpflicht des Mannes gegenüber seinem Herrn habe! Die Notwendigkeit der Pflichterfüllung könne sogar den Geschlechtsverkehr an einem Feiertag rechtfertigen, dennoch aber rieten die Kanonisten, daß der aufgeforderte Partner zunächst versuchen solle, den anderen davon zu überzeugen, daß die Aufschiebung der Befriedigung, kirchenrechtlich gesehen, vorzuziehen sei. Johannes von Freiburg (gest. 1311) machte es den Ehemännern sogar zur Pflicht, dem Wunsch ihrer Frauen nach Geschlechtsverkehr zuvorzukommen, da Frauen nämlich manchmal zu schüchtern seien, um direkt darum zu bitten![54]

Daß die Kirche aktiv praktizierte, was sie predigte, belegen die vor geistlichen Gerichten verhandelten Fälle, in denen es um die Erfüllung der ehelichen Pflichten ging. Eine Frau konnte zum Beispiel klagen, wenn ihr Mann ohne ihre freiwillige Zustimmung in einen Orden eintrat oder auf Pilgerfahrt ging. Das Kirchenrecht verpflichtete sogar im Falle einer Lepraerkrankung den gesund gebliebenen Partner, seinen ehelichen Pflichten auf Wunsch nachzukommen. Ja, in bestimmten Fällen schrieben die Richter vor, wie oft der eheliche Geschlechtsverkehr stattzufinden habe – gewöhnlich zwei- oder dreimal pro Woche. Ein Dokument aus der Formelsammlung der bischöflichen Gerichtsbehörde von Marseille schreibt vor, daß eine Frau zur Erfüllung ihrer ehelichen Pflicht zu ihrem inhaftierten Mann vorgelassen werden solle – ein mittelalterlicher Vorläufer des im 20. Jahrhundert »neu« verankerten Rechts Gefangener auf Besuche des Ehepartners![55]

Die vielleicht verblüffendste Konsequenz dieses kirchlichen Pochens auf die sexuelle Funktion der Ehe ist die Tatsache, daß es einer Frau im Spätmittelalter, als kein Mann seine Gefährtin mehr wegen Unfruchtbarkeit verstoßen durfte, ohne weiteres möglich war, aufgrund der Impotenz ihres Mannes die Annullierung der Ehe zu beantragen. Theoretisch konnte der Mann das gleiche tun, aber weibliche Impotenz oder Frigidität kam entweder seltener vor oder ließ sich schwerer beweisen, denn sie findet kaum Erwähnung, während die Verzeichnisse der geistlichen Gerichte eine beträchtliche Zahl von Ehen anführen, die wegen mutmaßlicher Impotenz des Mannes annulliert wurden. In vielen Registern ist die männliche Impotenz sogar der häufigste Grund für Eheannullierungen. Selbst dem Adel war dieser Schritt nicht fremd; der englische Edelmann Nicholas Cantilupe wurde 1366 von seiner Frau der Impotenz beschuldigt, und die Ehe von Herzelaude von Rappoltstein mit Graf Johannes von Hapsburg-Laufenberg wurde 1372 wegen Impotenz annulliert. Impotenz konnte sogar von einem Mann, der verzweifelt nach einem Scheidungsgrund suchte, geltend gemacht werden![56]

Das Prinzip war fest verankert, der Beweis aber war eine andere Sache, besonders im Falle einer wiederverheirateten Frau, bei der die intakte Jungfernschaft nicht als Beweis herangezogen werden konnte. Mitunter wurden außenstehende Sachverständige bemüht; in Ely bat man 1380 eine ältere verheiratete Frau, einen beschuldigten Ehemann zu »palpieren« (das heißt abzutasten); in York entfuhr 1433 einer Matrone, die einen Beklagten untersuchte, ein verblüffter Aufschrei angesichts der Dimensionen seines Genitales, und sie schwor, daß er besser ausgestattet sei als ihr eigener Mann! In Italien konnte ein Geschlechtsverkehr mit anderen »Expertinnen«, nämlich mit Prostituierten, gerichtlich angeordnet werden. Ein häufiges, bereits 1259 von Bernard de Montmirat erwähntes Beweismittel war der Geschlechtsverkehr des Paares selbst: es wurde zu dem Versuch aufgefordert, einen ordnungsgemäßen Koitus zu vollziehen (»mit Hingabe«, heißt es in einer Quelle), und zwar gelegentlich mehrere Tage hintereinander vor einer Reihe wachsamer Zeugen![57]

Trotz der Schwierigkeit, Impotenz zu beweisen, hatten viele Frauen mit ihren Klagen Erfolg und konnten sich aus einer unbefriedigenden Ehe lösen. Sie waren frei, um erneut zu heiraten, während die Ehemänner unfruchtbarer Frauen offiziell keine Klage geltend machen konnten. Diese Situation stand in krassem Gegensatz zu den Verhältnissen in den meisten anderen Gesellschaften jener Zeit, in denen sich die einseitige Verstoßung von Frauen wegen Unfruchtbarkeit oder aus anderen Motiven als unangetastetes männliches Privileg behauptete. Der mittelalterlichen abendländischen Kirche zufolge hatte das Bedürfnis der Frau nach sexueller Befriedigung Vorrang vor dem Wunsch des Mannes nach legitimen Erben.[58]

Die Verschärfung der Sexualmoral im Spätmittelalter bedeutete also keine Ablehnung der Sexualität; selbst die Kirche, die auf eine lange Tradition der Verherrlichung von Jungfräulichkeit und Askese zurückblickte, entwickelte gegen Ende des Mittelalters eine Theorie und Praxis, die den Sex in der Ehe in ein positives Licht stellte. Kanonisten, Ärzte und die ernsthafteren weltlichen Obrigkeiten stimmten somit darin überein, daß die Sexualität in der Ehe eine legitime Angelegenheit darstelle, wenngleich freilich die Ehe der einzige – oder zumindest der wünschenswerte – Schauplatz sexueller Aktivität sei.

Widerstand gegen den klerikalen Zölibat

Wer aber sollte die Ehe eingehen? Im 11. Jahrhundert, zur Zeit der Gregorianischen Reform, war die Kirche zu dem Schluß gelangt, daß die Ehe einzig für die Laien bestimmt sei und Priester ebenso wie Mönche zölibatär zu leben hätten. Von der »öffentlichen Meinung« jedoch wurde diese Politik kaum einhellig unterstützt. Nicht nur die Geistlichen protestierten (wie, zeitgleich mit der Reform, der »Anonymos von Rouen«); die Ehe oder auch das Konkubinat der Geistlichen war für die mittelalterlichen Ehemänner beruhigend gewesen, deren Verdacht, der zölibatäre Priester könne seines Nachbarn Weib begehren, in der Literatur wie auch im realen

Leben zu einem »Topos« der mittelalterlichen Gesellschaft wurde. Bestimmte häretische Sekten nahmen die Idee des klerikalen Zölibats unter Beschuß: Im frühen 12. Jahrhundert wollte Peter von Bruis Mönche sogar zum Heiraten zwingen; auch in den »12 Schlußfolgerungen« der englischen Lollarden von 1395 spielte der Widerstand gegen den Zölibat der Geistlichen eine wichtige Rolle.

Die Auseinandersetzung um den Zölibat war auch in intellektuellen Kreisen ein wichtiges Thema. Die neuerliche Lektüre bestimmter Texte Platos im 12. Jahrhundert und später, im 13. Jahrhundert, der Einfluß neuer Aristoteles-Übersetzungen sensibilisierten die westlichen Intellektuellen für die Bedürfnisse der Natur wie auch für die Forderungen Gottes. Dieser Einfluß konnte zu dem Versuch einer Synthese von natürlichem und göttlichem Recht führen, wie sie der heilige Thomas von Aquin anstrebte, oder sogar zu dem »Hedonismus« des Jean de Meun, Autor der Fortsetzung des »Rosenromans«, der die Überlegenheit von Geschlechtsverkehr und Fruchtbarkeit über die Enthaltsamkeit betonte, ein Thema, das in pedantischerer Manier von Bernard Sylvestris bereits im 12. Jahrhundert ausgeschlachtet worden war.

Ein signifikantes Beispiel für diese Argumentationslinie ist die »Lamentacio humanae naturae« (1417–18), ein Traktat von Guilhem Saignet, Jurist, Seneschall von Beaucaire und Berater Karls VII.[59] Saignet führt juristische, biblische und philosophische Texte zur Rechtfertigung seiner Position an. Enthaltsamkeit ist, so behauptet er, ein Vergehen wider die Natur und daher gegen Gott, da göttliches und natürliches Recht zusammengehörten und die Sexualität in der Ehe schön sei und Gott zum Wohlgefallen gereiche. Er beruft sich auf das Beispiel der verheirateten orthodoxen Priester der Ostkirche und beschuldigt die westliche Kirche, nicht nur das Bevölkerungswachstum zu hemmen, sondern dadurch zugleich auch die Verbreitung des Heidentums zu fördern, da sich die Ungläubigen im Gegensatz zu den Christen ungehindert fortpflanzen und vermehren könnten. Seine demographischen Argumente müssen in einer Zeit, in der sich die europäische Bevölkerung von den verheerenden Folgen des Schwarzen Todes noch nicht wieder erholt hatte, besonders überzeugend geklungen haben.

Saignets Argumente wurden von dem bedeutenden Theologen

Jean Gerson in seinem »Dialogus apologeticus pro celibatus ecclesiasticorum« von 1423 angefochten, andere Geistliche aber schlugen sich auf Saignets Seite. Um 1370 hatte ein Erzbischof erklärt, daß er – wäre er Papst – Priestern die Erlaubnis zur Heirat erteilen würde, da die Ehe des Geistlichen der fleischlichen Versündigung, deren sich ein Großteil des Klerus schuldig machte, vorzuziehen sei. Auf dem Kirchenkonzil von Konstanz befürwortete im Jahre 1415 eine starke Partei die Abschaffung des klerikalen Zölibats; sogar der Sprecher des Konzils, Kardinal Zabarella, hielt die Ehe für eine dem klerikalen Konkubinat vorzuziehende Alternative. Auf dem Baseler Konzil war es der Bischof von Lübeck, Johann Schele, der 1439 die Abschaffung des obligatorischen klerikalen Zölibats forderte; damit gab er offenbar die Überlegungen Kaiser Sigmunds wieder, der seinerseits möglicherweise durch den fanatischen Antiklerikalismus der böhmischen Hussiten beeinflußt war. Ein anderer Teilnehmer des Konzils zu Basel, der polnische Humanist und Arzt Johann von Ludzisko, verlangte ebenfalls ein Ende des Zölibats; er führte sein medizinisches Expertenwissen ins Feld und behauptete, daß es der Gesundheit eines jeden Mannes schade, sich in Enthaltsamkeit zu üben – es sei denn, er lebe vegetarisch!

All diese »Diskurse« über die Sexualität im 15. Jahrhundert haben etwas gemeinsam. Trotz einer nach wie vor bestehenden Tolerierung der einfachen Unzucht lassen sich tendenziell eine Aufwertung der ehelichen Sexualität – sie ist Gott wohlgefällig, weil sie aus dem Naturgesetz hervorgeht – sowie eine Beschränkung der sexuellen Aktivität auf die Ehe beobachten. Das Konkubinat der Unverheirateten konnte sich in bestimmten Regionen noch als eine Art Quasi-Ehe halten, die allgemeine Stimmung aber wandte sich gegen diesen unvollkommenen Kompromiß. Eine kohärente Philosophie der Sexualmoral hatte sich in den letzten Jahrhunderten des Mittelalters entwickelt und sollte ihren deutlichsten Ausdruck in der protestantischen Reformation des 16. Jahrhunderts finden. Indem die Reformatoren die einfache Unzucht verurteilten und ihre Pastoren zur Heirat drängten, kehrten sie sich nicht nur von der mittelalterlichen Spaltung zwischen dem klerikalen Asketen und dem Laien ab, sondern auch von der Doppelmoral, denn sie verpflichteten alle Christen, Junge und Alte, Männer und Frauen,

Geistliche und Laien, auf eine einheitliche Sexualmoral. Die mittelalterliche Kirche hatte die Heirat dem gemeinen Volk ebenso wie den Mächtigen empfohlen; die Reformation rief den Kleriker ebenso wie den Laien zur Heirat auf. Obwohl die Protestanten die Ehe nicht länger als Sakrament betrachteten, verliehen sie dem Ehestand, indem sie ihn zur universalen Norm erhoben, gewissermaßen die Weihe.

Dritter Teil
Ehe und Liebe als positive Werte

Konsens und eheliche Zuneigung

Mit Beginn des 12. Jahrhunderts hatte die Kirche ein kohärentes Eherecht entwickelt, das nicht nur bestimmte, wer wen heiraten konnte (Inzestverbote), und die Ehe (aufgrund ihres sakramentalen Charakters) als unauflöslich definierte, sondern auch festlegte, was eine Ehe konstituierte. Darüber hinaus stellte gerade ihre Einstellung gegenüber der Eheschließung den originellsten Beitrag der Kirche zum westlichen Ehemodell dar, denn trotz der traditionellen gesellschaftlichen Bedeutung der Ehe und der wachsenden geistlichen Betonung ihres göttlichen Charakters entschied die Kirche, als einzige Form der Eheschließung die Zustimmung der beiden beteiligten Parteien anzuerkennen. Somit beruhte die Ehe, eine soziale und religiöse Institution, zumindest theoretisch auf der persönlichen Übereinkunft zweier Individuen.

Eheschließung durch Konsens

Der Grundsatz der Eheschließung in beiderseitigem, freien Einvernehmen der Beteiligten wurde von der Kirche erst Mitte des 12. Jahrhunderts explizit formuliert. Die durch Konsens geschlossene Ehe war ein römisches Modell: »Nicht die sexuelle Vereinigung, sondern das Einverständnis begründet die Ehe«, lautete ein fundamentales Prinzip des römischen Rechts (»Nuptias enim non concubitus sed consensus facit«, Ulpien, D. 33.115). Die germanische Gesellschaft hingegen praktizierte ebenso wie viele andere Gesellschaften der Frühzeit die Eheschließung in mehreren Stufen; die »traditio« oder Übergabe einer jungen Frau durch ihre Familie an den Ehemann sowie die Besiegelung der Vereinbarung durch den Beischlaf (»copula carnalis«) waren wichtige Schritte der Eheschließung.[1]

Obwohl schon im Jahre 866 der Grundsatz der Heirat durch gemeinsames Einverständnis in einem Papstbrief, den Nikolaus I. an die Bulgaren richtete, formuliert wurde, fand die Kirche bezüglich der Eheschließung vorerst nicht zu einem ungeteilten Standpunkt. Ungefähr zur selben Zeit, in der Papst Nikolaus jenen Brief verfaßte, fügte Hinkmar, der Erzbischof von Reims, der in der von Lothar beantragten Scheidung intervenierte, dem beiderseitigen Einverständnis als Voraussetzung der Eheschließung weitere Elemente hinzu: Die Frau muß über eine Aussteuer verfügen, die Hochzeit muß öffentlich stattfinden, und es muß sich ihr, so Hinkmar, der Geschlechtsverkehr anschließen. Indem er diese materiellen Elemente zu den wesentlichen Konstituenten der Eheschließung zählte, zollte er natürlich der germanischen Tradition Tribut. Die Aussteuerpflicht, die in der berühmten, ursprünglich im römischen Recht wurzelnden Formulierung »Keine Heirat ohne Mitgift [Nullum sine dote fiat coniugium]« Ausdruck fand, wurde vom 6. bis zum 12. Jahrhundert, als Kirchenrechtler und Theologen diese rein materiellen Voraussetzungen folgerichtig ablehnten, in vielen Kirchenrechtssammlungen zitiert.

Die Gewährung einer Mitgift oder eines Brautschatzes war als Voraussetzung für die Gültigkeit einer Ehe leichter zu verwerfen als der vollzogene Geschlechtsverkehr. Je stärker der sakramentale Charakter der Ehe betont wurde, desto wichtiger schien die fleischliche Vereinigung, da sie nun einmal die Einheit zwischen Christus und der Kirche symbolisierte. Weltlicher Brauch wurde hier durch theologische Spekulation und den Verweis auf die Heilige Schrift zusätzlich gestützt, denn in Genesis 2:23 heißt es, daß Mann und Frau in der Ehe »ein Fleisch« werden. In seiner monumentalen Kirchenrechtssammlung von 1140 fand Gratian eine Lösung des Problems, indem er zwischen dem Beginn einer Ehe (»initiatum«) und dem fertigen Produkt (»ratum«) unterschied. Die Ehe begann mit dem beiderseitigen Einverständnis, dem sich dann die Ehe im eigentlichen Sinn, besiegelt durch die »copula carnalis«, anschloß. Einzig eine solcherart »zur Vollkommenheit gelangte« Ehe war unauflösbar.

Der Theologe Petrus Lombardus hingegen behauptete, daß allein das gemeinsame Einverständnis notwendig und hinreichend sei, um die Ehe zu konstituieren, und seine (vom Werk des Gautier de Mortagne beeinflußte) Definition trug den Sieg über Gratian davon. Eine wichtige Rolle in diesem Entscheidungsprozeß spielte das Beispiel der Ehe von Maria und Joseph. Dem zeitgenössischen Denken zufolge hatten sie in »keuscher« Ehe gelebt, also in einer Ehe ohne Geschlechtsverkehr; als eine wirkliche Ehe aber konnte man diese Beziehung nur dann bezeichnen, wenn das Einverständnis und nicht die »copula carnalis« die Ehe begründete. So akzeptierte das Kirchenrecht schließlich den römischen Grundsatz der Eheschließung durch Konsens, erkannte aber auch die Wichtigkeit der »copula carnalis« an, indem sie der Annullierung einer nicht vollzogenen Ehe weniger Hindernisse entgegenstellte als der Auflösung einer vollzogenen, wenn zum Beispiel einer der Ehepartner ins Kloster gehen wollte.

Aber auch nachdem der Konsens als ausschließliches konstituierendes Element der Ehe anerkannt worden war (»Solus consensus facit matrimonium«, statuierte Thomas von Chobham klipp und klar im frühen 13. Jahrhundert), blieb die Frage: Wessen Einverständnis? Im klassischen römischen Recht war tatsächlich die Zustimmung der für die Brautleute Verantwortlichen entscheidend gewesen, das heißt gewöhnlich das Einverständnis der Väter. Auch Hinkmar betrachtete die väterliche Zustimmung als entscheidend. In seiner der Ehe gewidmeten Causa 31 spricht sich Gratian für den freien Willen der Frau aus, zitiert aber lediglich Fälle, in denen die Familie mit der Wahl einverstanden ist. In seiner Glosse über »paterno« in C. 32 qu. 2 c. 12 erklärt er: »Die Zustimmung des Vaters ist für die Ehe wünschenswert, und ohne dieselbe ist sie nicht legitim.« Auch die Zivilrechtler, bedeutende wie Azo (gest. 1230) und weniger einflußreiche, hielten sich an die römischen Texte, wenn sie auf der Notwendigkeit der väterlichen Zustimmung beharrten. Obwohl sie sich in anderen Bereichen dem Kirchenrecht beugten, wo es sich vom römischen Recht unterschied, blieben sie in dieser Angelegenheit hart. Accursius (gest. 1258) begrenzte zwar die Notwendigkeit der väterlichen Billigung auf die Ehen von Minderjährigen unter 25 Jahren, behauptete aber, daß eine solche Ehe ohne die väterliche Zustimmung ungültig sei.[2]

Petrus Lombardus hingegen meinte ganz eindeutig, daß allein

das Einverständnis von Mann und Frau für die Schaffung des ehelichen Bandes notwendig sei; die Zustimmung des Vaters oder der Familie sei irrelevant. Und ebendiese Definition des Einverständnisses wurde schließlich von der Theologie und dem Kirchenrecht übernommen, zunächst in Meister Rolands »Summa« und insbesondere dann in dem Dekret »Veniens ad nos« Papst Alexanders III. Trotz all der Nachteile, die eine solche Auslegung enthielt (man denke, um nur zwei Beispiele zu nennen, etwa an den Kummer der gelegentlich nicht befragten Familien oder an die Schwierigkeit, die Heirat zu beweisen), stützten sich die geistlichen Gerichte im Spätmittelalter auf diese Definition des Einverständnisses.

Als wesentliches und ausreichendes Element zur Schaffung des Ehebandes wurde also der Konsens betrachtet, und zwar der Konsens von Braut und Bräutigam, nicht der ihrer Väter oder Familien. Dieser Wandel der Ehedefinition war revolutionär; in Verbindung mit dem Grundsatz der Unauflösbarkeit verwandelte er die Ehe von einer sozialen, zwei Familien vorübergehend miteinander verbindenden Institution in eine von Grund auf intime, zwei Personen auf ewig einende Beziehung.

War diese revolutionäre Veränderung in der Definition der Ehe lediglich das Resultat des Einflusses, den das wiedererstarkte römische Recht ausübte? Es scheint unwahrscheinlich, daß ein so tiefgreifender Wandel einzig durch die Berufung auf antike Vorgänger in die Wege geleitet werden konnte, und zudem maß das römische Recht, wie wir gesehen haben, der Zustimmung der Familie größeres Gewicht bei als dem Konsens der Partner. Es gibt tatsächlich bestimmte Anhaltspunkte dafür, daß die Eheschließung durch das freie Einverständnis des Paares tiefere, vielleicht sogar volkstümliche Ursprünge hatte und nicht auf die juristischen Konstruktionen der intellektuellen Zirkel zurückging.

Offenbar war es für einige germanische Völker ganz normal, daß Mann und Frau ihrer eigenen Heirat zustimmten. In einem Dokument aus dem angelsächsischen England, entstanden zwischen 995 und 1035, heißt es, daß sich die Frau ebenso wie ihre Angehörigen mit ihrer Ehe einverstanden erklären sollten. Manche Historiker glauben, daß die »Friedelehe«, die konkubinatsähnliche Zweitehe ohne Mitgift, wie sie von den Franken praktiziert wurde, möglicherweise die Zustimmung der Frau voraussetzte. Es gibt auch Hinweise darauf, daß sich Witwen ihren zweiten Ehemann üblicherweise selbst aussuchten. In der frühen deutschen Literatur – vor Petrus Lombardus – ist von Frauen die Rede, die in ihre eigene Eheschließung einwilligen. Im »Ruodlieb«, verfaßt um die Mitte des 11. Jahrhunderts in Bayern, ergreift eine vaterlose Frau die Initiative zu ihrer eigenen Heirat und erlangt dann die Zustimmung ihrer Mutter und ihrer Verwandten. Im »König Rother«, ebenfalls in Bayern, aber ungefähr ein Jahrhundert später entstanden, ist die Braut eine Erbin; sie willigt gegen den Widerstand ihres Vaters (allerdings mit Zustimmung der Mutter) in die Eheschließung ein.

Allerdings sind sämtliche dieser Dokumente so spät entstanden, daß der christliche Einfluß in ihnen bereits zum Tragen kommt. In den skandinavischen Ländern scheint die Zustimmung der Frau zur Ehe ein christlicher Import aus dem Süden zu sein. In England ist die älteste Verteidigung des Rechtes einer Frau (über 16 Jahre), nicht gegen ihren Willen verheiratet zu werden, in einem christlichen Bußbuch aus dem späten 7. Jahrhundert erhalten, dem Poenitentium des Theodore von Tarse. Die Zustimmung der Frau zur Ehe könnte durchaus in der kirchlichen Verteidigung ihres Rechtes wurzeln, sich für ein religiöses Leben zu entscheiden.[3]

Sympathie für das Zustimmungsrecht der Frau zur Ehe findet sich auch in einem populären literarischen Genre, dem des »mal mariée«, des jungen Mädchens, das unglücklich mit einem Mann verheiratet ist, der nicht zu ihm paßt. Dieser »Topos«, der schon in der altirischen Mythologie nachweisbar ist, spielte in einer populären paneuropäischen »Frauenliteratur« eine wichtige Rolle, deren älteste Spuren ins 10. Jahrhundert zurückgehen (die ältesten erhaltenen »mal mariée«-Gedichte stammen aus dem 12. Jahrhundert). Das »mal mariée«-Motiv mit seiner Betonung der zerstörerischen Folgen von Mesalliance und übergangener Heiratsunwilligkeit wird sogar in einigen Hagiographien aufgegriffen, beispielsweise in der aus dem 11. Jahrhundert stammenden Lebensgeschichte der heiligen Godelive, die von ihren Eltern gezwungen worden war, einen Mann wegen seines Geldes zu heiraten, und schließlich auf Befehl dieses Mannes umgebracht wurde.[4]

Die »mal mariée« wurde im Hoch- und Spätmittelalter zu einer vertrauten Gestalt der »höfischen« Literatur wie auch der »Fablel«. Der typische Fall sah so aus, daß ein junges Mädchen einen eifersüchtigen alten Mann heiratete. Es ist kein Zufall, daß die beiden Ehebrüche, die Marie de France in ihren Lais in ein sympathisches Licht rückt, von jungen, mit eifersüchtigen Greisen verheirateten Frauen begangen werden (in »Guiguemer« und »Yonec«). In vielen Werken wurde der Ehebruch der Frau als gerechte Strafe für die Eifersucht eines alten Ehemannes dargestellt.[5] In dem Roman »Jehan de Paris«, entstanden Ende des 15. Jahrhunderts, löst der junge König von Frankreich die Verlobung der »Infantin« von Spanien mit dem englischen König ohne alle Gewissenszweifel, weil nämlich der Bräutigam »alt und gebrechlich [vieux et cassé]« ist und daher nicht zu der jungen Braut paßt. Chaucer unterhält uns mit den ehebrecherischen Eskapaden der jungen »Mai«, die mit dem alten »Januar« verheiratet ist, und läßt den »Müller« in seiner »Erzählung« betonen, »daß man mit seinesgleichen sich vermähle«. Der Autor des Verkündigungsspiels von York aus dem 14. Jahrhundert läßt Joseph gar sein Bedauern darüber aussprechen, eine so junge Frau wie Maria geheiratet zu haben! Und der Verfasser von »Die Fünfzehn Freuden der Ehe« beschwört die Schrecken herauf, die einem jungen Mann mit einer alten Witwe und einer jungen Frau in der Ehe mit einem alten Mann drohen, der »nur hustet und spuckt«![6]

Die soziale Ungleichheit ist ebenfalls ein wichtiges Thema der »mal mariée«-Literatur. Die »Chasteleine de St. Gilles« (13. Jahrhundert) wurde von ihrem mittellosen Vater an einen reichen Bauern (»vilain«) verheiratet, zog es aber vor, sich von ihrem jungen, ritterlichen Liebhaber entführen zu lassen: »Lieber möchte ich jungfräulich sterben als einen schlechten Mann zu haben«, sagt sie, und: »Du hast mich gekauft wie ein Tier.«[7] Auf weit schlüpfrigere Weise zeigt Berengère, eine mit einem reichen Bürger verheiratete Adelige, ihrem Mann, wer der Boß ist, indem sie ihn auf einem Turnier beißt und dann obendrein von ihm verlangt, ihr Hinterteil zu küssen! Sogar Priester rieten in ihren Predigten zu sozial homogenen Heiraten.

Die Ehe durch alleinige Zustimmung beider Partner, welche die »mal mariée«-Literatur indirekt propagiert, wurde ausdrücklich und unzweideutig von vielen zeitgenössischen Häresien empfohlen. Heinrich der Mönch, dessen Predigerkarriere 1116 in Le Mans begann – ein halbes Jahrhundert vor den »Sentenzen« des Petrus Lombardus –, lehnte Mitgiften ab und betrachtete das Einverständnis des Paares als einziges wesentliches Element der ehelichen Verbindung. Eine ähnliche Betonung der Ehe durch Konsens läßt sich auch bei den englischen Lollarden im späten 14. und im 15. Jahrhundert beobachten. Die Ehe durch Konsens war von Heinrich dem Mönch in den Kontext einer umfassenderen Betonung der individuellen Verantwortlichkeit gerückt worden; er lehnte Totengebete und Kindstaufe ab und glaubte, daß nur ein reifer Erwachsener sich zur Religion bekennen könne, eine Sichtweise, die andere Ketzergruppierungen ebenfalls vertraten. Darüber hinaus legte auch die Kirche selbst Wert darauf, daß die Verpflichtung zu einem religiösen Leben im reifen Erwachsenenalter erfolgte. Im 12. Jahrhundert beschloß der neu gegründete, strenge Zisterzienserorden, die Oblation abzulehnen, das heißt die im frühen Mittelalter sehr verbreitete Praxis, daß Eltern kleine Kinder für das mönchische Leben bestimmten. Die Entscheidung, in den Orden einzutreten, so die Regel der Zisterzienser, müsse von der betreffenden Person selbst in mündigem Alter gefällt werden, nicht von ihrer Familie.[8]

Im Adel gewann das freiwillige Einverständnis als Aspekt sozialer und politischer Beziehungen zunehmend an Bedeutung. Régine Lejan hat betont, wie wichtig der Rat (»concilium«) der Großen und Mächtigen, deren »consensus« der regierende Monarch suchte, im karolingischen Zeitalter war. In dem Feudalsystem, das sich mit dem Zerfall des karolingischen Reiches herausbildete, schmiedeten die Adeligen Bündnisse auf der Grundlage der »convenientia«, der Übereinstimmung zwischen zwei Individuen des gleichen sozialen Status. Selbst wenn der eine der beiden größere Macht besaß, wurde die Integrität einer jeden Partei respektiert; sie waren zu wechselseitiger Treue verpflichtet, und ihre Beziehung beruhte auf Freiwilligkeit. Die Relevanz dieser feudalen Beziehungen für Eheangelegenheiten zeigt sich, wenn wir uns vor Augen führen, daß es zur gleichen Zeit, in der sich diese Institutionen herausbildeten, auch üblich wurde, den Ehemann als »Herrn« (»seigneur«) seiner Frau zu bezeichnen, und daß verschiedene Elemente in dem nun entstehenden religiösen Hochzeitszeremoniell, beispielsweise der Kuß zwischen Mann und Frau und das Zusammenlegen der Hände, an feudale Zeremonien erinnern.

Der Konsens war auch ein wichtiges Element der Beziehungen zwischen Nichtadeligen. Einen wesentlichen Aspekt des expandierenden Handels und des aufblühenden städtischen Lebens bildete das nun entstehende Vertragsrecht, das dem freien Einverständnis große Bedeutung beimaß. Nach westgotischem Recht machte zum Beispiel jede Gewaltanwendung oder Erpressung bei der Aushandlung eines Vertrags denselben ungültig. In Südfrankreich wiederholen im 11. und 12. Jahrhundert Urkunden und Erlasse, daß der betreffende Vertrag »ohne Gewalt oder Täuschung [sans engein et sans engan]« zustande gekommen sei. Der Vertrag besaß nur dann Gültigkeit, wenn die Parteien freiwillig und ohne Zwang in ihn eingewilligt hatten. Wie relevant die Entwicklungen in diesem Bereich waren, wird deutlich, wenn wir uns daran erinnern, daß die materiellen Verhältnisse und sonstige Beziehungen zwischen Eheleuten in den Eheverträgen häufig präzise festgehalten wurden. Im 13. Jahrhundert schließlich vertraten auch die meisten Kanonisten und Theologen den gleichen Standpunkt wie die Ziviljuristen, daß nämlich die Ehe selbst einen Vertrag darstelle.[9]

Das freiwillige Einverständnis lag also im 11. und 12. Jahrhundert gewissermaßen in der Luft, so daß es nicht verwundert, wenn das gleiche Prinzip, das im Handelsleben sowie in den sozialen und politischen Beziehungen eine derart wichtige Rolle spielte, auch auf die christliche Ehe Anwendung fand – und zwar wahrscheinlich lange, bevor Petrus Lombardus das Modell vervollkommnete. Die von Theologen und Kanonisten im 12. Jahrhundert empfohlene freiwillige Zustimmung zur Ehe wurde später auch in der säkularen Gesellschaft unterstützt. Das Stadtrecht von Mühlhausen aus dem Jahre 1220 macht sich das Kirchenrecht zu eigen und erkennt den Konsens als einzige Grundlage der Ehe an. Der Jurist Jean Boutillier bestätigt in seiner »Somme rurale« (spätes 14. Jahrhundert), daß die Ehe durch den »Konsens von Mann und Frau« geschlossen werde. Und Thomas Usk formuliert es poetischer in seinem »Testament der Liebe« (1387): »Allein das Einverständnis zweier Herzen knüpft den Knoten.«[10]

Zustimmung zu sexuellen Beziehungen

Das freiwillige Einverständnis wurde zudem als notwendige Voraussetzung nicht nur der Ehe, sondern grundsätzlich jeder sexuellen Beziehung betrachtet. Wir können die Wichtigkeit des Konsensbegriffs zum Beispiel in der sich entwickelnden Strafgesetzgebung zur Vergewaltigung erkennen. Im frühen Mittelalter hatte man die Vergewaltigung eher als Beleidigung der Familie der Frau denn als Vergehen an der Frau selbst betrachtet. Kaiser Konstantin war so weit gegangen, das Opfer ebenso wie den Täter zu bestrafen. Dieses Verständnis der Vergewaltigung als Delikt, das in erster Linie die Familie schädigte, herrschte im Zivilrecht oft auch noch im 12. und 13. Jahrhundert vor; erst 1275 definierten die ersten Statuten von Westminster die Defloration einer Jungfrau als Vergewaltigung, selbst wenn sie mit dem Einverständnis der Frau erfolgte. Immer häufiger aber wurde das fehlende Einverständnis der Frau zunächst im Kirchenrecht – in einem Dekret von Papst Lucius III. (gest. 1185) –, dann auch im Zivilrecht, zum entscheidenden Aspekt der Definition.[11]

Die wachsende Bedeutung, die der individuellen Frau und ihrer fehlenden Zustimmung beigemessen wurde, führte im 13. Jahrhundert in bestimmten europäischen Regionen zu einer Modifizierung des Vergewaltigungsrechts, die ein oder zwei Jahrhunderte früher kaum vorstellbar gewesen wäre. In vielen Teilen Südfrankreichs, Italiens, Österreichs sowie in Bractons »Gesetze und Gebräuche Englands« wurden die gesetzlichen Bestimmungen zur Vergewaltigung erweitert, um nicht nur Jungfrauen, verheiratete Frauen und Witwen zu schützen, sondern auch alleinstehende Frauen und sogar Prostituierte. Ein solcher Schutz impliziert die Anerkennung der persönlichen Würde, und zwar auch der Würde von Frauen, die häufig keine Familie besaßen; sie waren vom Gesetz bislang ignoriert worden, da man sie nicht als Teil der zivilisierten Gesellschaft betrachtet hatte. Selbst die Städte, die Prostituierte von diesem gesetzlichen Schutz ausschlossen, erkannten damit die Tatsache an, daß ein solcher Schutz vorstellbar war. Zugegeben, der Schutz, der in den Städten gewährt wurde, die der alleinstehenden oder ehrlosen Frau Integrität zubilligten, war minimal: Die Strafe bestand aus einem kleinen Bußgeld anstelle der Todesstrafe oder Kastration, die das Gesetz im Fall der Vergewaltigung einer Jungfrau theoretisch vorsah. In der Realität aber wurden bei Vergewaltigungen, selbst wenn das Opfer eine »ehrbare« Frau war, häufiger Geldbußen verhängt als Körperstrafen, so daß sich das Schicksal der Prostituierten eher quantitativ denn qualitativ vom Los »ehrbarer« Frauen unterschied. Die geringen Geldbußen, die als Strafe für die Vergewaltigung einer Prostituierten vorgesehen waren, entsprechen offenbar in vielen Fällen nicht einer Mindest-, sondern einer festgelegten Höchststrafe, das heißt, sie schützen den Vergewaltiger; dies zeigt jedoch, daß man es für notwendig hielt, die Täter gegen exzessive Forderungen durch Richter abzusichern, die mit Prostituierten sympathisierten.

Daher ist es nicht überraschend, daß ein junger Einwohner von Foix, der durch den Bischof Jacques Fournier, den späteren Papst Benedikt XII. (gest. 1342), wegen des Verdachts auf Ketzerei verhört wurde, bezüglich der Gesetzlichkeit sexueller Kontakte zu einer Prostituierten antwortete, daß der Geschlechtsverkehr mit einer Prostituierten keine Sünde sei, sofern der verlangte Preis gezahlt werde und die Frau ihr Einverständnis gegeben habe. Der Bischof vertrat den Standpunkt, Unzucht sei Unzucht und Unzucht sei Sünde, der junge Mann hingegen gab wahrscheinlich lediglich die allgemeine Meinung wieder: daß nämlich sexuelle Beziehungen, mit denen sich beide Beteiligte ohne Anwendung von Drohungen oder Gewalt (und ohne »erschwerende« Umstände wie Ehebruch oder Defloration) einverstanden erklärten, gesetzlich erlaubt seien. Die Zustimmung wurde als Voraussetzung nicht nur im Falle der Braut, sondern auch der Prostituierten betrachtet.

Das 13. Jahrhundert erlebte die Blüte eines ganzen literarischen Genres, das sich ausschließlich auf die Frage der Einwilligung in sexuelle Beziehungen konzentrierte, der »Pastorelle«. Die Hauptpersonen der Pastorelle waren ein Ritter (oder Dichter) und eine Schäferin, das heißt eine sozial eindeutig niedriger gestellte Frau, und das gesamte Genre dreht sich um die Methoden, mit deren Hilfe es dem Ritter gelingen kann, sexuelle Beziehungen zu der Schäferin aufzunehmen. Es ist ohne weiteres einsichtig, daß diese Stücke gänzlich spannungslos gewesen wären, wenn die Zustimmung der Frau keine entscheidende Rolle gespielt hätte! Mit einer Vergewaltigung endet nur eine von fünf nordfranzösischen Pastorellen, eine von zwanzig in anderen Ländern; in den spanischen oder provenzalischen Schäferliedern kommt es nie zur Vergewaltigung. Manche Werke schildern das klägliche Scheitern des ritterlichen Abenteurers: Der Troubadour Marcabru zum Beispiel läßt seinem Helden eine verbale Niederlage durch ein Bauernmädchen beibringen. Häufig aber gibt es eine Verführungs- oder Verhandlungsszene zwischen den Partnern, in der praktisch immer das Bauernmädchen »die Spielregeln bestimmt«. Manchmal gewährt sie ihre Gunst gegen einen Lohn, manchmal einfach, um ihre eigenen Gelüste zu befriedigen. Das Genre kennt auch burleske oder überraschende Entwicklungen; in einem Gedicht rettet Robin, der Liebhaber des Mädchens, seine Partnerin aus den Händen des Ritters, indem er diesen mit einem Knüppel angreift – eine Parodie auf die höfische Literatur. In einem anderen Werk versucht das Bauernmädchen gar, den Ritter zu vergewaltigen! In einer englischen Pastorelle werden die Rollen vertauscht, denn es zeigt sich, daß die sogenannte Schäferin in Wirklichkeit die Tochter eines Barons ist, der mutmaßliche Ritter hingegen nur ein Junker. Diese englischen Pastorellen sind ausgesprochen didaktisch und moralisierend; die Heldinnen »möchten Liebe und Ehe miteinander verbinden«. Trotz regionaler Unterschiede kommt das Genre immer wieder auf die Frage des beiderseitigen Einverständnisses zurück. Einige Schäferlieder erzeugen eine durch genuine Wechselseitigkeit gekennzeichnete Situation, beispielsweise das des Troubadours Gui d'Ussel, in dem beide Beteiligte eine unglückliche Liebe erlebt haben und nun beieinander Trost suchen. Aufs höflichste versichert sich ein jeder der Zustimmung des anderen: »Wenn es dir recht ist [si'm n'ètz en acort]«.[12]

Der Konsens wurde somit als unerläßliche Voraussetzung aller zivilisierten sexuellen Beziehungen betrachtet. Die Braut, die zur Heirat bereit war, die Schäferin, die sich verbal mit einem Ritter auseinandersetzte, die adlige Dame, die einem Bewunderer ihre Gunst verwehrte, die Prostituierte, die sich das Recht vorbehielt, einen Kunden zurückzuweisen oder zu akzeptieren – alle übten sie das gleiche Recht aus, ihre Zustimmung zu erteilen oder zu verweigern. Diese Betonung des Einverständnisses mag die allgemeine Tendenz, die einfache Unzucht lediglich als Kavaliersdelikt zu betrachten, durchaus verstärkt haben. Von Bischof Jacque Fournier über ihre Beziehungen zu einem Dorfpriester befragt, führte das fünfzehnjährige Bauernmädchen Grazida das Wort »Einverständnis« wie ein Mantra im Munde; sie und ihre Mutter hätten sich damit einverstanden erklärt, daß sie mit dem Priester schlief. Nach ihrer Heirat setzte sie die Affäre mit »Wissen und Einverständnis« ihres Mannes fort. »Weil es mir genauso Spaß machte wie dem Pfarrer, ... deshalb kam es mir nicht in den Sinn, daß wir sündigten«, lautete ihre Verteidigung. Ihre eigene Zustimmung reichte ihrer Meinung nach aus, um den frevlerischen Ehebruch zu rechtfertigen![13]

Heimliche Heiraten

Seit dem 4. Jahrhundert war die Kirche für die öffentliche Eheschließung eingetreten, und zwar sowohl aus praktischen als auch aus religiösen Gründen. Mit Hilfe der Öffentlichkeit ließ sich erfolgreich beweisen, daß eine Hochzeit tatsächlich stattgefunden hatte; zudem war der öffentliche Charakter ein wichtiges Element zur Unterscheidung zwischen wirklichen Ehen und dem Konkubinat, wie Papst Leo I. in seinem Brief aus dem Jahre 458 betonte.[14]

Auch die germanischen Heiratsbräuche beinhalteten immer ein Element der Öffentlichkeit, nämlich in Form der durch den Brautvater vorgenommenen »Übergabe« (»traditio«) der Frau an ihren Ehemann; die Sitte, die Eheschließung mit öffentlichen Feierlichkeiten zu begehen, trug diesem Element ebenfalls Rechnung. Mit der Christianisierung der germanischen Völker wurde die Beteiligung eines Priesters häufig als wünschenswert betrachtet – weniger um die Heirat zu bestätigen als vielmehr, um durch Segnung der Hochzeitskammer die Fruchtbarkeit des Paares zu gewährleisten.

Im 12. Jahrhundert vollzogen sich, was den Öffentlichkeitscharakter der Eheschließung betraf, zwei wichtige Entwicklungen. Im weltlichen Bereich wuchs der Gesellschaft mit der Herausbildung eines Notariatssystems in vielen Teilen Europas eine Kontrollinstanz zu; die Eheschließung vor einem Notar blieb, vor allem in Italien, während des gesamten 15. Jahrhunderts die übliche Praxis. Im religiösen Bereich bemühte sich die Kirche um Gewährleistung der Öffentlichkeit, indem sie auf dem Vierten Laterankonzil von 1215 das öffentliche Aufgebot einführte und – bereits im 11. Jahrhundert – ein ausgeprägtes Heiratsritual entwickelte, das mit zahlreichen regionalen Varianten gegen Ende des Mittelalters immer beliebter wurde.

Aber trotz der energischen Politik, die von der Kirche zugunsten der öffentlichen Eheschließung betrieben wurde, blieb das beiderseitige Einverständnis das einzige entscheidende Element; infolgedessen riefen heimliche Heiraten zwar Stirnrunzeln hervor, besaßen aber gleichwohl Gültigkeit. Die »öffentliche« Rolle sowohl des weltlichen Notars als auch des Priesters wurde schon bald auf deren Fähigkeit reduziert, die Zustimmung des heiratenden Paares zu bestätigen. Der Priester wurde zu einem passiven Beobachter, als sich das Ritual »entklerikalisierte« und immer stärker die aktive Rolle der beiden Partner betonte, die sich einander in Anwesenheit des Priesters »schenkten«.[15]

Die Eheschließung durch Konsens erscheint dem modernen Denken als eine derartige Verbesserung gegenüber den älteren Ehemodellen, in denen die Familie die dominierende Rolle spielte, daß das damit verbundene, höchst reale Problem auf den ersten Blick möglicherweise gar nicht auffällt. Wenn die Ehe ihre Gültigkeit einzig aufgrund der Übereinkunft des Paares erlangte, bedeutete dies auch, daß es für die Schließung der Ehe ausreichte, wenn ein Paar seine Heiratsabsicht kundtat, also seinen Wunsch zu heiraten erklärte (oder eine künftige Heirat anstrebte und den Geschlechtsverkehr vollzog). Keine Zeremonie, nicht einmal Zeugen, waren notwendig. Die geistlichen Gerichte hatten im späten Mittelalter zahlreiche Fälle zu verhandeln, in denen junge Frauen dem Gericht verzweifelt nachzuweisen versuchten, daß solche Worte ohne Zeugen ausgesprochen worden waren. Der Mann (oder, wie es gelegentlich auch geschah, die Frau) konnte die Beschuldigung einfach abstreiten oder behaupten, daß die Worte im Scherz gefallen seien.

Selbst wenn es ein paar Zeugen gab, konnte deren Zuverlässigkeit in Zweifel gezogen werden. Ein aufschlußreiches Beispiel für solche Schwierigkeiten bietet der Fall von Giovanni, Sohn eines Notars, und Lusanna, Tochter eines Schneiders, die 1453 in Florenz »heirateten« – ohne Mitgift, Priester oder Notar; nach langwierigem Prozeß wurde die Ehe schließlich in der Berufungsinstanz annulliert, nachdem Giovanni beschlossen hatte, die Tochter einer wohlhabenden Familie zu heiraten. Die Ehe durch bloßes Einverständnis warf ein enormes Problem der Beweisführung auf.[16]

Wenn die heimliche Heirat sogar für die Hauptbeteiligten eine riskante Angelegenheit war – wie mag dann erst die Reaktion der Familien ausgesehen haben, deren Nachkommen sich ohne elterliche Zustimmung zusammengetan hatten? Die Bedrohlichkeit der Situation wird noch durch die Tatsache unterstrichen, daß das Alter, in dem die Zustimmung als rechtsgültig betrachtet wurde, für Jungen 14 Jahre, für Mädchen 12 Jahre betrug. Das heißt, daß sich nach heutigem Verständnis nicht nur Erwachsene, sondern sogar Jugendliche, die noch fast in den Kinderschuhen steckten, ohne elterliche Zustimmung verheiraten konnten – eine Situation, die selbst unsere heutigen »liberalen« Gesellschaften nicht billigen. Aber obwohl Maßnahmen ergriffen wurden, um das heimliche Heiraten zu erschweren – das öffentliche Aufgebot, die Entwicklung von Hochzeitsritualen, die Auferlegung von Bußgeldern und mitunter die Exkommunikation –, wurde die Gültigkeit heimlicher Heiraten von der spätmittelalterlichen Kirche nie bestritten. Und da die kirchliche Rechtsprechung zur Eheschließung seit dem 13. Jahrhundert allgemein anerkannt wurde, konnte die weltliche Gesellschaft solche Ehen nicht, wie sie es möglicherweise gerne getan hätte, einfach verbieten.

Um heimliche Eheschließungen zu erschweren, mußte sich die bürgerliche Gesellschaft mit den Waffen begnügen, die sie besaß – Kontrolle über Geld und Besitz –, und Kinder, die ohne elterliche Zustimmung heirateten, enterben. Derartige Maßnahmen tauchen erstmals im 13. Jahrhundert auf, was vermuten läßt, daß sie in Reaktion auf ein zuvor unbekanntes Problem entwickelt wurden. Städte im Süden Frankreichs – Montpellier, Toulouse und Carcassonne – verabschiedeten entsprechende Statuten im frühen

13. Jahrhundert, und viele deutsche und mitteleuropäische Städte folgten ihnen bald nach. Maßnahmen, die eine Enterbung von Kindern ermöglichten, die ohne Zustimmung der Eltern geheiratet hatten, waren auch auf Korsika, in Norwegen und sogar in Byzanz bekannt.

Die Tendenz aber ging gegen Ende des Mittelalters eher dahin, diese Vergeltungsmöglichkeiten der Familie zu begrenzen. Kinder, die ohne Billigung der Eltern und ohne Mitgift heirateten, wurden den städtischen Gesetzen von Amiens aus dem Jahre 1292 zufolge nach dem Tod der Eltern wieder in ihr Erbe eingesetzt. Viele Gesetzessammlungen und städtische Statuten begrenzten die Möglichkeiten zur Enterbung Minderjähriger. Sobald ein Sohn oder eine Tochter älter als 25 waren, riskierten sie es nach Pierre de Fontaine (gest. 1258), nach dem »Schwabenspiegel« (1274–1275) und den Stadtgesetzen von Brno nicht mehr, enterbt zu werden, wenn sie ohne elterliche Billigung heirateten. Während in Köln noch 1330 alle Personen, die eine Ehe ohne elterliche Zustimmung schlossen, enterbt werden konnten, wurde diese Maßnahme 1437 auf Personen unter 20 Jahre beschränkt. 1429 setzte die Konstanzer Obrigkeit die Grenze auf 15 Jahre fest, während in Osimo 14 Jahre als Mindestalter galten. Der Jurist Etienne Bertrand zitiert im 15. Jahrhundert den Fall einer Französin, die nach ihrer gegen den Willen der Eltern erfolgten Eheschließung auf ihre Mitgift klagte und geltend machte, daß ihr Vater sie vor Vollendung ihres 20. Lebensjahres nicht verheiratet habe; auch danach habe er ihr nur einen Sechzigjährigen vorgeschlagen. Durch eine derart unpassende Partnerwahl aber hätte er sie in Versuchung geführt, Ehebruch zu begehen![17]

Am Ausgang des Mittelalters hielt man es zweifellos nicht für ideal, wenn allein die Familie den künftigen Ehemann auswählte; »Verwandtschaft soll nie meinen Wunsch vereiteln, du bist mein und ich bin dein«, lautet ein beliebtes englisches Gedicht aus dem 13. Jahrhundert. Bezeichnenderweise verbergen sich hinter der eifersüchtigen väterlichen Kontrolle über die Verehrer der Tochter in zahlreichen literarischen Werken des hohen und späten Mittelalters inzestuöse Absichten. Die ideale Wahl eines Ehepartners beruhte auf harmonischer Übereinstimmung zwischen Tochter und

Vater; »wenn sie es wünscht, stimme ich zu«, sagt Apollonius von Tyre in der spanischen Romanze aus dem 13. Jahrhundert, wobei seine Rolle als guter und großmütiger Vater in krassem Gegensatz steht zu der Tyrannei des inzestuösen Königs, wie sie der Beginn der Geschichte beschreibt. Übereinstimmung zwischen persönlicher Wahl und Billigung der Eltern war nicht nur ein allgegenwärtiges literarisches Thema; im realen Leben erfolgten die heimlichen Heiraten oft unter Vorbehalt, und die am häufigsten formulierte Bedingung lautete: »Ich heirate dich unter der Bedingung, daß meine Eltern zustimmen werden [si placet parentibus]« – ein Ausdruck der Hoffnung, weder auf das eine noch auf das andere verzichten zu müssen.[18]

Die kanonische Definition der Eheschließung durch Konsens wurde von den geistlichen Gerichten sämtlicher Länder, denen zumeist die Eheprobleme des einfachen Volkes vorgetragen wurden, rigoros angewandt. In der Mehrzahl der wichtigen Fälle, die vor Gericht kamen, ging es um die Bestätigung heimlicher Heiraten. Die geistlichen Gerichte bewiesen ihr Festhalten am Grundsatz des freien Einverständnisses nicht nur, indem sie die Gültigkeit heimlicher Heiraten, sofern diese bewiesen werden konnten, bestätigten, sondern auch durch ihre Weigerung, die Gültigkeit solcher Ehen anzuerkennen, die durch Zwang zustande gekommen waren – ein weit häufigeres Motiv für die Annullierung von Ehen als Blutsverwandtschaft.

Obwohl sie offiziell erschwert wurde, konnte die heimliche Ehe in einem Rechtssystem, das ihre Gültigkeit schützte, weiterhin gedeihen. Es gab sogar gefällige Geistliche wie etwa Bruder Lorenz in »Romeo und Julia«, die bereit waren, Paare, die Wert auf die kirchliche Billigung legten, ohne öffentliches Aufgebot heimlich zu trauen. Bestimmte Kirchen waren berüchtigt, weil sie heimliche Trauungen besonders leicht ermöglichten: eine bestimmte Kapelle in der Nähe von Montpellier im 14. Jahrhundert, eine andere in Reimerswaal in den Niederlanden, St.-Germain-en-Laye in Paris, St.-Georges in Lyon und zahlreiche französische Provinz- und sogar Pfarrkapellen standen im 15. Jahrhundert in einem solchen Ruf.[19]

Feudalherrschaftliche Intervention und die Ehe der Unfreien

Eltern und Verwandte waren nicht die einzigen, die das Recht für sich in Anspruch nahmen, bei der Wahl des Ehepartners ein Wort mitzureden. Auf höchster Ebene konnte der König selbst versuchen, Heiraten seiner Untertanen zu arrangieren, insbesondere jener, die keine Familie mehr besaßen. Lehnsherren konnten das gleiche tun, und in England riefen sie häufig lokale Geschworenengerichte an, die bestimmen sollten, wer wen zu heiraten hatte. Auch die städtische Obrigkeit konnte, wenn es sich um Waisen handelte, intervenieren. Wir wissen, daß ein Londoner Gericht die städtischen Waisen verheiratete und dabei darauf achtete, die Zustimmung der Beteiligten einzuholen und nur sozial homogene Paare miteinander zu verbinden. Tatsächlich konnte jeder, der sich einem anderen gegenüber in vorgesetzter Position befand, ein Interesse an der Partnerwahl dieser Person geltend machen. Als der Lehrling Burkhard Zink aus Augsburg 1419 eine Dienerin aus demselben Haus heiratete, in dem auch er arbeitete, war der Hausvater empört, weil das Paar ihn nicht vorher um seine Einwilligung gebeten hatte. Heiratsverträge von Sklaven wurden im 14. Jahrhundert auf Kreta von den jeweiligen Sklavenbesitzern ausgehandelt.[20]

Nachdem sich jedoch gegen Ende des Mittelalters der Grundsatz der freiwilligen Übereinkunft durchgesetzt hatte, rief die versuchte Einmischung des Grundherrn in Eheangelegenheiten scharfe Kritik hervor. Der Jurist Philippe de Mézière brachte in seinem »Livre du sacrement de mariage« (1384–1389) seine Mißbilligung von Heiratsarrangements durch den Feudalherrn zum Ausdruck. In seiner »Songe du vieil pelerin« kritisierte er die Ehearrangements, die ein tyrannischer König traf, und klagte, daß als Ergebnis solcher arrangierter Ehen nichts als Krieg und Ehebruch zu erwarten seien. Die »Privilegien« der städtischen Bürger, wie sie beispielsweise im Jahre 1297 den Frankfurter Bürgern eingeräumt wurden, konnten durchaus eine Garantie gegen die herrschaftliche Kontrolle über Eheschließungen beinhalten. Witwen zahlten dem König von England für ihr Recht, unverheiratet zu bleiben, eine Abgabe, und aus dem 15. Jahrhundert gibt es viele Beispiele französischer Frauen, die sich weigerten, die vom König gebilligten Ehekandidaten zu akzeptieren. Auf den englischen Landgütern, wo sich die Gutsherren einmischten und Jurys mit der Suche passender Partner beauftragten, zogen es viele vor, lieber ein Bußgeld zu zahlen, als den von der Jury ausgewählten Partner zu akzeptieren.[21]

Der Bereich, in dem die feudalherrschaftliche Intervention durch die Entwicklung des Kirchenrechts am stärksten beschnitten wurde, war die Heirat der Unfreien. Gerade die Tatsache, daß die Kirche die Heiratsfähigkeit von Leibeigenen und Sklaven anerkannte, markiert einen auffälligen Gegensatz zu römischen und germanischen Bräuchen, denen die Ehe als Vorrecht der Freien galt. Im Christentum gab es dem heiligen Paulus zufolge »weder Freie noch Sklaven«, und bereits im 3. Jahrhundert verwarf Papst Calixtus I. den entwertenden römischen Begriff »contubernium« und charakterisierte die Beziehung zwischen Sklaven als wirkliche »Ehe« (»matrimonium«). Wir haben den Zusammenhang dieses Heiratsrechtes mit der späteren Entwicklung ehelicher Haushaltsgemeinschaften unter dem niedrigen Volk im frühen Mittelalter bereits erläutert (siehe Kapitel »Verwandtschaft und Familie«, S. 17ff.). Sklaven (oder Unfreien) wurde somit die Würde einer anerkannten Ehe zugestanden, gleichwohl aber setzte diese Heirat die Billigung ihres Herrn voraus.

Obwohl im 12. Jahrhundert eine Tendenz zur Heirat einzig auf Grundlage des Einverständnisses der beiden Beteiligten zu verzeichnen war, sträubten sich Kirchenrechtler und Theologen, dieses Prinzip auch auf die Heirat der Unfreien anzuwenden, da Gratian (und Petrus Lombardus stimmte ihm zu) behauptet hatte, daß die Einwilligung des Herrn notwendig sei. Der Theologe Gautier de Mortagne brachte den Aspekt der kulturellen Relativität ins Spiel, indem er überlegte, daß *christliche* Sklaven sehr wohl ohne Wissen ihrer islamischen Herren legitim heiraten dürften. Den letzten Schritt vollzog Papst Hadrian IV. (gest. 1159) in seiner Bulle »Dignum est«, in der er erklärte, daß Herren die Heirat zwischen »servi« (ein Begriff, mit dem zur damaligen Zeit gewöhnlich Leibeigene bezeichnet wurden) nicht verbieten sollten. Diese päpstliche Entscheidung wurde 1234 in die Dekretalensammlung von Gregor IX. aufgenommen; der heilige Thomas von Aquin verlieh dieser

Position moralische Autorität, indem er behauptete, daß das »natürliche« Ehegesetz Vorrang vor dem lediglich menschlichen Gesetz der Leibeigenschaft besitze.[22]

Weiterhin aber pflegten die Grundherren Heiratssteuern zu erheben, Abgaben, die auf dem Kontinent als »formariage« und in England als »merchet« bezeichnet wurden. Diese Zahlungen bilden die Quelle der Legende, daß der Grundherr das Recht gehabt habe, mit der Braut seines Leibeigenen die Hochzeitsnacht zu verbringen, die Betroffenen sich aber hätten freikaufen können. Jenes Recht beruht tatsächlich nur auf einer Legende, wie Alain Boureau und andere gezeigt haben. Die Zahlungen jedoch, die Unfreie zum Zeitpunkt der Eheschließung leisten mußten, waren Realität, und die Gesellschaft entwickelte angesichts dieser Restriktion wachsendes Unbehagen.[23] Papst Alexander III. bereitete die übertriebene Höhe solcher Abgaben Sorgen, und Papst Honorius III. warf 1219 in einem Brief an das Kloster St. Genevieve in Paris den Grundherren, die übertriebene Steuergelder auferlegten, sogar vor, den Inzest zu fördern (»formariage« wurde in erster Linie für das Privileg gezahlt, jemanden zu heiraten, der nicht zur gleichen Gutsherrschaft gehörte). 1376 ordnete das Parlament von Paris eine Untersuchung an, weil es wissen wollte, ob derart übertriebene Abgaben und die »Formariage«-Regelung selbst nicht dem »Gut der Ehe« widersprächen. Viele Grundherren lockerten die Bestimmungen gegen Ende des Mittelalters; einige verzichteten gänzlich auf derartige Abgaben, die meisten aber schlossen Verträge mit ihren Nachbarn, um die freie Zirkulation von Ehepartnern zu ermöglichen.

Der Ehekonsens hängt somit eng mit anderen Entwicklungen zusammen, zu denen auch die Freiheit des Individuums gehört, über sein eigenes Leben zu bestimmen. Ebenso wie Frauen »ermächtigt« wurden, einen Bewerber zu akzeptieren oder abzulehnen, wurden auch Unfreie »ermächtigt«, erstens überhaupt heiraten zu können und sich zweitens den Partner ohne Nötigung seitens ihres Herrn auszuwählen. Das theoretische Zugeständnis an Unfreie und junge Leute, ihrer eigenen Wahl gemäß zu heiraten, statt den Anordnungen ihrer Herren oder den Erwartungen ihrer Familien Folge zu leisten, mußte Rückwirkungen auf das zeitgenössische Verständnis dessen, was eine gute Ehe konstituiert, haben.

Liebe, Freundschaft und »gute Ehe«

In den frühchristlichen Jahrhunderten war das gute Eheleben kein Thema, für das sich viele Autoren interessiert hätten; Augustinus' Werk »Über das Gut der Ehe« bildet die Ausnahme, und es blieb während des gesamten Mittelalters ein Klassiker. Abhandlungen über die »gute Ehe« wurden erst in der karolingischen Zeit zu einem Genre der christlichen Literatur, als viele Autoren solche Traktate an die mächtigen Adligen der Gesellschaft (»potentes«) richteten. Diese Verfasser betonten, daß die Ehe notwendig sei, um die Fleischeslust zu zügeln, und hoben dabei zwei Haupttugenden des Ehestandes hervor, nämlich Mäßigung und Treue (»fides«, das gleiche Prinzip, das auch in der politischen Beziehung zum Herrscher eine Rolle spielte). Die Ehe wurde als konstituierender Bestandteil einer wahren Gesellschaft (»societas«) betrachtet und war mit gegenseitigen Rechten und Pflichten verbunden.[24]

Erst im 12. Jahrhundert wandten sich geistliche Autoren erneut dem Thema der guten christlichen Ehe zu, nun allerdings in einer gewandelten und sich weiterhin wandelnden intellektuellen Atmosphäre. Mit ihrer Betonung des Einverständnisses als konstitutivem Element der Eheschließung spielten das neu entstehende kanonische Recht und die Theologie der Ehe natürlich eine entscheidende Rolle. Über diese spezifisch ehebezogenen Themen hinaus modifizierten weitere Veränderungen im intellektuellen Milieu die Ansichten der geistlichen Autoren über die Ehe. Zu den wichtigsten dieser Veränderungen zählen die wachsende Betonung der Liebe und Zuneigung in theologischen Werken sowie das neuerliche Interesse am antiken Begriff der Freundschaft.

»Über die Natur und Würde der Liebe«, »Lobpreis der Liebe«, »Über die Liebe zu Gott«, »Die Schritte der Liebe«, »Der Spiegel der Liebe« – ein kurzer Blick auf die Titel zeitgenössischer Werke reicht, um zu erkennen, welch große Bedeutung dem Thema Liebe in den kirchlichen Schriften des 12. Jahrhunderts beigemessen wurde. »Oh Liebe [caritas], wie groß ist dein Sieg!«, rief Hugo von St. Victor (gest. 1141) aus. »Liebe [caritas]«, so erklärte der heilige Bernhard von Clairvaux (gest. 1153), »ist das ewige Gesetz, welches das Universum erschafft und regiert.«

In den frühen Tagen der Kirche hatte der heilige Augustinus zwischen zwei antagonistischen Formen der Liebe unterschieden: Als »caritas« bezeichnete er die Liebe zu Gott, während »cupiditas« bloße Selbstliebe kennzeichnete. Eine der aufschlußreichsten Neuerungen der Theologie des 12. Jahrhunderts betraf die Verbindung und Versöhnung dieser beiden Formen der Liebe. Besonders wichtig war der Beitrag des benediktinischen Mystikers Guillaume de St. Thierry (gest. 1148), der »cupiditas« nicht als Gegenteil der »caritas« verstand, sondern schlicht als deren weniger edle Form; Guillaume betrachtete die »niedrigen Formen der Liebe als Stufen zu einer höheren Liebe«. Diese Harmonie zwischen irdischer und geistiger Liebe wurde später durch den heiligen Thomas von Aquin bestätigt.[25]

Die Liebesbeziehung zwischen Mensch und Gott oder Christus und der Kirche wurde im hohen Mittelalter als intensive persönliche Beziehung interpretiert und häufig mit der Beziehung zwischen Mann und Frau verglichen, eine Analogie, die in den damals in großer Zahl erscheinenden Kommentaren zum »Hohelied« besonders detailliert ausgearbeitet wurde. Wenngleich diese Eheanalogie in der früheren geistlichen Literatur bereits aufgetaucht war, entwickelte sie sich von einer rein »intellektuellen Übung«, als die sie in den Werken des angelsächsischen Mönchs Aelfric (gest. 1010) erscheint, zu einem persönlichen, emotionalen Thema, das menschliche Eigenschaften und Gefühle in den Mittelpunkt stellt, wie es etwa in den Kommentaren des heiligen Bernhard von Clairvaux (gest. 1153) oder in den Texten der englischen »Katherinengruppe« (frühes 13. Jahrhundert) geschieht.[26]

Diese ausgeprägt persönliche, emotionale Beziehung zwischen dem Individuum und Gott oder Christus erhält ihre auffälligste Darstellung in den Schriften der Mystiker des hohen und späten Mittelalters, die ihren Einfluß in jedem europäischen Land geltend machten. Der englische Mystiker Richard Rolle (gest. 1349) schrieb in einem Werk mit dem Titel »Das Feuer der Liebe«: »Die Liebe ist das Süßeste, das der Mensch auf Erden erhalten hat, und sie ist der Liebling Gottes.« Die italienische Heilige Angela von Foligno (gest. 1309) war erfüllt von der »Liebe zu dem leidenden Christus und erweckte ihn liebkosend wieder zum Leben«. Die deutsche Mystikerin Christine Ebner umarmte Christus, ihren göttlichen Verlobten, fest »wie das Wachs, in dem das Siegel seinen Abdruck hinterläßt«. Diese intensiv emotionale, sogar erotische Beziehung zwischen den Mysterikerinnen oder Mystikern und Christus zeigt sich im 12. Jahrhundert bereits in dem Kommentar, den der benediktinische Theologe Rupert von Deutz zum Matthäus-Evangelium verfaßte. Er beschrieb einen Kuß, den er mit Christus austauschte: »Ich hielt [Christus] im Arm ... und küßte ihn lange auf den Mund. Ich erkannte, welch großes Gefallen ihm diese Geste der Liebe bereitete, denn während des Kusses öffnete er den Mund, so daß ich ihn noch inniger küssen konnte.« Wie weit entfernt sind diese Bilder von den frühmittelalterlichen Darstellungen des erhabenen Christus in seiner göttlichen Unnahbarkeit![27]

Im 12. Jahrhundert erlebte nicht nur die Literatur über die Liebe eine Blütezeit; auch der Kult der wahren Freundschaft lebte, angeregt durch die einschlägige römische Literatur und insbesondere durch Ciceros »De amicitia«, mächtig auf. Der englische Zisterzienser Aelred von Rievaulx (gest. 1166) christianisierte Ciceros Gedanken in seinem Traktakt »De spirituali amicitia« und verklärte die geistige Freundschaft zur höchsten Form dieser Beziehung, überlegen jeder fleischlichen oder weltlichen Freundschaft. In seinem »Speculum caritatis [Spiegel der Liebe]« beschwor Aelred als Vorbild das Band der geistigen Freundschaft, das Jesus und seinen geliebten Jünger Johannes einte. Aelred selbst liebte unter seinen Mitbrüdern einen Mönch ganz besonders, nämlich Simon, um dessen Tod er in dem gleichen Werk überschwenglich trauert.[28]

Nicht nur innerhalb der Klostermauern wurden solche Freundschaften verherrlicht; die Freundschaft zwischen Männern war auch ein wichtiges Thema der weltlichen Literatur. Das bekannteste Werk ist die aus dem 12. Jahrhundert stammende, um 1200 ins Französische übersetzte Legende »Amis und Amile«, die in unterschiedlichen Versionen in den meisten europäischen Ländern verbreitet war. Amis und Amile wurden nicht nur am selben Tag geboren, sie ähneln einander auch, tragen ähnliche Namen – die gleichen Themen werden uns im folgenden Kapitel über die Romanzen zwischen Mann und Frau wiederbegegnen –, lernen sich im Alter von 15 Jahren kennen und schwören sich ewige Freundschaft. Später, als Amis an Lepra erkrankt und sein Freund von einem Engel die Botschaft erhält, daß er nur durch das Blut der Nachkommen Amiles gerettet werden könne, opfert Amile seine Kinder. Amis erholt sich, und Amiles Kinder werden in göttlichem Wohlgefallen wieder zum Leben erweckt.

In der weltlichen Literatur war sogar die Vasallenbindung zwischen einem Ritter und seinem Herrn ebenso emotionaler wie juristischer Natur. »Tränenströme« werden im »Nibelungenlied« vergossen, wenn ein Vasall stirbt. Der Kummer Karls des Großen über den Tod Rolands – der, so viel sei zugestanden, nicht nur sein Vasall war, sondern auch sein Neffe, vielleicht sogar sein Sohn – kann sich mit dem Schmerz einer jeden Maid, die um ihren Ritter trauert, messen: Er vermag seine Tränen nicht zurückzuhalten, klagt, schluchzt, reißt sich Haupthaar und Bart aus und fällt in Ohnmacht. Seine Ritter reagieren nicht anders. Ein wichtiges Thema ist die männliche Bindung sogar im »höfischen« Genre, das so berühmte Paare wie Lancelot und Galahad, Parzival und Gawan aufzuweisen hat. Ritter halten einander an den Händen und zögern auch nicht, gemeinsam im gleichen Bett zu schlafen.[29]

Die oben erläuterten theologischen Schriften über die Liebe und diese von Laien und Geistlichen verfaßten Schriften über die Freundschaft beeinflußten das zeitgenössische Bild der Ehe. Der Mystiker Hugo von St. Victor zum Beispiel führte den Sakramentscharakter der Ehe auf die geistige Vereinigung zweier Seelen zurück, welche die Einheit zwischen Gott und Mensch symbolisiert. In seinem Werk »De beatae Mariae virginitate« (1140) erklärt er im Zusammenhang mit der Ehe von Maria und Joseph: »Die Ehe ist die Einheit der Liebe«; ohne Liebe, so sein Standpunkt, ist die Ehe ungültig, ob vollzogen oder nicht, denn »durch die eheliche Liebe wird die Ehe zum Sakrament«.[30] Hugo war ebenso wie Petrus Lombardus durch den Theologen Gautier de Mortagne und dessen Schrift »De coniugo« beeinflußt worden, die das beiderseitige Einverständnis als einziges konstituierendes Element der Ehe definierte. In seinem Kommentar zu den drei traditionellen »Gütern« der Ehe, die Augustinus beschrieben hatte – Treue, Kinder und Sakrament –, fügt Gautier der Aufzählung noch ein wichtiges viertes

»Gut« hinzu: die Freundschaft (»amicitia«) zwischen Mann und Frau.

Anonyme kanonische Ehetraktakte aus derselben Zeit betonen ebenfalls die geistige Beziehung zwischen Mann und Frau, die eine »natürliche Gesellschaft [societas]« bilden, aus der »geistige Liebe [caritas]« hervorgehe. Ein Autor veränderte sogar die traditionelle Reihenfolge der »Gründe« für die Ehe, an deren erster Stelle seit der Zeit Isidors von Sevilla (gest. 636) immer das Ziel der Fortpflanzung gestanden hatte, und erklärte die »gegenseitige Hilfe [adiutorium]« zwischen Eheleuten zum primären »Grund« ihres Bundes, während er die Kinder an die zweite Stelle rückte.

Viele Kanonisten sprachen von der »affectio maritalis«, ein Begriff, mit dem im römischen Recht die Ehe vom Konkubinat unterschieden worden war und der ursprünglich »Wille« oder »Absicht« bedeutete. Zur Zeit des Justinian (6. Jahrhundert) aber wurde die Bedeutung des Wortes vermutlich erweitert, so daß es nun auch Zuneigung bezeichnete. In diesem Sinn wurde es, um den Charakter der Beziehung zwischen Mann und Frau nach der Heirat zu kennzeichnen, im 12. Jahrhundert benutzt, vor allem in den Dekretalen von Papst Alexander III., dessen Schriften über die Ehe von so großer Wichtigkeit waren. Innozent III. brachte die Zuneigung insbesondere mit angemessenen sexuellen Beziehungen in Verbindung. Dem Ehemann oder der Gattin mit ehelicher Zuneigung zu begegnen bedeutete das Gegenteil von Mißhandlung und Grausamkeit, und die geistlichen Gerichte »befahlen« Paaren sogar, einander eheliche Zuneigung entgegenzubringen. Mönche und Prediger benutzten in ihrer Verteidigung der Ehe ebenfalls den Begriff »affectio maritalis«.[31]

Auch zeitgenössische Schriften über die Freundschaft enthalten direkte Hinweise auf die Ehe. Wenngleich John Boswell jenem Herold der Freundschaft, Aelred von Rievaulx, zweifellos zu Recht homoerotische Neigungen zuschreibt, zählt doch zu den innovativsten Aspekten von Aelreds »De spirituali amicitia« gerade die Tatsache, daß er die Freundschaft im Gegensatz zu Cicero nicht auf eine Beziehung zwischen Männern beschränkt, sondern als ihren Prototyp jene Kameradschaft anführt, die Gott zwischen Adam und Eva schuf: »... als deutlichere Inspiration der Barmherzigkeit und Freundschaft schuf [Gott] die Frau aus dem Fleisch des Mannes. Wie schön ist es, daß der zweite Mensch aus der Seite des ersten genommen wurde, so daß die Natur lehren kann, daß Menschen gleich sind und sozusagen ebenbürtig und daß es in menschlichen Dingen weder ein Oben noch ein Unten gibt, ein Merkmal der wahren Freundschaft.« Dieser Text dient Aelred als Grundlage für seine Behauptung, daß die Freundschaft »Ungleiche zur Gleichheit« verpflichte.[32]

Liebe, eheliche Zuneigung, Freundschaft – dies sind die Elemente, die im 13. Jahrhundert und im späten Mittelalter das kirchliche Verständnis vom Wesen der Ehe prägten. Kein anderer als Thomas von Aquin entwickelte die kohärenteste Darstellung dieses Verständnisses, indem er die Ehe als die »größte Freundschaft« charakterisierte. Viele andere Geistliche bemühten sich, die Laien wie auch den Klerus durch ihre Predigten mit diesen Vorstellungen vertraut zu machen. Humbert de Romans (gest. 1277) rühmte die geistige Natur der christlichen Ehe, die sie von jener Institution, wie sie die Heiden praktizierten, unterschied. Honorius Augustodunensis (gest. 1157) appellierte nachdrücklich an die Ehemänner, ihre Frauen mit zärtlicher Zuneigung zu lieben, und forderte, daß beide »wie ein Augenpaar im Einklang« sein sollten. In seinem Traktat »De matrimonio« (nach 1247) sagte der von Hugo von St. Victor und vielleicht auch von Aelred beeinflußte Robert de Sorbon, daß die »Frau ihrem Mann ebenbürtig [aequalis] oder seine Genossin [socia]« sein solle, »nicht unter ihm, nicht über ihm«.

Wie Aelred und andere vor ihm benutzte Robert de Sorbon den sogenannten »Rippentopos« – Eva sei weder aus dem Kopf noch aus dem Fuß Adams, sondern aus seiner Rippe geschaffen worden. Obwohl dieser Topos heute im allgemeinen als degradierend betrachtet wird, verstand man ihn im späten Mittelalter als Hinweis auf Evas Würde als Adams Partnerin. Hätte Eva ihm lediglich dienen sollen, dann wäre sie aus seinem Fuß erschaffen worden. So gemahnte der »Rippentopos« an den wechselseitigen Charakter der Beziehung zwischen Adam und Eva, in krassem Gegensatz auch zum zeitgenössischen islamischen Verständnis der Ehe, demzufolge die Frau ihrem Mann als »Sklavin« zu dienen hatte. Eva sei

»aus der Seite des Mannes als seine Gefährtin, nicht als Sklavin aus seinen Füßen gebildet«, wie es Christine de Pisan formulierte.[33]

Der optimistischste und eloquenteste dieser geistlichen »Eheberater« war Guibert de Tournai (gest. 1284), dem es offenbar besonders am Herzen lag, seine weibliche Zuhörerschaft anzusprechen. Er pries die Fähigkeit der Frau, in der Abwesenheit ihres Mannes enthaltsam zu leben, und betonte auch, daß Frauen durch das christliche Eherecht in höherem Maße geschützt und respektiert würden als durch die Gesetze der Heiden, welche die einseitige Verstoßung der Frau wegen Entstelltheit, Unfruchtbarkeit oder Lepraerkrankung erlaubten. Ehepartner, so Guibert, sind »Ebenbürtige und Partner [pares et socii]«, die (ein typisches Thema der antiken Freundschaftsliteratur) in der Lage sein sollten, konstruktive Kritik des anderen zu akzeptieren. Liebe (»dilectio socialis«), sagt Guibert, ist ein wesentliches Element der Ehe. Warnend stellt er jenen, die wegen des Geldes heiraten, immerwährenden Streit in Aussicht; jene aber, die aus Liebe heiraten, »werden glücklich und ehrbar zusammenleben [vivant simul iocunde et honeste]«.[34]

Auch in Deutschland zeichneten Geistliche im 13. Jahrhundert ein positives Bild der Ehe. Der berühmte Franziskanerprediger Berthold von Regensburg (gest. 1272) betrachtete die gegenseitige Liebe als ihre Grundlage; ebenso wie der Franzose bemühte auch er mit Vorliebe den »Rippentopos«, um die Ebenbürtigkeit zwischen den Partnern zu betonen. Der Dominikanerbruder Berthold von Freiburg schilderte die Ehe in seiner deutschsprachigen »Summa confessorum« als eine positive, heilige Institution, die auf Treue und Liebe gründe (»Trew und liebe«) und eine Beziehung der Wechselseitigkeit und Gleichberechtigung voraussetze.[35]

Diese kirchlichen Sichtweisen der Ehe beeinflußten auch die weltliche Literatur. Jean de Meun, Verfasser des zweiten Teils des »Rosenromans« (70er Jahre des 13. Jahrhunderts), hatte in Paris studiert, vielleicht direkt bei Thomas von Aquin, Gilbert de Tournai und Robert de Sorbon; zumindest wird er sie bei Predigten oder in Vorlesungen gehört haben. Wir wissen, daß Jean Aelreds »De spirituali amicitia« übersetzte. Trotz des hedonistischen Tons des von ihm verfaßten »Roman«-Teils bleibt der Einfluß seiner Lehrer unverkennbar, wenn Jean nachdrücklich betont, daß Liebe nur gedeihen könne, wo es keine Vorherrschaft gebe, wo Partner als einander ebenbürtig betrachtet werden. Guillaume de Machaut spiegelt diese Sichtweise in seinem »Remède de Fortune« wider, einem Werk, das wiederum Einfluß auf Geoffrey Chaucer ausübte, jenen spätmittelalterlichen »Renaissance«-Menschen, der eine beträchtliche kirchen- und zivilrechtliche Bildung mit der Kenntnis kontinentaler literarischer Werke vereinte. Es ist kein Zufall, daß seine »Erzählung des Gutsbesitzers« die zeitgenössischen Vorstellungen vom ehelichen Glück am treffendsten zusammenfaßt.[36]

In der »Erzählung des Gutsbesitzers« wird die glückliche Ehe von Arveragus und Dorigen geschildert. Wie so viele Ehen in der spätmittelalterlichen Literatur und Gesellschaft ist es eine hypergame Verbindung, denn Dorigen ist von höherem gesellschaftlichen Rang als ihr Mann. Dieser soziale Vorteil schafft eine Art Ausgleich zu der »natürlichen Herrschaft«, die Männer über ihre Frau ausüben, auf die Arviragus jedoch verzichtet. Sie versprechen einander gegenseitigen Gehorsam:

> »Denn eins, ihr Herrn, darf ich gewißlich sagen:
> Ein Freund muß für den andern Sorge tragen,
> Sonst dauert die Gemeinschaft gar nicht lange.
> Die Liebe fügt sich niemals einem Zwange.
> Sobald der Liebesgott den Herrscher sieht,
> Schlägt er die Schwingen, sagt ade und flieht!«

Nachdem sie ein Jahr lang in »Glück und Wohlbefinden« verbracht haben, muß Arviragus seine Frau verlassen. Dorigen ist tief bekümmert über seine Abwesenheit und verflucht die gefährlichen Klippen an der Küste, die er umschiffen muß, wenn er nach Hause zurückkehrt. Ein junger »Knappe«, einer der »schönsten Männer, die da leben«, verliebt sich in Dorigen und versucht vergeblich, ihre Gunst zu gewinnen. Sie erklärt, daß sie ihrem Mann treu sei, und meint im Scherz, daß sie den Knappen mehr als jeden anderen Mann auf Erden lieben werde, wenn er die Klippen vor der Küste fortschaffe, weil sie die sichere Rückkehr ihres Mannes gefährdeten. Zuversichtlich fügt sie hinzu: »Das wird niemals geschehen«. In unbeirrbarer Entschlossenheit beauftragt der junge Mann einen Magier, der die Küste durch Zauberei tatsächlich von allen Felsen befreit, und eilt zu Dorigen, um sie an ihr Versprechen zu erinnern. Zutiefst betrübt über diese widernatürliche Magie sucht Dorigen Rat bei ihrem Ehemann, der mittlerweile heimgekehrt ist und ihr, wenn auch bedauernd, sagt, daß sie ihr Wort halten müsse. Der Knappe aber, berührt von diesem »großen Edelmut«, entbindet sie von ihrem Versprechen, statt sie »durch so niedre Freveltat« zu verletzen. Dorigen und Arviragus lebten fortan »in höchstem Glück und Zeitvertreib«. Um allen Beteiligten der Geschichte ein Happy-End zu bescheren, erläßt der Magier dem Knappen den Lohn, den er für die geleisteten Dienste zu zahlen versprochen hatte.

Diese Erzählung wurde lange Zeit zu Recht als Emblem des ehelichen Glücks betrachtet. Die Gleichstellung der Partner und die Wechselseitigkeit der Ehe, das Leben in »Freundschaft«, geben tatsächlich den Einfluß des kirchlichen Denkens auf das christliche Eheleben zu erkennen und spiegeln wahrscheinlich auch Chaucers eigene Sichtweise ehelichen Glücks wider. Weitere wichtige Aspekte der Erzählung aber fanden offenbar weniger Beachtung. So ist es aufschlußreich, daß es dem Mann in diesem »Bund treuer Geister« wichtiger erscheint, daß seine Frau ihr Ehrenwort hält, als daß sie keusch bleibt. Wir befinden uns hier auf einer Ebene, auf der andere Werte in Ehren gehalten werden als die einer tabubesessenen Gesellschaft wie der frühmittelalterlichen. Schließlich ist zu erwähnen, daß das entscheidende Ereignis in dieser Erzählung über das Eheglück die Anerkennung des Konsensgrundsatzes durch den Knappen ist. Er hat Dorigen in Wahrheit getäuscht und so versucht, seine Wünsche durchzusetzen. Der »Vertrag«, den sie mit ihm geschlossen hat, ist betrügerisch, denn sie hat ihm ihre Liebe unter der Bedingung zugesagt, daß ein unnatürliches und normalerweise unmögliches Ereignis eintreten würde – mit anderen Worten, sie hat nicht wirklich eingewilligt. Er hat sie manipuliert, und wenn sie und ihr Mann naiv glauben, daß sie verpflichtet seien, ihre Schuld einzulösen, dann weiß der Knappe es doch besser. Der Vertrag ist ungültig, und ihre Kooperation wäre erzwungen gewesen – fürwahr eine »niedere Freveltat«!

Auch der Verzicht des Knappen ist ein Akt des freien Willens. All die Umstände fügen sich so zusammen, daß sein Herzenswunsch in

Erfüllung gehen kann. Aber er beschließt freiwillig, sein Recht nicht einzufordern, weil er weiß, daß er moralisch keinen Anspruch darauf erheben kann. »Die Liebe ist so frei wie jeder Geist ... Die Liebe fügt sich niemals einem Zwange.« Er weiß, daß ein unter den gegebenen Umständen vollzogener Geschlechtsverkehr wechselseitiger Liebesgefühle entbehrt. Er sehnt sich nach Dorigens Liebe, aber alles, was er unter Zwang hätte erhalten können, wäre ihr Körper gewesen. Er hat keine romantische Affäre arrangiert, sondern eine moralische Vergewaltigung. Seine in letzter Minute getroffene Entscheidung zugunsten des moralischen Weges wird belohnt, als ihn der Magier großzügig von seiner Zahlungspflicht entbindet, obwohl er sich um die Erfüllung des Vertrags weit verdienter gemacht hat als der Knappe selbst.

Und so schließt sich der Kreis. Das Wesen der Ehe, jene höchste Form der Freundschaft, ist bedingt durch den Charakter ihres Zustandekommens. Unter Zwang kann man nicht wirklich lieben; nur das freiwillige Einverständnis ermöglicht eine liebevolle Ehe. Wie wir im nächsten Kapitel sehen werden, hatte ein bestimmter elitärer Kreis im 12. Jahrhundert eine Unterscheidung zwischen ehelicher Zuneigung, die eine Pflicht darstellte (die eheliche Pflicht), und der freiwillig geschenkten nichtehelichen Liebe getroffen (»de grâce«). In der »Erzählung des Gutsbesitzers« aber kehrt Chaucer diese Rollen vollständig um; hier ist es die ehebrecherische Affäre, die durch Verpflichtung und Zwang zustande gekommen wäre, und die eheliche Beziehung, die »de grâce« war, das heißt, durch den freien Willen begründet. Ein halbes Jahrhundert, nachdem Chaucer die »Erzählung des Gutsbesitzers« verfaßt hatte, betonte der Kirchenrechtler Juan de Torquemada in seinen Ausführungen über die Eheschließung, daß die Ehe nicht auf »erzwungener Zustimmung«, sondern auf der, wie er es formulierte, »Freiheit der Liebe [libertas amoris]« beruhe. Freiwilliges Einverständnis und Liebe hängen eng miteinander zusammen; sobald die Ehe als eine Beziehung betrachtet wurde, der das freiwillige Einverständnis der Beteiligten zugrunde liegt, waren auch Liebe und Ehe fest miteinander verbunden.

Liebe und Ehe

Lange galt es in der Mediävistik als unumstritten, daß Liebe und Ehe in mittelalterlichen Zeiten nicht miteinander vereinbar waren. Dennoch aber vertraten, wie wir im 5. Kapitel gesehen haben, die unterschiedlichsten zeitgenössischen Stimmen – Theologen und Kirchenrechtler, Dichter und Prediger, Adelige und Angehörige des einfachen Volkes – den Standpunkt, daß man in der Ehe Liebe finden könne, ja solle. Wahrscheinlich haben sie das Wort »Liebe« je nachdem, aus welchem sozialen Milieu sie stammten, und sogar individuell ein wenig unterschiedlich interpretiert, alle diese Menschen aber hätten auf die Aufforderung, den Begriff »Liebe« zu definieren, als wesentliche Elemente Leidenschaft, Zuneigung, Ausschließlichkeit und Treue genannt, wenn auch natürlich in verschiedenen Graden und Kombinationen. Weshalb also sind so viele Autoren so lange davon ausgegangen, daß eine solche Liebe im Mittelalter mit der Ehe nicht vereinbar gewesen sei?

Mittelalterliche Literatur und Ehebruch

Ein Grund für die weitverbreitete Überzeugung, daß man Liebe und Ehe im Mittelalter für inkompatibel hielt, ist die Annahme, daß sich die gesamte mittelalterliche Literatur um den Ehebruch gedreht habe. Im 12. Jahrhundert erlebte die »höfische Liebe« oder »fin'amor« ihre Blüte, und höfische Liebe, so heißt es, sei per definitionem ehebrecherisch gewesen. Dieser Standpunkt wurde in der Vergangenheit von bestimmten Literaturwissenschaftlern wie beispielsweise Gaston Paris und C. S. Lewis vertreten und von dem Historiker Marc Bloch übernommen. Heutzutage ist Literaturwissenschaftlern bewußt, daß bei solchen Verallgemeinerungen größere Zurückhaltung geboten ist; ein Kritiker gelangte vor einiger

Zeit sogar zu dem Schluß, daß es höchste Zeit sei, die Idee, daß die mittelalterliche Literatur ehebrecherisch gewesen sein könnte, allen gegenteiligen Behauptungen zum Trotz zu verteidigen! Aber viele Sozialhistoriker müssen eine solche Zurückhaltung erst erlernen, und so trifft man nicht selten auf Erklärungen wie: »Es gibt nur wenige [mittelalterliche] Liebesgeschichten, die mit der Ehe enden«, und sogar die kategorische Behauptung: »Die gesamte westliche Literatur vom Mittelalter bis zum heutigen Tag ist immer auch eine Literatur des Ehebruchs.«[37]

Ein grundlegender Text, der viele Historiker zu der Überzeugung veranlaßte, daß Liebe und Ehe im Mittelalter als unvereinbar betrachtet wurden, ist Andreas Capellanus' Liebestraktat »Von der Liebe und von den Heilmitteln gegen die Liebe« oder »De amore et de amoris remedio«.[38] Sowohl die Identität des Verfassers als auch die Auslegung seines Werkes sind bis heute rätselhaft geblieben – ein warnender Hinweis darauf, daß es ein Fehler wäre, ebendiese Abhandlung als »Referenz« für die gesamte mittelalterliche Gesellschaft zu betrachten. Wahrscheinlich war Andreas entweder ein Kaplan des Königs oder Kaplan bei Marie de Champagne (gest. 1198), einer Tochter König Ludwigs VII. von Frankreich und Eleanores von Aquitanien, und er schrieb vermutlich gegen Ende des 12., möglicherweise auch zu Beginn des 13. Jahrhunderts. Seine Abhandlung, die stark von Ovids Werken über die Liebe beeinflußt wurde, ist in drei Bücher unterteilt: Das erste beschäftigt sich mit dem Wesen der Liebe und enthält eine Reihe von Dialogen; das zweite präsentiert 21 »Liebesurteile«, die der Autor von vielen adligen, zur damaligen Zeit berühmten Damen fällen läßt, die zum Teil auch das Thema Liebe und Ehe ansprechen. So läßt der Verfasser Ermengarde von Narbonne streng zwischen »ehelicher Zuneigung« und Liebe unterscheiden; Marie de Champagne stellt dem Pflichtcharakter der Ehe, das heißt der ehelichen Pflicht, die »freie« Gewährung der Liebe zwischen unverheirateten Partnern gegenüber.

Hier wird die Unvereinbarkeit von Liebe und Ehe völlig eindeutig statuiert und gerechtfertigt. Das zweite Buch kann jedoch nicht als Beweis dafür herangezogen werden, daß diese Idee einer weitverbreiteten Überzeugung entsprach, vor allem deshalb nicht, weil

»De amore« selbst voller Widersprüche steckt. Nachdem in Buch I und II die »höfische Liebe« ausführlich geschildert wurde, präsentiert sich nämlich das dritte Buch als leidenschaftliche Verdammung weltlicher Liebe. Inspiriert durch die »Remedia amoris« des Ovid und mit vielen Elementen der christlichen Theologie besetzt, weist das dritte Buch den Großteil der vorangegangenen Teile der Abhandlung zurück.

Der widersprüchliche Charakter von »De amore« hat zahlreiche Interpretationen angeregt, welche die Unstimmigkeiten des Werkes zu erklären versuchen. Manche Interpreten verstehen das dritte Buch ironisch; andere hingegen entdecken die Ironie in den Büchern I und II. Aber der gesamte Text des Andreas könnte durchaus nicht mehr sein als eine intellektuelle Fingerübung im damals modernen Stil, der »ars disputandi«, die sämtliche Aspekte einer Frage untersucht, ohne daß der Text die grundlegenden Überzeugungen des Autors widerspiegelt – so wie heute ein Mitglied eines Debattierclubs aufgefordert werden kann, einen Standpunkt zu vertreten, der nicht sein eigener ist, als reine Stilübung eben. Solch eine Deutung von »De amore« wird durch die Tatsache gerechtfertigt, daß Studenten von Andreas' Zeitgenossen Peter the Chanter (gest. 1197) in ihren Schriften behaupteten, die Lehre der »Liebeskunst [ars amatoria]« sei vollkommen legitim, ja sogar nützlich, weil sie jungen Männern zur Warnung (»ad cautelem«) vor Gefahren diene, sie sei aber nicht zum tatsächlichen Gebrauch oder Mißbrauch bestimmt gewesen.[39]

Ein weiterer Grund, weshalb man »De amore« nicht als repräsentativ für die mittelalterliche Sichtweise der Liebe und Ehe anführen kann, ist die begrenzte Rezeption des Werkes. Zu Beginn scheint Andreas' Buch nur einer kleinen intellektuellen Elite bekannt gewesen zu sein, Geistlichen und Juristen. Vor 1238 wird es nirgendwo zitiert, und in die Volkssprache übersetzt wurde es erst Ende des 13. Jahrhunderts. Eine deutsche Übersetzung von »De amore« erfolgte nicht vor dem 15. Jahrhundert, allerdings mit erheblichen Veränderungen durch den Übersetzer, und in England blieb das Werk in seiner ursprünglichen Form offenbar gänzlich unbekannt. Sein Einfluß war also sozial, zeitlich und geographisch begrenzt.

Selbst die anderen Abhandlungen über die Liebe, die während des 13. Jahrhunderts in Frankreich entstanden, sind stärker durch Ovid als durch Andreas beeinflußt. Ein Autor (Guiart) empfiehlt die Liebe in der Ehe; ein anderer (Maître Elie) ignoriert die Frage. Zwei Werke (»Clef d'amor« und die Abhandlung von Jacques d'Amiens) deuten an, daß der Ehebruch reizvoll sein könne, allerdings ganz und gar nicht im höfischen Sinne. Sowohl ihre Sicht des Ehebruchs als auch die Tatsache, daß sie Schmeichelei und schließlich Gewaltanwendung als Methoden empfehlen, mit denen sich die Gunst der Dame gewinnen läßt, erinnert eher an die »Fableln« als an »fin'amor«. Einzig Richard de Fournival (gest. um 1260), ein anderer Geistlicher, der sich in seinem Werk »Consaus d'amours« möglicherweise der Ironie befleißigte, greift die von Andreas in Buch II getroffene Unterscheidung zwischen ehelicher und außerehelicher Liebe wieder auf: »Denn eheliche Liebe ist eine Liebe der Pflicht [amours de dete], und die Liebe, von der ich euch berichte, ist freiwillig geschenkt [amours de grace].«[40]

Aber selbst die Debatten, die freiwillig geschenkte Liebe und obligatorische Liebe in der Ehe einander gegenüberstellen, sind nachweisbar voller Widersprüche. Wenn Andreas Capellanus die Regeln des Liebesspiels aufzählt, bringt er bei jeder Gelegenheit die Pflicht zur Sprache. Um nur ein Beispiel zu nennen: Andreas schildert den Fall eines Liebenden, der ein Auge verliert und befiehlt, daß ihn seine Dame weiterhin, trotz seiner Entstellung, zu lieben habe; hingegen läßt Gautier d'Arras in seinem Roman »Ille et Galeron« (ca. 1180) Ille, der im Gefecht ein Auge verloren hat, beschließen, lieber ins Exil zu gehen als seine Frau zu verpflichten, ihn weiterhin zu lieben. Hier ist es ebenso wie in Chaucers »Erzählung des Gutsbesitzers« die eheliche Liebe, die freiwillig [»de grâce«] geschenkt wird.[41]

Wir sehen also, daß die Gegenüberstellung »eheliche Liebe versus ›freiwillige‹ Liebe« zwar ein anerkannter »Topos« war – zumindest im Frankreich des 13. Jahrhunderts –, ihr aber durchaus Widersprüche innewohnten. Das Thema war nicht allzu wichtig und fand nur ein schwaches internationales Echo. Von den 180 in altfranzösisch verfaßten »jeux-partis« (Liebesdialogen) beschäftigen sich lediglich sechs mit dem Thema Liebe und Ehe, und selbst hier geht es oft nicht um die Frage der Unvereinbarkeit von Liebe und Ehe, sondern um die Qualität der Liebe in der Ehe, zum Beispiel: »Schwindet die Liebe dahin, wenn zwei Liebende heiraten?« Die Liebesbriefmuster, die Boncampagno da Signa 1215 entwarf, beinhalten einen Brief an einen »Ehemann oder einen Freund, der weit fort ist« – beide werden gleichermaßen als mögliche Objekte der Leidenschaft betrachtet. Die meisten nicht-französischen Liebestraktate behandeln Liebe und Ehe entweder als vollkommen vereinbar, beispielsweise das »Frauenbuch« Ulrichs von Lichtenstein (1257) und »De minnen loep« des Dirk Potter (ca. 1412), oder greifen das Problem überhaupt nicht auf.[42]

Eine weitere Quelle der Annahme, daß »höfische« Liebe grundsätzlich ehebrecherisch sein müsse, ist der Umstand, daß sich das Ehebruchthema schon in der ältesten Literatur der »fin'amor«, der Lyrik der Troubadoure, Minnesänger aus dem Süden Frankreichs, findet. Erst 1984 konnte man in einem wichtigen Artikel über das Thema lesen, daß »das höfische Szenario immer das der ehebrecherischen Liebe« sei; »der Troubadour liebt unweigerlich eine verheiratete Frau«.[43] Dennoch haben zahlreiche Untersuchungen gezeigt, daß der Ehebruch, auch wenn er als Thema in der Lyrik der Troubadoure auftaucht, kein Definitionsmerkmal dieser Dichtung darstellt. Es gab zum Beispiel Dichter, die sich entschieden gegen den Ehebruch aussprachen, vor allem der moralisierende Marcabru (etwa 1130–50). Der gleiche Vorbehalt klingt bei späteren Troubadouren wie Guiraut Riquier (gest. um 1295) und Guilhem de Montanhagol (1237–57) an, der von der aus Liebe geborenen »Keuschheit [castitatz]« sang.

Die meisten Troubadoure aber äußern sich über den Familienstand ihrer Geliebten nicht eindeutig. Bei der in diesen Liedern benutzten Sprache scheint es sich häufig um eine Art Code zu handeln, der zu Mißverständnissen Anlaß geben kann. So wird die Frau zum Beispiel oft als »domna« angesprochen. Der Begriff bezeichnet eine verheiratete Dame von hohem sozialen Rang, aber der Titel kann auch ganz einfach die Verehrung des Dichters zum Ausdruck bringen und den Respekt, den er vor seiner Angebeteten empfindet, selbst wenn sie lediglich ein »Fräulein« ist. In vergleichbarer Weise kann es sich bei der Gestalt des »gelos« – des Mannes, der auf den

Sänger eifersüchtig ist – um einen Ehemann handeln, ebensogut aber auch um einen Rivalen oder gar ein bösartiges Klatschmaul. Einige Wissenschaftler haben aus dem großen Wert, den die Dichter auf Geheimhaltung legten, geschlossen, daß es sich um ehebrecherische Affären handeln müßte, dennoch aber zeigen sich die gleiche obsessive Geheimnistuerei und Angst vor Klatschmäulern auch in den späteren mittelalterlichen Romanzen, in denen beide Liebende unverheiratet sind. Furcht vor familiärem Widerstand aufgrund sozialer Schranken, die sich zwischen den Liebenden aufrichten, läßt Geheimhaltung und Diskretion nicht weniger als bei einer ehebrecherischen Affäre notwendig erscheinen.[44]

Ein letztes und höchst aufschlußreiches Element dieser Analyse ist die Tatsache, daß die Lyrik der Troubadoure vermutlich niemals die Realität abbilden sollte. Die Lyrik ist zweifellos das subjektivste und der Alltagsrealität am wenigsten verhaftete literarische Genre überhaupt. Die Form des Gedichtes ist ebenso wichtig wie sein Inhalt, und dieser spiegelt häufig in höherem Maß Gefühle als reale Erfahrung wider. Das Ehebruchthema könnte, wenn es auftaucht, neben räumlicher Trennung und sozialer Schichtzugehörigkeit schlicht ein weiterer »Topos« sein, der die Dame in bestimmten Gedichten in unerreichbare Ferne entrückt – ein Motiv, das an Angst vor Impotenz oder, allgemeiner freudianisch analysiert, an das »Unbehagen in der Kultur« denken läßt. Nichts beweist, daß die Liebe zwischen dem Dichter und der verheirateten Dame, wenn sie denn nun tatsächlich zum Thema wird, als Handlungsrichtschnur dienen sollte. Das gesamte Universum der Troubadoure und seine Nachahmungen aus späterer Zeit waren möglicherweise nicht mehr als ein ausgeklügeltes gesellschaftliches Spiel.[45]

Aufschlußreicher in bezug auf die soziale Realität sind die Themen der erzählenden Dichtung. Hier ist es im wesentlichen die keltische Tradition, die »Sache Britanniens«, die den Ehebruch in ihre Handlungsstränge einflicht; am bekanntesten sind bestimmte Lais, also Verserzählungen, von Marie de France sowie die Geschichten von Lanzelot und Tristan. Die beiden Lais der Marie de France, die den Ehebruch in ein sympathisches Licht rücken, nämlich »Guiguemar« und »Yonec«, wurden bereits erläutert. In beiden Fällen ist die Ehefrau eine »mal mariée«, eine junge Frau, die gegen ihren

Willen an einen eifersüchtigen alten Mann verheiratet wurde, während der Liebhaber weit besser zu ihr passen würde. In anderen Lais, besonders in »Equitan«, wo sich ein König um die Gunst der Frau seines Seneschalls bemüht, ist der Ehebruch beileibe keine Selbstverständlichkeit. Von einer grundlegenden Unvereinbarkeit zwischen Mann und Frau ist nicht die Rede, und als der Plan der Liebenden, den Ehemann zu töten, fehlschlägt, sterben sie beide, ein Schicksal, das sie, wie Marie zu verstehen gibt, durchaus verdient haben. Auch in »Bisclavret« wird eine untreue Gattin bestraft, und zwar mit Verstümmelung und Exil. »Eliduc« schildert das Problem eines Mannes, der zwischen zwei Lieben, seiner Frau und einer Königstochter, hin- und hergerissen ist; der taktvolle Rückzug der Gattin, die ins Kloster geht, ermöglicht es ihm, seine neue Liebe zu heiraten. Dennoch ist Marie sehr daran gelegen klarzustellen, daß technisch kein Ehebruch begangen wurde, denn zwischen den beiden Liebenden, so sagt sie, gab es »nule folie, joliveté ne vileinie« – mit anderen Worten, keinen Sex. Wir dürfen schlußfolgern, daß Marie de France dem Ehebruch nur dann mit Toleranz oder Sympathie begegnet, wenn das verheiratete Paar nicht zueinander paßt, wenn die Frau eine »mal mariée« ist. In »Guiguemar« heiratet das ehebrecherische Paar zum Schluß; in »Yonec« kommt der Liebhaber auf tragische Weise ums Leben, und nachdem auch die Frau gestorben ist, werden sie, gleichsam als Mann und Frau, gemeinsam beerdigt. Diese Sympathie für den Ehebruch unter extremen Umständen ist von einer Erklärung der Unvereinbarkeit von Liebe und Ehe wirklich weit entfernt.[46]

Marie de France verfaßte auch ein kurzes Lai über eine Episode aus der Erzählung von Tristan und Isolde. Diese Geschichte, ursprünglich keltischer Herkunft und im 12. Jahrhundert in »höfischen« Kreisen sehr beliebt, ist die langlebigste aller Ehebruchgeschichten der mittelalterlichen Literatur und wurde in verschiedenen Versionen in praktisch sämtliche europäischen Sprachen übertragen. Ein zentrales Element der früheren Fassungen ist der Liebestrank, der die Leidenschaft in den Liebenden weckt; spätere Versionen lassen zuweilen eine tiefere Anziehungskraft zwischen den beiden erahnen. Ihre Beziehung wird, wie man sagen könnte, als ultimative Geschichte der »mal mariée« behandelt.

Isolde gehört schließlich derselben Generation an wie ihr Geliebter Tristan, während ihr Mann, König Marke, Tristans Onkel und wahrscheinlich alt genug ist, um ihr Vater zu sein. Unter anderen sozialen Umständen wäre ihre Liebe vielleicht in der Ehe erblüht. Spätere Versionen betonen insbesondere diese Unvereinbarkeit mit Marke, zeichnen ihn als Schurken und beschreiben die »vollkommene Liebe der schönsten Dame und des herrlichsten Ritters«. In der italienischen Version »Tavola Ritonda« (spätes 13. Jahrhundert) werden Tristan und Isolde verpflichtet, vor ihrer Ankunft in Cornwall auf einer Insel zu »heiraten«, und es wird versprochen, daß sie im Himmel wiedervereint sein werden! Die Geschichte ist keine Idealisierung des Ehebruchs, keine Lektion in Sachen Unvereinbarkeit von Liebe und Ehe, sondern die Tragödie einer Liebe, die am Rande der Gesellschaft gelebt werden muß und damit endet, daß sie die Zerstörung dieser Gesellschaft herbeiführt.[47]

Chrétien de Troyes war der erste Dichter, der eine ehebrecherische Affäre zwischen Lanzelot und Genevra, Arthurs Königin, darstellte. Auf diesen Roman, »Der Karrenritter [Chevalier de la charrette]« von 1177, stützte Gaston Paris seine Analyse der »höfischen« Liebe; die Beziehung ist ehebrecherisch, und der Ritter gehorcht allen Befehlen seiner Dame, selbst solchen, die ihn demütigen. Hier sind einige Bemerkungen angebracht. Erstens schildert Chrétien hier eine anders geartete Beziehung als in seinen übrigen überlieferten Geschichten. »Cligès«, »Erec und Enite« und »Iwain« rücken die Ehe allesamt in ein günstiges Licht und stellen sie als privilegierte Beziehung für den Ausdruck der Liebe dar; »Cligès« ist tatsächlich ein ausgesprochener »Anti-Tristan«, eine Verurteilung des Ehebruchs. Chrétien ist eindeutig weit davon entfernt, ehebrecherische Liebe konsequent zu befürworten. Zweitens ist der »Karrenritter« die einzige Geschichte, in der Chrétien eigens darauf hinweist, daß eine Mäzenin das Werk mit diesem Thema bei ihm in Auftrag gegeben hat, und nicht nur irgendeine Gönnerin, sondern Marie de Champagne, ebenjene Gräfin, der Andreas Capellanus das Urteil zuschrieb, daß Ehe und Liebe unvereinbar seien! Chrétien überließ die Fertigstellung der Arbeit einem anderen – man hat vermutet, daß ihm selbst bei diesem Auftragswerk, das sich so sehr von seinen übrigen Arbeiten unterschied, nicht recht wohl war. Wie dem auch sei, Tatsache ist, daß wir nicht wissen, wie er selbst die Geschichte hätte enden lassen. Merkwürdig wenig Beachtung finden in der Erzählung der ehebrecherische Charakter dieser Liebe und der damit verbundene Verrat Lanzelots an Arthur. Es ist auch wichtig festzuhalten, daß ältere und zeitgenössische Versionen der Geschichte Genevra und Lanzelot nicht als Liebespaar darstellen (so zum Beispiel der »Lanzelet« des Ulrich von Zatzikhoven, spätes 12. Jahrhundert). Und es ist sicher kein Zufall, daß der »Karrenritter« der einzige Roman Chrétiens blieb, der im 12. Jahrhundert nicht ins Deutsche übersetzt wurde. Das 13. Jahrhundert und spätere, sowohl französische als auch deutsche Versionen gestalten die Geschichte der Liebenden ebenso wie die Tristans und Isoldes als Tragödie; ihre ehebrecherische Beziehung ist eine Sünde, und dies macht es Lanzelot unmöglich, jemals den Gral zu erblicken.[48]

Der Ehebruch bildete zweifellos ein wichtiges Thema der mittelalterlichen Literatur, seine Darstellungsweise aber – als »pis aller« im Falle einer unglückseligen Verbindung zweier Partner, die nicht zueinander passen (Marie de France und andere), als Farce (in den »Fabliaux« und bestimmten Erzählungen Chaucers und Boccaccios), als Tragödie (Tristan und sämtliche Lanzelot-Versionen mit Ausnahme des unvollendeten »Karrenritters«) – läßt keinesfalls auf eine Unvereinbarkeit von Liebe und Ehe rückschließen. Die Liebe konnte ehebrecherisch sein, aber sie konnte in der Ehe auch überleben und sich entfalten, wovon zahllose Werke der mittelalterlichen Lyrik und Prosa Zeugnis ablegen.

Weltliche Literatur und religiöses Empfinden

Der Mythos von der ausschließlich ehebrecherischen Natur der »fin'amor« hat noch eine andere, weitverbreitete Fehleinschätzung nach sich gezogen – die Vorstellung nämlich, daß zwischen weltlicher Literatur und religiösem Empfinden eine absolute Unverträglichkeit bestanden und die »fin'amor« das krasse Gegenstück zum christlichen Glauben verkörpert habe. Die mittelalterlichen Zeitgenossen hätten auf eine solche Behauptung verblüfft reagiert. Zwar gab es immer einige mürrische Mönche, die weltliche Romanzen verurteilten (so wie Hugo, der die eheliche Sexualität als Sünde bezeichnete), im allgemeinen aber pflegte man es mit der logischen Folgerichtigkeit nicht allzu genau zu nehmen. Viele mittelalterliche Texte, die sich mit der Liebe beschäftigen, sind von Grund auf mehrdeutig: Sie stellen ganz unterschiedliche Liebeskonzepte auf ein und dieselbe Weise dar. Die »Minnelieder« sind zum Beispiel genauso aufgebaut wie die »Marienlieder« und unterscheiden sich lediglich in ihrem Gegenstand. In vergleichbarer Weise differenzieren zwar einige – aber nicht alle – geistliche Autoren zwischen »cupiditas« (weltliche Liebe, die geringgeschätzt wird) und »caritas« (göttliche Liebe, die positiv gesehen wird), aber auch viele weltliche Dichter stellen einen Gegensatz zwischen der guten und wahren Liebe sowie der schlechten und trügerischen Liebe dar (Venus kann in den entsprechenden Werken die eine oder auch die andere Seite repräsentieren). Die deutsche Literatur ist für diese Vereinbarkeit von weltlichen und religiösen Gefühlen besonders aufgeschlossen, da sie die Ehebruchthematik weitgehend meidet; einigen deutschen Dichtern gelang es sogar, die Ideale des Frauendienstes und des Gottesdienstes im Kreuzzug miteinander zu vereinen. Ein Beispiel ist das Epos »Reinfried von Braunschweig« (ca. 1300).[49]

Eines der auffälligsten Beispiele für dieses Bedürfnis, weltliche und göttliche Liebe zu vereinen, ist die Betonung, die viele Ehebruchgeschichten auf die lauteren Eigenschaften der Verliebten und die Überzeugung legen, daß Gott mit freundlichen Augen auf Liebende, sogar auf Ehebrecher, schaue. Der Ehebrecher Lanzelot ist monogam und treu – außergewöhnliche Eigenschaften in einem Zeitalter, in dem der Schürzenjäger eher der Regel als der Ausnahme entsprach. Auch Lanzelot akzeptiert ebenso wie andere Liebende das schwierige Los der aufgeschobenen Befriedigung; die Vereinigung mit der Geliebten ist das Ziel, erreicht werden aber kann es nur durch geduldigen Dienst im Namen der Dame. In einer bestimmten Situation widersteht Lanzelot der Versuchung, mit einer bereitwilligen, nackten, wunderschönen jungen Frau ins Bett zu gehen. Man hat diese Episode zu Recht mit den zeitgenössischen Erzählungen über Mönche, vor allem den heiligen Bernhard, verglichen, die der Versuchung unter ähnlichen Umständen fromm entsagten.

Selbst in späteren Versionen der Lanzelot-Geschichte, in denen die Affäre mit Genevra eindeutig als sündig verurteilt wird, stehen die Autoren den beiden einander »treuen« Liebenden verhältnismäßig wohlwollend gegenüber. Im deutschen »Prosa-Lanzelot« wird der Held Mönch und Genevra Nonne. Thomas Mallory sagt in »Mort d'Arthur« (1459) über Genevra: »Solange sie lebte, war sie eine treue Liebende, deshalb fand sie ein gutes Ende«; Treue, selbst in einer ehebrecherischen Beziehung, konnte belohnt werden. Es ist interessant zu sehen, wie häufig Lanzelot, Tristan und Paris als »Vorbilder« treuer Liebender zitiert werden, sogar in Geschichten, die der ehelichen Liebe gewidmet sind. Gottfried von Straßburg fühlte sich durch die ersten Buchstaben von Tristans und Isoldes Namen gar an das Kreuz (T) und den Namen Jesu (I) erinnert![50]

Auch Marie de France preist ihre treuen, ehebrecherischen Liebenden. Im »Yonec« verspricht die »mal mariée« ihrem jungen Mann die Erfüllung ihrer Liebe sogar nur unter der Bedingung, daß er an Gott glaube; gemeinsam gehen sie zur Kommunion, danach vereinen sie sich. »Möge Gott [den Liebenden] die Möglichkeit gewähren, sich an dieser Liebe lange zu erfreuen!«, fügt Marie hinzu. Jean de Condé (gest. 1345) glaubte später, daß Gott treuen Liebenden das Paradies verspreche, und der Topos von Gott als Helfer der Liebenden taucht sogar in vielen deutschen »Fableln« auf![51]

Versuchten viele weltliche Autoren, Liebende unter Berufung auf die Religion zu rechtfertigen, so verglichen ihre geistlichen Kollegen die göttliche Liebe häufig mit weltlicher Leidenschaft. Die Mystiker und ihre erotische Bilderwelt wurden bereits erwähnt. Aber sogar »durchschnittliche« Geistliche zögerten nicht, göttliche und weltliche Liebe miteinander zu vergleichen. Es gibt eine exakte Parallele zwischen einem Christusporträt, das Robert de Sorbon (1261) in einer Predigt zeichnet, und den Eigenschaften des typischen Helden von Chrétien de Troyes: Beide sind attraktiv, mächtig, reich, von hoher Abstammung, großzügig, friedfertig und weise. Offensichtlich fand es niemand anstößig, daß Christus für seine gleichsam erotische Aura ebenso wie für seine Heiligkeit gerühmt wurde! Der »Topos« war damals üblich; das englische

»Wooing of our Lord« ist im Ton noch emotionaler und leidenschaftlicher als Robert de Sorbons Predigt.[52]

Hagiographie und Epos bildeten tatsächlich keine getrennten Genres mehr. Der Katalane Raymond de Lull zum Beispiel überliefert die Geschichte von »Blaquerne« (1288), dem Sohn eines Kaufmanns, der nacheinander Geistlicher, Papst und Eremit wird, und gestaltet seine Erzählung in Form eines Romans, der mit der exemplarischen Heirat von Blaquernes Eltern beginnt. Noch aufschlußreicher sind die Modifizierungen, die in der Geschichte von »Robert dem Teufel« vorgenommen wurden. In den ältesten, aus dem späten 12. Jahrhundert stammenden Fassungen dieser Geschichte beendet Robert, Sohn des Teufels, sein Leben in ewiger Buße für seine frühen Sünden und seine Herkunft. In den Versionen aus dem 14. und 15. Jahrhundert aber erfüllt sich Roberts Schicksal – indem er die Tochter des Königs heiratet, gerade wie in einem Ritterroman! So wird dieser sonst so düsteren Erzählung von Sünde und Buße ein romantischer, glücklicher, weltlicher Schluß angehängt.[53]

Weitere Beispiele für diese Vermischung der Gattungen finden sich in den zeitgenössischen volkssprachlichen Predigten in Hülle und Fülle. So erzählt ein Prediger seiner Zuhörerschaft, daß Christus sich, wie ein Liebhaber, ein wenig verstecke – sich rar mache –, um die Liebe, die er weckt, in den Menschen anzuregen. Ein anderer Prediger zögert nicht, die göttliche Liebe als »fin'amor« zu bezeichnen. Sogar eindeutig ehebrecherische Beziehungen wurden für Vergleiche mit der göttlichen Liebe herangezogen. In einer provenzalischen Predigt vergleicht der Sprecher den Mut, mit dem sich die heilige Agnes angesichts des Todes zu ihrer Liebe zu Gott bekennt, mit dem Mut, den Lanzelot zeigt, wenn er sich aus Liebe zu Genevra gefährlichen Situationen aussetzt! Um strenge Scheidung der Sphären war das mittelalterliche Denken zweifellos nicht bekümmert![54]

John Moore, der die ähnlichen Eigenschaften der »fin'amor« und der göttlichen Liebe – den positiven Charakter der Liebe, ihre Freiheit und Wechselseitigkeit – für das 12. Jahrhundert erläuterte, gelangte in einem 1968 veröffentlichten Artikel zu dem Schluß, daß »die Synthese gescheitert« sei und sich diese Ideen in den Werken der höfischen und geistlichen Autoren getrennt voneinander entwickelt hätten. Vielleicht gab es im 12. Jahrhundert keine formale schriftliche Synthese, in den Herzen und im Denken vieler Autoren aber waren beide Sphären durchaus vereinbar. Die »weltlichen« Autoren waren in Wirklichkeit häufig selbst Geistliche, wie beispielsweise Andreas Capellanus und Gautier d'Arras, der Verfasser des Epos »Ille et Galeron«. Zu einer formalen Synthese im eigentlichen Sinn fanden dann spätere Autoren, von denen der südfranzösische Franziskaner Matfré Ermengaud besondere Erwähnung verdient, der mit seinem »Breviari d'amor« (1289) eine echte Enzyklopädie der Liebe vorlegte. Die Liebe zwischen den Geschlechtern kann nicht böse sein, so argumentierte Matfré, denn sie ist natürlich und von Gott geschaffen, auch wenn man dafür Sorge tragen muß, sie im Guten zu benutzen. Der Franziskaner betrachtete sich selbst als Troubadour in der südfranzösischen Tradition; der Liebesdienst des Dichters für seine Dame entspricht in seinen Augen der Phase des Werbens um seine Verlobte, die er zum Schluß natürlich heiratet. Matfrés Verständnis der Liebe erinnert uns an die Mitte des 13. Jahrhunderts entstandenen Verse des Troubadours Guilhem de Montanhagol, der die Liebe als Quelle von Tugend und Keuschheit betrachtete.[55]

Vereinbarkeit von Liebe und Ehe in der Literatur

Diese Vereinbarkeit von weltlicher Liebe und Liebe zu Gott, von leidenschaftlicher Liebe und christlicher Ehe ist seit dem 12. Jahrhundert ein wiederkehrendes Thema der mittelalterlichen Literatur. Es spielt eine herausragende Rolle in den Lais der Marie de France (»Frêne«, »Milon«), während Chrétien de Troyes Liebe und Ehe in »Cligès«, »Iwain« sowie »Erek und Enite« miteinander verbindet. Dasselbe Thema findet sich im 12. und 13. Jahrhundert praktisch in sämtlichen Erzählgattungen aller Länder.

Sogar in den französischen Romanen des 12. Jahrhunderts, die sich in erster Linie der Beschreibung heroischer Schlachten widmen, ist die Liebesehe ein wichtiges Thema, und in den späteren

Erzählungen wie »Aye d'Avignon« und »Gui de Nanterre« wird es als wesentlich betrachtet, daß der Held am Schluß glücklich heiratet. Auch die Artusepik des 13. Jahrhunderts endet in der Regel mit der glücklichen Heirat des Helden. »Durmart le Gallois« beispielsweise ist ein regelrechtes Plädoyer für die Liebe in der Ehe. Der Held hat in seiner Jugend ein ehebrecherisches Verhältnis mit der Frau des Seneschalls seines Vaters, das er später bereut. Durch die Heldentaten, die er vollbringt, gewinnt er die Liebe der Königin von Irland, die er schließlich heiratet.[56]

Eine wichtige Rolle spielte im 12. und 13. Jahrhundert das Thema des inzestuösen Vaters. Die Lösung bestand für die unglückliche Heldin dieser Erzählungen in der Heirat mit einem liebenden Mann, wie sie Philippe de Beaumanoir (30er Jahre des 13. Jahrhundert) in »Manekine« oder das anonyme Werk »La Belle Hélène de Constantinople« schildern. Die Handlung ähnelt dem internationalen Favoriten »Apollonius von Tyre«.[57] Trennung und Wiedervereinigung eines glücklich verheirateten Paares – ohne Inzestmotiv – ist das Thema des »Guillaume d'Angleterre« (12. Jahrhundert) und der »Parisse la Duchesse« (13. Jahrhundert); »Le roi Flore et la belle Jeanne« (13. Jahrhundert) ist eine Hymne auf die Zweitehe.

Über diese spezifischen Gattungen hinaus gibt es zahllose weitere Romane, in denen sich Liebe und Ehe miteinander vereinen: »Ille et Galeron«, »Galeran de Bretagne«, »Guillaume de Dole«, »Guillaume de Palerme«, »Floriant et Floret«, »Cristal et Clarie«, »Floris et Lyriopé«, »Cleomadès« – die Liste ließe sich mühelos erweitern. In dem ungemein einflußreichen allegorischen Gedicht »Roman de la Rose« (ca. 1225–1240) stellt Guillaume Lorris klipp und klar fest, daß das Objekt der Zuneigung eines jungen Mannes eine unverheiratete Frau sein sollte.

Zur gleichen Zeit entstanden in England zahlreiche Romane, die mit einer glücklichen Heirat enden. »King Horn« (1225) wurde später unter dem Titel »Pontus und Sidonia« ein internationaler Publikumsliebling. In »Das Lied von Havelok dem Dänen« (13. Jahrhundert) sowie in »Bevis of Hampton« (1300) finden voneinander getrennte Verlobte am Ende wieder zusammen. Um 1400 wurde die Geschichte von Sir Otuel so verändert, daß der Held Belyssant am Schluß heiraten kann.[58]

Die deutsche Literatur und vor allem die Epik geben schon früh eine Bevorzugung der ehelichen Liebe und wenig Interesse am Ehebruchthema zu erkennen. Hartmann von Aue adaptierte nur jene Epen Chrétien de Troyes, welche die Ehe in ein günstiges Licht rükken. Auch sein Werk »Der arme Heinrich« endet mit einer glücklichen Heirat, und im »Gregorius« stellt Hartmann fest, daß »die heilige Ehe das beste Leben« sei [»elich hîrat ... beste leben«]. »De guote Gêrhart« des Rudolf von Ems (1225) schildert, wie ein Kaufmannssohn eine Königstochter heiratet und mit ihr glücklich wird. Der bedeutendste Anwalt der Liebesheirat aber war Wolfram von Eschenbach. In seiner Lyrik adaptiert er sogar unübliche Motive, um die eheliche Liebe etwa im »Tagelied« – dessen Thema die Trennung der Liebenden bei Tagesanbruch ist – zu besingen. Sein Epos »Willehalm« porträtiert das einander liebende Paar Willehalm und Giburg. Seine großartigste Verherrlichung der Ehe ist der »Parzival«-Roman, in dem der Held seiner Gattin Condwiramur während jahrelanger Wanderschaft die Treue hält; sie sind als »ein Wesen« vollkommen glücklich. Und so heißt es bei Wolfram: »Rehte minne ist wâriu triuwe«. Der Eremit, dem Parzival begegnet, verspricht all jenen Erlösung, die »in edler und reiner Ehe« gelebt haben. Als treuer, liebender Ehemann wird Parzival für würdig erachtet, König des heiligen Grals zu werden. Eine nachdrücklichere Bestätigung für die Vereinbarkeit von tiefer, gegenseitiger Liebe und christlicher Ehe sowie von Ehe und christlicher Vollkommenheit ist kaum denkbar.[59]

In der spätmittelalterlichen Literatur findet die Überzeugung von der Vereinbarkeit von Liebe und Ehe einen – falls dies überhaupt möglich ist – noch deutlicheren Ausdruck. Und auch dieses Phänomen ist international. Die heimliche Heirat wurde zum bevorzugten Schicksal der Liebenden in zahlreichen spanischen Romanen, beispielsweise dem ungeheuer populären »Amadis de Gaul« (1492). In Deutschland sangen die Dichter Hugo von Montfort (gest. 1423) und Oswald von Wolkenstein (gest. 1445) das Lob der ehelichen Liebe. Treue und die veredelnde Kraft der Liebe werden von Guillaume de Machaut, Watriquet de Couvin und Jean de Condé in verschiedenen Werken des 14. Jahrhunderts beschworen, und eine Liebesehe wurde von Christine de Pisan (gest. 1430) gelebt wie auch gelehrt. Im Dresdener Manuskript des Kommentars zu »Echecs amoureux« (ca. 1380), das ein thomistisches Konzept ausarbeitet, heißt es: »Die Ehe ist die edelste Form der Freundschaft und vereint alle Arten der Liebe in sich.«[60]

In England traten die überragenden literarischen Persönlichkeiten jener Zeit, William Langland (gest. 1400), Geoffrey Chaucer (gest. 1400) und John Gower (gest. 1408), als Advokaten der Liebe in der Ehe auf. Chaucers Darstellung der wechselseitigen Liebe in der »Erzählung des Gutsbesitzers« wurde bereits erläutert. In »Piers Plowman« rät William Langland seinen Lesern, »aus Liebe zu heiraten, nicht um des Geldes willen«; eine echte christliche Ehe gründet seiner Meinung nach auf »wechselseitiger Liebe«. John Gower drängt junge Männer und Frauen in seiner »Confessio amantis«, sich mit »der Liebe und Heirat nicht lange Zeit zu lassen«, weil es »der Liebe gut bekommt, wenn sie sich auf die Ehe stützt«. »Denn wenn ich eine Ehefrau der Art hätte, wie du sie beschreibst«, sagt der Liebende zu seinem Beichtvater, »um was sollte ich dann noch bitten?« Gower verfaßte auch ein Werk mit dem Titel »Für verheiratete Liebende«, in dem er die Ehe zwischen »treuen Freunden [amis]« beschreibt. Ebenso wie in der spanischen Literatur war die heimliche Heirat ein beliebter Schutz vor der Unmoral. Um antikes Verhalten mit der christlichen Moral zu vereinen, verwandelten die Dichter jener Zeit die in antiken Erzählungen beschriebenen illegalen Verhältnisse häufig in heimlich geschlossene Ehen. Chaucer läßt die heimlichen Liebenden in »Troilus und Cressida« zum Beispiel wie bei einer mittelalterlichen heimlichen Hochzeit Ringe tauschen.[61]

Wenngleich der Ehebruch weiterhin als komisches Motiv in Fabeln und Novellen und als tragisches in späteren Versionen der Geschichten von Lanzelot und Tristan auftaucht, wird doch deutlich, daß eine Fülle an mittelalterlicher Literatur dem Thema der Liebe in der Ehe gewidmet war. Zusätzlich zu den oben erläuterten Werken entwickelte sich schon früh ein ganzes Genre, das ausschließlich um das unglückliche Paar kreiste und im gesamten Spätmittelalter nichts an Beliebtheit einbüßte. Die thematische Ähnlichkeit dieser Werke ist auffällig und sagt uns einiges über zeitgenössische Vorstellungen von Liebe und Ehe.

»Paarromanzen«

Der inhaltliche Aufbau dieser »Paarromanzen« ist extrem einfach und ähnelt dem der klassischen amerikanischen Musical-Komödie: Junge trifft Mädchen, Junge verliert Mädchen, weil die Eltern eine Trennung erzwingen, Junge gewinnt Mädchen zurück. Zwei Grundtypen lassen sich unterscheiden: In den »idyllischen« Romanen wurden die beiden Liebenden als Kinder gemeinsam erzogen, während sie sich bei dem anderen Typus als junge Erwachsene kennenlernen.

Chronologisch tauchte zuerst der »idyllische« Typus auf; »Flore und Blancheflur«, dessen erste Fassung auf die Mitte des 12. Jahrhunderts datiert, war einer der beliebtesten Romane des Mittelalters überhaupt. Die Geschichte handelt von einem islamischen Prinzen und einer christlichen Sklavin, die gemeinsam aufwachsen. Als der Vater des Prinzen erkennt, daß die beiden sich lieben, verkauft er Blancheflur. Flore findet sie jedoch wieder, und am Schluß heiraten sie. Auch das bretonische Lai »Espine«, das Epos »L'escoufle« von Jean Renart und die unverschämt freche Fabel »Aucassin et Nicolette« behandeln das Thema der beiden gemeinsam erzogenen Liebenden.

Charakteristisch für den zweiten Typ dieser Gattung, in dem die Liebenden einander als Erwachsene begegnen, sind die anonyme Dichtung »Amadas et Ydoine« (ca. 1190–1220) sowie Philippe de Beaumanoirs »Jehan et Blonde« (ca. 1230–40). Mit »Paris et Vienne«, »Pierre de Provence et la belle Maguelonne«, »Cleriadus et Meliadice« und »Ponthus et Sidoine« blieb dieser Typus bis ins 15. Jahrhundert hinein beliebt.[62]

Nicht allein aufgrund ihrer ähnlichen Handlung können die »Liebesromane« als Genre charakterisiert werden, sondern auch wegen des kohärenten Verständnisses, das sie von Liebe und Ehe in der Gesellschaft repräsentieren, ein Verständnis, das man als »kanonisch korrekt« bezeichnen könnte. Nichts, was sie beschreiben, hätte ein zeitgenössischer Kirchenrechtler als anstößig empfunden. Es handelt sich um ausgesprochene Lobgesänge auf die Monogamie, ohne Ehebruch, ohne vorehelichen Sex, ohne Scheidung. Die

Ehe beruht, dem Kirchenrecht entsprechend, auf dem freiwilligen Einverständnis des Paares. Die Liebenden sind ausnahmslos gute Christen, besuchen die heilige Messe und praktizieren Nächstenliebe.

Neben ihrer Loyalität gegenüber dem Kirchenrecht spiegeln diese Romane auch ein kohärentes Verständnis der weltlichen Gesellschaft wider. Infolgedessen wird die Ehe als hypergam dargestellt, das heißt, die Frau ist von höherem sozialen Rang als der Mann. Sie ist häufig die Tochter eines Königs oder Kaisers, während der geliebte Gatte zwar immer dem Adel entstammt, ihr aber, zum Beispiel als Sohn eines Edelmannes aus der Region (»Jehan et Blonde«) oder als Seneschall des Vaters des Mädchens (»Paris et Vienne«), sozial unterlegen ist. Die Heldinnen dieser Geschichten sind ihren Liebsten jedoch nicht nur sozial überlegen – sie sind zudem außerordentlich aktiv und unternehmungslustig und ergreifen bei der Liebeserklärung häufig die Initiative. Die Frauen, die gemeinsam mit ihrem Geliebten durchbrennen und dann von ihm getrennt werden, schaffen es häufig, sich allein durchzuschlagen. In »L'Escoufle« verdient sich Aelis ihren Lebensunterhalt mit Stickereien, Meliadice verdingt sich als Dienerin, und Maguelonne gründet ein Hospital, in dem sie arbeitet.

Warum spielen Hypergamie und Aktivität der Frauen in diesen Romanen eine so entscheidende Rolle? Schreiben sie auf diese Weise das »höfische« Thema des Liebesdienstes fort, der dem Mann gebietet, sich jeder Laune seiner Dame als ihr Vasall zu beugen, wie es Chrétiens »Karrenritter« und die deutsche Minnelyrik schildern?

Im Gegenteil – die soziale Überlegenheit und die Unternehmungslust, welche die Frauen in diesen Romanen bekunden, repräsentieren weit eher ein Kontrastprogramm zu bestimmten zeitgenössischen Vorstellungen von der dominanten Rolle des Mannes in der christlichen Ehe. Sobald sich Maguelonne in Pierre verliebt hat, erklärt sie, daß nur er ihr »Herr [mon seigneur]« – eine geläufige und signifikante Bezeichnung für den Ehemann – sein solle. Meliadice bringt diese Beziehung gestisch zum Ausdruck. Bei ihrer ersten Begegnung nach ihrer öffentlichen Verlobung beugt sie – immerhin eine Königstochter – das Knie vor ihrem künftigen Gemahl, »wie es der Brauch ist [com il appartenait]« und wie er vor ihr niederkniete, als er um sie warb. Und natürlich fordert Cleriadus sie, ebenso wie sie es einst tat, auf, sich zu erheben. Der höhere soziale Rang und der Unternehmungsgeist der Heldin sind daher nicht als Verherrlichung der »höfischen« moralischen Überlegenheit der Frau zu verstehen, sondern bilden ein Gegengewicht zu bestimmten populären und christlichen Vorstellungen von der Ehe, die dem Mann die herrschende Position zuschrieben. Sie sollten es ermöglichen, eine wechselseitige Beziehung jener Art zu entwickeln, deren sich die Ehepartner in der bereits erläuterten »Erzählung des Gutsbesitzers« von Chaucer erfreuen.[63] Wie dies auf die Leserinnen gewirkt haben mag, kann man sich leicht vorstellen; und daß ein Held, der eine reiche Erbin heiratet, dem männlichen Leser attraktiv erscheinen muß, ist ebenso klar. Diese Romane repräsentierten für die jungen Angehörigen beider Geschlechter eine Wunscherfüllung.

Die von Gegenseitigkeit geprägte Liebesbeziehung, die diese Werke darstellen, spiegelt sich in ihren Titeln wider, die zumeist die Namen beider Liebender enthalten. Häufig weisen die Namen eine Übereinstimmung auf wie zum Beispiel »Paris und Vienna« (beides Städtenamen) und »Flore und Blancheflur«; die Ähnlichkeit der Namen war bereits ein vertrautes Stilmittel der zeitgenössischen Literatur über die männliche Freundschaft, etwa »Amis und Amile«. Darüber hinaus betonen die Autoren häufig die äußerliche Ähnlichkeit der Liebenden. Flore und Blancheflur wurden (ebenso wie Amis und Amile) am selben Tag geboren; sie sehen einander so ähnlich, daß man sie verwechseln kann. Die äußerliche Ähnlichkeit spielt zwar in den nicht-idyllischen Romanen eine geringere Rolle (hier ist der Mann gewöhnlich einige Jahre älter als die Frau), aber hier beweisen die Partner während der unvermeidlichen Trennungsphase in ihrer nicht wankenden Treue den gleichen unbeirrbaren Charakter und unerschütterlichen Mut. So wird das Freundschaftsthema, das ursprünglich nur für die Beziehung zwischen Männern von Belang war, in diesen sentimentalen Geschichten auf die Beziehung zwischen Mann und Frau projiziert.

Der egalitäre und wechselseitige Charakter der Beziehung zeigt sich in der Art und Weise, wie das Paar auf die eheliche Verbindung zusteuert. Ohne Wissen der Eltern, allein oder nur mit einem oder zwei engen Freunden als Zeugen, versprechen die Liebenden einander ewige Treue. Charakteristischerweise »schenkt sich« die Frau dem geliebten Mann, und häufig erklärt sie, daß sie nie einen anderen lieben oder heiraten werde. Das Bündnis (»convent« in »Amadas et Ydoine«) wird mit einem Kuß oder dem Austausch der Ringe oder beidem besiegelt. Vienna, Meliadice und Blonde fügen hinzu: »Unsere Herzen sind eins, wir haben einen Willen«.[64]

Ist dies schon eine wirkliche Ehe? Solche Erklärungen zeigen deutlich, daß die Liebenden einander unverbrüchlich zugetan sind; selbst wenn das Schicksal oder die Eltern sie trennen sollten – sie haben einander Treue geschworen und versprochen, nie einen anderen zu lieben. In gewissem Sinn fühlen sie sich bereits verheiratet; Vienna zum Beispiel gibt Paris »im Namen der Ehe« einen Ring. Dennoch vollziehen diese Paare, die sich für immer aneinander gebunden haben, ihre Ehe erst, nachdem die Hochzeit öffentlich gefeiert wurde. Sie werden einander lieben und umarmen, aber erst nach der öffentlichen Eheschließung Geschlechtsverkehr haben. Gelegentlich bringen ihre Liebeserklärungen dies klar zum Ausdruck: Blonde stellt klar, daß Jehan vor der Hochzeit »nicht mehr« bekommen wird, Meliadice spricht von »reiner« Liebe, Vienna von einer Liebe »ohne böse [villayne] Gedanken«, und Maguelonne erklärt, daß sie einander bis zur Hochzeit »heimlich und aufrichtig« lieben sollten.[65]

Der Verzicht auf den Geschlechtsverkehr bedeutet aber keinen Mangel an Erotik. Flore und Blancheflur liegen nackt zusammen im Bett, dennoch ist sie noch Jungfrau; Jehan und Blonde verbringen die Nächte regelmäßig gemeinsam. Als die jungfräuliche Aelis von Guillaume getrennt wird, jammert sie: »Ah, Guillaume, lieber Freund, so oft hast du deine wunderschönen Hände auf diesen Leib und auf diese Hüften gelegt und mich am ganzen Körper berührt.« Der hinausgezögerte Geschlechtsverkehr, die aufgeschobene Befriedigung, tragen vielmehr zur Intensivierung der Lust bei, sobald die Wartezeit vorüber ist.[66]

Entscheidend für die soziale Vision dieser Romane ist die Eltern-Kind-Beziehung im Kontext der Wahl eines Ehepartners. Die Liebenden entscheiden sich aus freien Stücken füreinander, ohne Einmischung der Eltern; diese sind es vielmehr, die sich einer direkten glücklichen Weiterentwicklung entgegenstellen. Dennoch findet in den meisten der Romane schließlich eine Versöhnung zwischen Eltern und Kindern statt. Ydoine schafft es, ihren Vater davon zu überzeugen, daß Amadas für sie tatsächlich die beste Wahl verkörpert. Der König von Frankreich wird aktiv, um den Grafen von Oxford dazu zu bewegen, seiner Tochter die Flucht mit Jehan zu verzeihen. Wieder können wir sehen, daß diese Geschichten einer Wunscherfüllung entsprechen, dem Verlangen der jungen Leute, den Partner zu wählen, den sie lieben, und sich doch auch in der Sicherheit zu wiegen, die Zustimmung der Eltern zu haben.

Ebenso wie die elterliche Zustimmung wünschen sich diese Paare soziale Billigung, wie es Ydoine beweist, die das Einverständnis ihrer Eltern, aber auch das ihrer Barone einholt, bevor sie Amadas heiratet. Amadas hatte ihr etwas anderes vorgeschlagen: Er plante, sie in »Feindesland« zu bringen, wo niemand sie kennen würde und sie sich ungestört ihrer Liebe hingeben könnten. Aber Ydoine, die gegen ihren Willen mit einem anderen verheiratet wurde, hat es geschafft, sich ihre Jungfräulichkeit zu bewahren, und vertraut darauf, eine Eheannullierung wegen Nötigung durchsetzen zu können. Warum sollten sie ihr »wunderschönes Burgunderland« aufgeben, das sie als einzige Tochter von ihrem Vater erben wird, um als Ehebrecher in der Fremde zu leben, wenn sie doch kirchlich heiraten können und dereinst ein Vermögen besitzen werden? Amadas hat ihr als Alternative eine Art Tristanscher »Minnegrotte« vorgeschlagen, die sie zugunsten einer kirchlich, sozial und materiell integrierten Heirat ablehnt. Warum sich mit weniger zufriedengeben?[67]

Alle diese Paare sind am Ende gesellschaftlich eingebunden; häufig bekommen sie zahlreiche Söhne und Töchter, die glänzende Ehen mit Königstöchtern und -söhnen schließen. Alle diese Paare übernehmen die Herrschaft, und sie regieren in Frieden und Gerechtigkeit. Der Nachdruck, mit dem jene Romane die soziale und politische Integration der Paare betonen, erinnert uns daran, daß das häufigste Wort in der spätmittelalterlichen Politik das Wort »Liebe« war: Verbündete lieben einander, der König liebt sein

Volk, und das Volk liebt seinen König.[68] Die in diesen Geschichten entwickelte Ideologie ist die der Gerechtigkeit und des Friedens, der die Liebe zugrunde liegt, die soziale Liebe, die ihren Ursprung in der persönlichen Liebe des regierenden Paares hat.

Diese Romane sind zweifellos mehr als schlichte Liebesgeschichten; sie sind der Ausdruck des tiefen Wunsches, persönliche Erfüllung und soziale Integration zu vereinen. Hier geht es nicht bloß um die Frage der Vereinbarkeit von Liebe und Ehe, sondern darüber hinaus um die Versöhnung zwischen dem Individuum und der Gesellschaft sowie zwischen den materiellen und den spirituellen Aspekten des Lebens. Der absolute Glaube des Autors an die Vereinbarkeit und Komplementarität von menschlicher und göttlicher Liebe, von »fin'amor« und Nächstenliebe, kommt in all diesen Romanen zum Tragen. Das Exil, in das Liebende häufig gezwungen werden, verpflichtet sie zu einem bescheidenen Leben; sie müssen sich ihr Brot, oft als einfache Dienstpersonen, selbst verdienen. Manche von ihnen werden regelrechte Pilger wie etwa Maguelonne. Cleriadus lebt vom Betteln, und Pontus ist einer der dreizehn »Armen«, die zu Sidonias erzwungener Hochzeit geladen werden. Zahlreiche dieser Protagonisten leben tatsächlich eine »imitatio Christi«.

Die Assimilation von »amor« und »caritas« gelingt nirgends vollendeter als in »Paris und Vienna«, einem Roman, in dem die Liebe des Paares fast an Blasphemie grenzt. Paris, ein frommer Christ, hat in seinem Schlafzimmer einen privaten Altar errichtet, und hier, gleich neben dem Bild Christi, verwahrt er die Andenken an Viennas Liebe. Als Vienna Paris zum ersten Mal sieht, nachdem sie von seiner Liebe zu ihr erfahren hat, fühlt sie sich, »als habe sie Gott erblickt«. Beide sind liebeskrank, und zwar so sehr, daß Paris' Vater die Symptome mit denen eines jungen Mannes verwechselt, der sich nach einem Leben als Eremit sehnt. Vienna wiederum ist eine wahre Märtyrerin der Liebe. »Wenn Sie mich töten«, sagt sie zu ihrem Vater, »werde ich wie die heiligen Unschuldigen ins Paradies eingehen.« Nachdem sie vom Vater, der sie zur Ehe mit einem anderen überreden will, ins Gefängnis gesperrt worden ist, erträgt sie ihre Leiden mit so großer Geduld, daß ihre Freier glauben, sie spräche von Gott und wolle Nonne werden, als sie sagt, daß sie ihr

Herz bereits verschenkt habe. Sie erwirbt sich einen Ruf als heilige Frau; ihr Leben weist tatsächlich große Ähnlichkeit mit dem zahlreicher heiliger Frauen der damaligen Zeit auf, die als »Reklusen« bezeichnet wurden, weil sie sich bis an ihr Lebensende in ein Zimmer einschließen ließen und ganz auf die Mildtätigkeit der Stadtbewohner angewiesen waren. So nimmt Vienna, deren Vater sie fast verhungern läßt, um ihren Willen zu brechen, die mildtätigen Gaben von Eduard entgegen, dem besten Freund des Paris, der ihr heimlich Nahrung bringt. Ihre Technik, Freier abzuweisen, ist die gleiche, deren sich auch lombardische Frauen bedienten, um ihre Jungfräulichkeit vor den Awaren zu schützen: Sie legt sich verwesendes Fleisch unter die Arme, um Freier durch den pestilenzartigen Gestank, den es verströmt, zu vertreiben.[69]

Nachdem Paris und Vienna wiedervereint sind und öffentlich geheiratet haben, regieren sie als kluge Herrscher und üben sich in christlicher Nächstenliebe; in einer eher hagiographischen als literarischen Passage heißt es: »Sie begannen, Gott zu dienen, Almosen zu geben und zu beten, da sie Tag für Tag all die Armen aufsuchten, die sie finden konnten, und sie an ihren Tisch luden und ihnen dann die Füße wuschen, und sie taten soviel Gutes, daß man überall sagte, ihre guten Werke machten sie zu Heiligen.«[70] Dieser und andere Texte zeigen deutlich, daß gegen Ausgang des Mittelalters zwischen »amor« und »caritas«, zwischen geschlechtlicher und mildtätiger Liebe, für viele kein grundlegender Widerspruch bestand.

Das Genre des sentimentalen Romans scheint einen erheblichen Einfluß auf die mittelalterliche Literatur und Mentalität ausgeübt zu haben. Die meisten dieser Romane entstanden ursprünglich in Frankreich, wurden aber in verschiedenen Versionen in sämtliche europäische Sprachen übersetzt. Allein von »Flore und Blancheflur« sind aus dem 12. bis 16. Jahrhundert zwanzig verschiedene Versionen bekannt. »Die schöne Magelone« war in Deutschland so populär wie in Frankreich, und »Paris et Vienne« wurde ins Lateinische, Englische, Deutsche und Armenische übersetzt. Romane mit sehr ähnlichen Plots – typisch ist insbesondere die erotische, aber dennoch keusche Beziehung, in der die Liebenden zwischen ihrem heimlichen Verlöbnis und der öffentlichen Hochzeit leben –

waren zur gleichen Zeit in Byzanz sehr beliebt. Vergleichbare Geschichten, die mit der glücklichen Heirat enden, entstanden im 14. Jahrhundert in Island. Die Beliebtheit des Genres reichte zudem über das Mittelalter hinaus. »Flore und Blancheflur« wurde im 16. Jahrhundert in zahlreichen Drucken vertrieben (darunter Sigmund Feyerabends »Buch der Liebe« von 1587, das auch »Die schöne Magelone« sowie »Ponthus und Sidonia« enthielt). »Pierre de Provence«, im 16. Jahrhundert in 20 Ausgaben publiziert, wurde 1620 in die Bibliothèque bleue aufgenommen und bis ins 19. Jahrhundert hinein von Hausierern weithin verbreitet.[71]

Roman und wirkliches Leben

Welcher Zusammenhang aber bestand zwischen dieser Literatur und dem wirklichen Leben? Zweifellos lieferten die mittelalterlichen Romane kein getreues Abbild der damals gelebten Realität. Joachim Bumke hat die höfische Liebe als »Gesellschaftsutopie« bezeichnet. Liebe, so schreibt er, »stand als Kennwort für eine neue, bessere Gesellschaft«, die mit der rauhen Realität des zeitgenössischen Lebens am Hofe kontrastierte. Sie war eine Utopie, die im täglichen Leben gleichwohl einen gewissen Ausdruck fand; die Mode, Kinder nach romantischen Helden und Heldinnen zu nennen, setzte bereits im 12. Jahrhundert in Latium ein und drang später in alle Schichten der Gesellschaft vor. Man denke nur an den kleinen englischen Jungen, der im 14. Jahrhundert den Namen »Treuelove« erhielt! Romanszenen haben in Gestalt von Wandteppichen, Fresken, Skulpturen und Alltagsgegenständen überdauert, wobei letztere sicherlich in geringerer Zahl überliefert sind als die monumentaleren Werke. Ein besonders aufschlußreicher Gegenstand, ein um 1400 angefertigter italienischer Zierteller, der zur Geburt eines Kindes geschenkt wurde, zeigt eine nackte Venus, von deren Vulva Strahlen ausgehen und die Augen sechs kniender Bewunderer treffen: Achilles, Tristan, Lanzelot, Samson, Paris und Troilus – ein besonders phantastisches Beispiel für die mittelalterliche Ambiguität, welche die Geburt legitimer Kinder mit Ehebrechern und Schürzenjägern aus der Literatur in Verbindung bringt! Eines der berühmtesten Bilder des 15. Jahrhunderts, Jan van Eycks Porträt des Arnolfini-Paares, gemahnt möglicherweise an den Typus des »heimlichen« Verlöbnisses, das in den »Paarromanen« gefeiert wird.[72]

Das Verhalten der Romanhelden diente den Monarchen Spaniens, Frankreichs und Englands als Vorbild. Einem Bibliotheksinventar Karls V. von Frankreich aus dem Jahre 1373 zufolge waren 60 seiner 500 Bücher Ritterromane; spätere Könige erweiterten die Kollektion. Richard II. von England war ebenfalls ein eifriger Sammler von Romanen, und im englischen Adel galt es als schick, einen »Hausroman« vorweisen zu können, eine Liebesgeschichte mit Happy-End wie »Floriant et Florete«, die eine Verbindung zum Gründer der Dynastie aufwies. Die Romane selbst ermunterten ihre Leser und Zuhörer häufig, sich ebensosehr als Beteiligte wie als Beobachter zu verstehen. »Amadas et Ydoine« wendet sich »an Euch, die Ihr geliebt habt«, und die Heldin Vienna wird als begeisterte Leserin von »Romanen mit wunderschönen Geschichten [romans de belles histoires]« charakterisiert. Dem Leser suggeriert dies, daß auch seine Romanlektüre das Vorspiel zu einem dereinst gelebten Roman abgeben könnte.[73]

Ursprünglich für die Aristokratie bestimmt, fanden die mittelalterlichen Romane ihren Weg auch in andere Schichten der Gesellschaft. Im 13. Jahrhundert konzentrierten sich urbane Festlichkeiten häufig auf das Thema der Tafelrunde, und im 14. Jahrhundert gründeten Kaufleute aus baltischen Städten »Artusbrüderschaften«. In der Schweiz wie auch in England berichten Zeitgenossen von »Turnieren«, welche die Bauern kleiner Dörfer im 15. Jahrhundert zum Zweck der Auswahl von Ehemännern veranstalteten.[74]

Aber ging diese Affinität zwischen Roman und wirklichem Leben über bloße Gesten und Symbole hinaus? Haben mittelalterliche Paare leidenschaftliche, zärtliche Liebe und Ehe tatsächlich miteinander vereinbaren können? Wir wissen, daß im Mittelalter viele Ehen, vor allem im Adel und in den Herrscherfamilien, arrangiert wurden, und man hat häufig vermutet, daß in solchen Ehen von Liebe nicht die Rede sein konnte. Dies ist jedoch ein kulturelles

Vorurteil. Die Tatsache, daß die Ehe von Karl V. und Jeanne de Bourbon arrangiert wurde (1350), hinderte die beiden nicht daran, einander hingebungsvoll zu lieben, und zwar so sehr, daß Karls Ratgebern angesichts seiner »übertriebenen« Trauer beim Tode seiner Frau unbehaglich zumute war. Auch die 1382 »arrangierte« Ehe von Richard II. und Anne von Luxemburg tat der tiefen Leidenschaft, die der König für seine Frau empfand, keinen Abbruch. Durch ihren frühzeitigen Tod von Trauer überwältigt, befahl er, den Palast, in dem sie gestorben war, bis auf den Grund zu zerstören.[75]

Obwohl arrangierte Ehen unglücklich sein konnten, gibt es keine Ursache anzunehmen, daß bei solchen Arrangements persönliche Faktoren grundsätzlich nicht berücksichtigt worden seien. Dies gilt insbesondere für das Spätmittelalter. In »Jehan de Paris« (ca. 1495), von dem ein Manuskript seinen Platz in der französischen königlichen Bibliothek fand, legt der Verfasser der Königinmutter von Frankreich folgende Worte in den Mund: »Es sollte keine Ehe geschlossen werden, wenn die Parteien ihr nicht zustimmen und nicht aus guter und wahrer Liebe zu ihrem Einverständnis gelangt sind, denn sonst drohen gefährliche Konsequenzen.« So wird Jehan inkognito nach Spanien geschickt, um dort die Infantin zu freien, allerdings nur unter der Bedingung, »daß sie mir gefällt«; sie finden aneinander Gefallen, und am Ende heiraten sie. Dieses Szenario ist nicht nur fiktional. Karl VI. zum Beispiel hatte 1385 Gelegenheit, Isabeau von Bayern in einer »Versuchssituation« kennenzulernen, bei einem Pilgerfahrtsschauspiel in Amiens. Er verliebte sich Hals über Kopf in sie und bestand darauf, augenblicklich zu heiraten, trotz mangelnder Mitgift und massiven Widerstandes seitens des Hofes, denn »wir werden keine andere nehmen«. Was die 1454 geschlossene Ehe von König René von Anjou und Jeanne de Laval betrifft, so hat dieses Stück Wirklichkeit sogar Anlaß zu einem Roman gegeben, denn diese auch dynastisch akzeptable Liebesheirat wurde zum Thema des Gedichtes »Regnault et Jehanneton«.[76]

Abgesehen von den »erfolgreich« arrangierten Ehen aber passierte es in Herrscherfamilien, im Adel wie auch im gemeinen Volk sehr oft, daß heimlich Ehen geschlossen wurden, um den Triumph der persönlichen Wahl zu besiegeln. Eines der farbenprächtigsten Beispiele des freiwilligen Einverständnisses auf Herrscherebene war die Heirat des Schwarzen Prinzen, des Sohnes König Edwards III. von England. Dieser strebte eine dynastische Ehe für seinen Sohn an, sah sich aber durch dessen Heirat mit einer höchst ungeeigneten Kandidatin, nämlich Joan, dem »schönen Mädchen aus Kent«, mit einem »Fait accompli« konfrontiert. Die beiden waren nicht nur blutsverwandt (Vettern zweiten Grades); es bestand auch eine geistliche Verwandtschaft zwischen ihnen (er war der Pate ihrer Kinder, die sie aus einer früheren Ehe hatte), und zudem blickte Joan auf eine skandalöse Vergangenheit zurück. Sie hatte einen heimlichen Ehevertrag mit dem Seneschall ihres Vaters geschlossen und wurde anschließend öffentlich mit William von Salisbury verheiratet. Der Papst jedoch erkannte die erste, heimliche Ehe als gültig an und schickte sie zu ihrem ersten Mann zurück, der kurz danach starb. Das prinzliche Paar erhielt einen päpstlichen Dispens und durfte nach gebührender Buße das gemeinsame Eheleben fortsetzen. Den dynastischen Ambitionen des Königs von Frankreich, Johanns des Guten, war nicht mehr Glück beschieden als denen Edwards III. Sein zweiter Sohn, Louis d'Anjou, hätte eine Prinzessin von Aragon heiraten sollen, die er aber sitzenließ, um seine eigene Favoritin, Marie de Blois-Chatillon, zu ehelichen, und König Johann blieb nichts anderes übrig, als sich bei dem erzürnten Beinahe-Schwiegervater so gut er konnte zu entschuldigen.[77]

Es ließen sich weitere Beispiele von Herrschern nennen, denen die Liebeslaunen ihrer Nachkommen einen Strich durch die Rechnung machen: Peter der Grausame von Kastilien, Peter der Große von Aragon, Peter I. von Portugal oder Kaiser Heinrich VI., dessen Kusine Agnes einen französischen König verschmähte, um heimlich ihren Geliebten zu heiraten, der »nur« Herzog war. Auch dem Adel blieben solche Enttäuschungen sozialer Ambitionen durch heimliche Ehen nicht erspart. Der deutsche Adel versuchte gelegentlich, den Widerstand der Kinder gegen die Wahl der Eltern zu verhindern, indem in die Verlobungsverträge Klauseln aufgenommen wurden, die hohe Entschädigungssummen für den Fall eines Gesinnungswandels festsetzten. Dennoch war Elisabeth von Württemberg 1428 bereit, sich nicht nur mit der Mißbilligung ihrer Eltern abzufinden, sondern auch ein Strafgeld von 10000 Florin zu zahlen, als sie Herzog Albrecht III. von Bayern-München zugunsten Graf Johanns III. von Werdenberg abwies!

Der am gründlichsten dokumentierte Bericht über den Widerstand gegen elterliche Intervention ist die Geschichte der im 15. Jahrhundert in England lebenden Familie Paston, deren Korrespondenz das Liebesleben der eigensinnigen Töchter widerspiegelt. Elizabeth weigerte sich, den ihr von der Familie vorgeschlagenen Bewerber, einen mißgestalteten Fünfzigjährigen, zu heiraten; sie wurde geprügelt, eingesperrt, widerstand aber jedem Zwang und heiratete erst zehn Jahre später. Ihre Nichte Margery sorgte für einen Familienskandal, indem sie drei Jahre lang alle geeigneten Kandidaten abwies, um dann im Jahre 1466 mit dem Verwalter des Familienbesitzes, Richard Calle, durchzubrennen, für den sie »große Liebe« empfand. Trotz des lautstarken Protestes der Familie bestätigte der Bischof von Norwich die Gültigkeit dieser Ehe unter Hinweis auf den kirchenrechtlichen Grundsatz der Eheschließung einzig durch freiwillige Zustimmung beider Partner.[78]

Dennoch war eine Liebesheirat für Nichtadlige vermutlich einfacher als für Adlige. Eheprozesse, die vor den geistlichen Gerichten ausgetragen wurden, liefern zahllose Beispiele für Verliebte, die sich heimlich zusammengetan hatten, um sich dem Widerstand der Eltern zu entziehen. Mitunter ließen ihnen Priester, vor allem Franziskaner, Rat und Zuspruch zuteil werden! So wie im Falle Paston konnte ein kirchliches Gericht zum Ärger der Familie beispielsweise die heimliche Heirat eines jungen Mädchens mit einem fahrenden Sänger bestätigen. Andere Paare, die eine gerichtliche Vorladung erhielten, hatten den Ehebund geschlossen, ohne die Meinung der Eltern auch nur zu erkunden, und es ist auffällig, daß es in diesen Fällen anscheinend auch keinerlei herrschaftliche Intervention gegeben hat. Junge englische Bauersfrauen waren bereit, eine beträchtliche Summe für die »Erlaubnis« zu zahlen, zu heiraten, »wen immer sie wollten [cuicunque voluerit]«. In einem Bologneser Prozeß sagte ein Zeuge 1452 aus, daß »viele Frauen ohne familiäres Einverständnis« heirateten, und eine lebhafte flämische Jungfer, die sich freiwillig aus ihrer Familie hatte »entführen« lassen, erklärte trotzig, sie würde es, »vor die Wahl gestellt, wieder tun«! Zeitgenössische Dokumente aus Frankreich und England sprechen von jungen Leuten, die über gesellschaftliche Schranken hinweg Umgang miteinander pflegten und »aufrichtig« umeinander warben, frei von ihrer Liebe sprachen und sich, wechselseitiger Neigung folgend, zusammentaten – vor allem an entsprechenden Feiertagen wie dem Valentinstag und dem 1. Mai. Eine in Deutschland verfaßte gynäkologische Abhandlung aus dem 15. Jahrhundert gibt jungen Frauen den ernsten Rat, sowohl ihrer eigenen Gesundheit wegen als auch, um gesunde Kinder zu empfangen, »durch Schäkerei, Küsse und Umarmungen« herauszufinden, ob ihr künftiger Partner sexuell attraktiv für sie sei.[79]

Bereits im 12. Jahrhundert fanden junge Liebende sogar in den jüdischen Gemeinden des Rheinlandes soziale Billigung; dort schildert der Autor des »Sepher Hasidim« eine gegen den Willen der Eltern geschlossene Liebesehe aus dem wirklichen Leben in sympathischem Licht und erkennt grundsätzlich »die Wichtigkeit der Liebe für die Eheschließung« an. Im 12. Jahrhundert hatte der Priester bei einem christlichen Hochzeitsritual aus Cahors zu bezeugen, daß Braut und Bräutigam durch »Liebe [amor]« verbunden seien. Ein spätmittelalterliches Ritual aus Reims enthielt die Erklärung des Paares: »Mit diesem Ring befiehlt uns die Kirche, unsere beiden Herzen in wahrer Liebe und aufrichtigem Glauben zu vereinen.« So überrascht es nicht, daß die »gegenseitige Zuneigung« im fünfzehnten Jahrhundert in Süddeutschland als »Voraussetzung für eine gute und glückliche Ehe« betrachtet wurde. Gegen Ende des Mittelalters begannen wie in »Jehan de Paris« sogar Eltern und Verwandte einzusehen, daß es klug war, die Zuneigung bei der Planung von Ehen mit zu berücksichtigen. Der Ehevertrag zwischen dem deutschen Adligen Philipp von Virneburg-Neuenahr und Walburga von Solm, der 1479 von einem Verwandten ausgehandelt wurde, beinhaltete als Bedingung die Klausel: »so sie dann beyde eynander gefallen werden«. Als das Familienoberhaupt John Paston eine Heirat für seinen Sohn arrangierte, hielt er es für wichtig, als Argument für die in Aussicht genommene Ehe hinzuzufügen, daß »beide Seiten Liebe« zueinander empfänden.[80]

Das Lob der Ehe

Liebesehen in der Wirklichkeit und romantische Fiktion fanden sich im späten Mittelalter überall in Europa; in ähnlicher Weise waren geistliche und weltliche Schriften, die den Ehebund priesen, im fünfzehnten Jahrhundert ein europaweites Phänomen. Familie und Eheleben spielten auch in den Werken der frühen Humanisten Italiens eine wichtige Rolle. Bereits im 14. Jahrhundert sprach Francesco da Barberino von der Ehefrau als einer »kostbaren und getreuen Gefährtin ihres Mannes«, und Cino Rinuccini (gest. 1417) lehnte die klassische Vorstellung von der Unvereinbarkeit zwischen intellektuellem und häuslichem Dasein ab, indem er zu einer mannhaften Verteidigung der Ehe anhob. Francesco Barbaro charakterisierte 1416 die Beziehung zwischen Ehemann und Gattin mit der thomistischen Wendung »vollkommene Freundschaft«, und Leon Battista Alberti (gest. 1472) pries die eheliche Liebe als »größte überhaupt« und beschrieb die Ehe als »Einheit von Wille und Seele« – obwohl beide Verfasser beinahe zwanghaft die väterliche Autorität herbeizitieren.[81]

Der von Barbaro beeinflußte deutsche Autor und Richter Albrecht von Eyb analysierte in seinem »Ehebuch« (1472) die Ehe als Element der wohlgeordneten Gesellschaft. Er widmete diesen Traktat der Stadt Nürnberg, in der er lebte und arbeitete, und untersuchte in ihm die Frage, »ob einem manne sey zunemen ein eelichs weyb oder nit«. Freundschaft und Liebe, so Eyb, bilden die Grundlage einer guten Ehe, die »ein frolichs, lustpers vnd süsz ding« sei, sofern sie mit Vernunft und Mäßigung gelebt werde. Seine Auffassungen fanden in kürzeren, anonymen Traktaten aus derselben Epoche Widerhall.

Als leidenschaftlichste Befürworter der Ehe aber erwiesen sich ausgerechnet die geistlichen Autoren, die den Ehebund nicht lediglich als stabile gesellschaftliche Einheit, sondern als legitimes religiöses Ideal priesen, als einen wirklichen »Orden«, der den einfachen »menschlichen« Orden überlegen sei. In spätmittelalterlichen Predigten wurde es üblich, die Ehe als »den ersten Orden« zu bezeichnen, der über alle anderen (beispielsweise den religiösen Orden der Dominikaner) erhaben sei, weil er von Gott, nicht von einem nur menschlichen Wesen (sei's auch einem Heiligen), geschaffen wurde und überdies nicht erst auf Erden, sondern schon im Paradies, bevor noch die Sünde in die Welt kam, entstanden sei. Die Ehe, die man in der Vergangenheit als traurige Alternative zur Keuschheit zu betrachten pflegte, wurde nun als wahrer Pfad zur Erlösung gepriesen. In einem anonymen, im Jahre 1500 entstandenen Manuskript versichert ein alter Mönch einer jungen Frau und Mutter, die mit ihren täglichen Problemen ringt, daß sie bereits zu größerer Vollkommenheit gelangt sei als er, der er auf 50 Jahre Zölibat und Askese zurückblicke.

Geistliche Autoren wie Cherubino von Spoleto (Mitte des 15. Jahrhunderts) und der heilige Bernhard von Siena (gest. 1444) griffen die bereits traditionellen Themen der Zuneigung, Freundschaft und Gegenseitigkeit als Grundvoraussetzung einer guten Ehe wieder auf. Die nachdrücklichste Betonung der Gegenseitigkeit aber findet sich bei dem deutschen Dominikaner Marcus von Weida. In seinem »Spigell des ehlichen ordens« (1487) schmückt er den von französischen und deutschen Predigern im 13. Jahrhundert verwendeten »Rippentopos« aus und deutet die Erschaffung Evas aus der Rippe Adams als Zeichen der Gegenseitigkeit, aber auch als Zeichen von Liebe und Gefühl – Eva wurde aus Adams Rippe erschaffen, weil sich diese nahe dem Herzen befindet, sagt Marcus: »Auch ist sy genomen worden von ainer statt nahent bey dem hertzen Ade, dz sy liebgehebt werden soll von jrem man, darumb ouch dz weyb jren man herwiderumb ouch herzlich liebhaben sol.« In einem zeitgenössischen anonymen Traktat aus Schwaben klingt diese Deutung nach, wenn es heißt, Eva sei aus der Rippe »nahe Adams Herz genommen, damit sie von ihrem Ehemann geliebt werde«.[82]

Die zeitgenössische Literatur betont nicht nur Gegenseitigkeit und Zuneigung, sondern mißt auch der aktiven und einflußreichen Rolle, die eine kluge und gebildete Frau in der Ehe spielen kann und soll, große Bedeutung bei. So erfreute sich im Spätmittelalter die Geschichte über »Melibée et de Dame Prudence« großer internationaler Beliebtheit; sie ist in ganz Europa in 39 Manuskripten sowie in fünf zwischen 1491 und 1517 entstandenen französischen Drucken überliefert. Ursprünglich von Albertano da Brescia im Jahre 1246 verfaßt, wurde die Geschichte 1336 in Frankreich von Renaut de Louhans aufgegriffen und des weiteren im »Ménagier de Paris« sowie in den »Canterbury-Erzählungen« verarbeitet – es handelt sich um ebenjene Geschichte, die Chaucer selbst erzählt. Nachdem die Tochter von Prudentia und Melibeus von mehreren Männern mißhandelt wurde, drängt Prudentia ihren Gatten, Gewalt nicht mit Gewalt zu vergelten, sondern Besonnenheit und Nachsicht walten zu lassen. Dabei stellt sie profunde theologische und philosophische Kenntnisse unter Beweis. Sie überzeugt ihren Mann davon, daß Frauen vertrauenswürdig sind und Ehemänner ihren Rat annehmen sollten; Melibeus »dankte Gott, ... daß er ihm ein Weib von so großer Klugheit gesandt hatte«. In ganz ähnlichem Sinn erzählte in Holland Dirk Potter die gleiche Geschichte, und auch in dem Manuskript, das den anonymen schwäbischen Ehetraktat enthält, der den emotionalen Sinngehalt des Rippentopos anklingen läßt, taucht die Figur des Melibeus auf.

Die Geschichte von Melibeus und Prudentia ist eine echte »Anti-Griselda«-Erzählung. Die berühmte Geschichte von Griselda, die häufig als Beweis für die mittelalterliche Misogynie angeführt wird, bildet eine Art weiblicher »imitatio Christi«, berichtet sie doch von dem furchtbaren, langen Leiden, das der Heldin von einem sozial überlegenen Ehemann (in einer hypogamen Ehe) zugefügt wird, der fortwährend ihre Geduld und Demut auf die Probe stellt, indem er ihr Entbehrungen aufzwingt und vorgibt, ihre Kinder töten zu wollen und eine Wiederheirat zu planen. Chaucer hat diese Geschichte zwar in seine »Canterbury-Erzählungen« aufgenommen, ihren Schluß aber bezeichnenderweise mit einer Warnung versehen, einem »Envoi«, das Ehemännern rät, ihre Frauen nicht derart zu plagen, und diesen eindringlich nahelegt: »Erduldet nicht vom Manne Herzeleid. ... Habt keine Furcht, zeigt nicht Ergebenheit, / Mag auch der Hausherr eine Rüstung tragen; / Die Pfeile boshafter Beredsamkeit / Durchbohren Bruststück ihm und Panzerkragen.« In ähnlicher Weise schwor sogar der konservative »Ménagier de Paris«, nachdem er die Geschichte von Griselda erzählt hatte, er selbst werde niemals so dumm sein, eine Frau derart zu quälen, und Boccaccio bezeichnete das Verhalten des Ehemannes als »sinnlose Brutalität«.[83]

Freilich herrschte auch im Spätmittelalter nach wie vor die Ansicht, daß der Ehemann das Recht habe, seine Frau zu »bessern« (das »ius corrigendi«), das heißt, sie zu schlagen, ein Recht, das sich mit dem Modell der Gegenseitigkeit zugegebenermaßen nur schwer vereinbaren läßt. Dennoch sind hier drei Feststellungen angebracht. Erstens wird der Grundsatz der Gegenseitigkeit heute, am Ende des 20. Jahrhunderts, praktisch uneingeschränkt anerkannt, dennoch aber gibt es nach wie vor häusliche Gewalt. Zweitens herrschte in der mittelalterlichen Gesellschaft generell eine extreme Gewalttätigkeit; Prügeleien unter Nachbarn waren an der Tagesordnung, und häufig wurden auch Ehefrauen beschuldigt, ihre Männer zu schlagen.

Schließlich ist festzuhalten, daß uns das »ius corrigendi« in erster Linie durch Texte bekannt ist, die ihm Grenzen setzen oder die Gegenposition vertreten. Die ersten Texte, die es definieren und einschränken, sind die Sittenverordnungen aus dem 13. Jahrhundert. Im gesamten 14. Jahrhundert raten Notariatsakten und Verzeichnisse geistlicher Gerichte Ehemännern zur Mäßigung; der Mann sollte seine Frau »sittsam und in Maßen bessern« und dabei nicht über die Grenzen »ehelicher Weise hinausgehen [ultra modum coniugalem]«. Im Laufe des 15. Jahrhunderts verwandelt sich der Ruf nach Mäßigung zunehmend in eine Verurteilung jeglicher Gewalt. In einer Notariatsakte aus Toulouse, die 1448 die Versöhnung eines Mannes mit seiner ehebrecherischen Frau dokumentiert, verspricht der Ehemann, ihr »nicht zu mißtrauen«, sie nicht »zu schlagen oder zu verletzen«. Viele Prediger warnten Männer vor häuslicher Gewalt; im frühen 15. Jahrhundert etwa sprach ein deutscher Prediger Ehemännern das Verbot aus, »zu schlagen und zu hassen«. Die geistlichen Gerichte begannen, Männer, die ihre Frauen prügelten, mit Exkommunikation und Geld- oder Gefängnisstrafen zu belegen. Die meisten kirchlichen Gerichte erkannten Mißhandlung als Grund für eine Trennung »von Tisch und Bett« an.

Auch die populäre Literatur verurteilte den grausamen Ehemann. In dem aus dem späten 14. Jahrhundert stammenden englischen Traktat »How the Good Man Taught his Son« rät der Vater seinem Sohn, seine Frau nie zu schlagen oder zu verletzen, sondern sie in Ehren zu halten. Im dem Picard »Evangile des Quenouilles« aus dem späten 15. Jahrhundert heißt es, daß Männer, die Frauen verprügeln, »vor Gott für schlimmer gelten als die Sarazenen«. Niemals könnten sie Gnade bei der Jungfrau Maria finden, ohne zuerst ihre Frauen um Verzeihung zu bitten.[84] Gegenseitigkeit und Gleichheit, wie sie der »Rippentopos« zum Ausdruck bringt, wurden als zivilisierte Alternative zur Unterwerfung der Frau durch ihren Ehemann betrachtet.

Auch der in mittelalterlichen Predigten verwendete »Herztopos« fand wachsende Verbreitung. Dem intensiven Gefühl, das mit der Liebe der Frau, dem Inbegriff irdischen Glücks, verbunden ist, verlieh Johannes von Saaz um 1400 in seinem »Ackermann aus Böhmen« Ausdruck. In diesem Werk, einem Streitgespräch mit dem Tod, verflucht der Ehemann den Tod, der ihm seine liebende, »tugenthafte fraue« geraubt hat, »meine lichte sumerblumen, turteltauben ... mein lichter stern ... heiles sunne«, und »grosz herzenlieb in grosz herzenleit« verwandelte. Johannes' von Saaz Werk transformiert das antike Genre der Trauer über den Tod eines Freundes in eine Ode auf das irdische Eheglück. Hier kommt die Ehe nicht als erbärmliche Stiefschwester der Keuschheit daher – sie ist vielmehr »der höchste Stand«, der den Himmel auf Erden, »äußerste Glückseligkeit« bedeuten kann, wie es ein anderer Fürsprecher der Ehe, Thomas Usk, formulierte: »Man kann sich das Glück zweier Herzen, die in voller Liebe vereint sind, fast nicht vorstellen«, schrieb Usk.[85]

Aus den letzten Jahrzehnten des Mittelalters schließlich sind Dokumente – Briefe und Tagebücher – überliefert, in denen ganz normale Menschen ihre Empfindungen in Worte fassen, und diese Dokumente offenbaren Gefühle, die den oben beschriebenen »Topoi« tatsächlich sehr nahekommen. Bereits im 14. Jahrhundert sprach eine Ehefrau aus Barcelona in einem Brief an ihren Mann von der »guten Liebe [bona amor] zwischen Euch und mir«. In der aus dem 15. Jahrhundert überlieferten Korrespondenz deutscher Eheleute werden die Klugheit und die hausfraulichen Qualitäten der Ehefrauen gepriesen. Diese Frauen werden von ihren Männern in geschäftlichen Angelegenheiten, an denen sie häufig aktiv beteiligt sind, um Rat gebeten. Die ehelichen Beziehungen, von denen hier die Rede ist, beruhen auf Gegenseitigkeit – Männer und Frauen benutzen unterschiedslos die gleichen informellen und zärtlichen Anreden, und die alltäglichen Entscheidungen beruhen auf Kompromissen zwischen den Wünschen des Mannes und denen seiner Frau. Burkhard Zink aus Augsburg beschreibt die Beziehung zu seiner ersten Frau als »rechte freundtschaft«. Liebe und gegenseitige Anziehung galten als Voraussetzung einer guten Ehe. Während der Brautzeit signierten Männer und Frauen ihre Briefe mit Herzchen, und wenn sie verheiratet waren, sprachen sie sich in ihrer Korrespondenz als »herczenlieben hausfrau« und »herczenlieben mann« an. Über den Tod des Partners empfanden Männer und Frauen tiefe Trauer; besondere Bitten, die sich auf Vorkehrungen für das Begräbnis bezogen – gewöhnlich gehörte dazu auch der Wunsch nach einer gemeinsamen Grabstätte der Eheleute –, wurden sorgfältigst erfüllt. Die Beziehungen der Paare waren geprägt durch »ein wohlwollendes, liebevolles und partnerschaftliches Verhalten«, sie »unterstützten einander gegenseitig und arbeiteten Hand in Hand«. Christine de Pisan, die mit 25 Jahren Witwe wurde, trauerte um einen Ehemann, zu dessen Eigenschaften sie »Güte, Freundlichkeit, Treue und zärtliche Liebe« zählte. Viele Paare, so sagt sie, »leben in vollkommener Harmonie und sind einander in Liebe und Treue zugetan«. Gegenseitigkeit und eheliche Liebe waren im 15. Jahrhundert nicht nur literarische »Topoi«; sie machten das wirkliche Leben aus.

Beschließen wir diesen Abschnitt mit einer weiteren Beschreibung einer Liebesehe: »Der junge Mann hat ... eine schöne junge Frau vorgefunden, die sanft und anmutig ist ... sie haben sich gegenseitig jede Freude gemacht, die man sich nur vorstellen kann. Niemals gab es einen Mißton zwischen ihnen, sie haben immer geturtelt wie zwei Täubchen: Ja, die beiden sind wirklich eins geworden.«

Stammt dieses Zitat von Johannes von Saaz? Von Thomas Usk? Von Chaucer? Nein, es ist unserem Modell der mittelalterlichen Misogynie entnommen, den »Fünfzehn Freuden der Ehe«! Und diese Stelle ist mitnichten ironisch gemeint – der Autor beklagt, daß selbst eine Ehe, die so glücklich sei wie die hier beschriebene, zerstört werden könne, nämlich durch den Tod. Mit anderen Worten: Er formuliert die gleiche Klage wie Johannes von Saaz, König Richard II. und Christine de Pisan! Gegen Ende des Mittelalters stimmen Frauenfeinde wie auch Moralisten, Dichter und »der Mann oder die Frau auf der Straße« darin überein, daß eine wirklich liebevolle Ehe das Glück auf Erden bedeutet.[86]

Die »Entdeckung« der Liebe?

Können wir in Anbetracht all dessen von einer »Entdeckung« der Liebe im hohen Mittelalter sprechen, wie es Peter Dinzelbacher tut? Die emotionale Beziehung zwischen den Mystikern und Gott, die Betonung der Liebe Gottes und der ehelichen Zuneigung durch die Theologen, die Entwicklung der höfischen Liebe und das »Lob der Ehe« – bilden nicht all diese Erscheinungen Manifestationen einer unvermittelt in der Gesellschaft auftauchenden Sensibilität gegenüber der Liebe und insbesondere gegenüber der Leidenschaft zwischen den Geschlechtern? Mayke de Jong, eine kulturanthropologisch beeinflußte Mediävistin, hat vor einer übertriebenen Betonung der innovativen Aspekte des hohen Mittelalters gewarnt und harsche Kritik an vielen Historikern geübt, die es zu einer Epoche des »Aufstiegs von diesem und jenem«, vor allem der höfischen Liebe, erheben wollen. Peter Dronkes Kritik richtet sich spezifisch gegen die Vertreter der Auffassung, daß die höfische Liebe im 12. Jahrhundert »ex nihilo« aufgetaucht sei. Dronke untersucht die Vielzahl ihrer kulturellen Wurzeln in der lateinischen, volkssprachlichen und arabischen Literatur und beschreibt die Liebe zwischen Mann und Frau als universales kulturelles Phänomen. Solche Einwände sind zweifellos ernst zu nehmen. Vielleicht wurden viele jener Ideen und Gefühle, die uns als neu erscheinen, lediglich erstmals auf Papier (oder Pergament) aufgezeichnet, nachdem sie in der Gesellschaft schon lange vorhanden, zuvor aber nur selten oder nie in Worte gefaßt worden waren?[87]

Freilich ist bei verallgemeinernden Aussagen über die »Entdekkung« der Liebe im hohen Mittelalter Vorsicht geboten. Ein relevanter Aspekt ist die Geschichte des berühmtesten mittelalterlichen Liebespaares, das in diesem Buch bislang noch überhaupt nicht in Erscheinung trat. Wie kann man eine Geschichte des Paares im Mittelalter schreiben, ohne Abaelard und Heloise zu erwähnen? Sie werden geradezu als Symbol des »Aufstiegs der Liebe« im 12. Jahrhundert betrachtet – die höchst speziellen Umstände ihrer Romanze aber unterscheiden sie so sehr von den übrigen hier erläuterten Paaren, daß sie eher die Ausnahme denn die Regel verkörpern. Wie Georges Duby feststellte, wurde ihre Geschichte im 12. Jahrhundert wahrscheinlich weniger als Drama der enttäuschten wahren Liebe »gelesen«, sondern vielmehr als eine moralisierende Erzählung über die Reue. Heloise wird darüber hinaus zum Sprachrohr für einen Angriff auf die Ehe gemacht, der deren Unvereinbarkeit mit einem intellektuellen Dasein gilt und so an das patristische und zeitgenössische frauenfeindliche Schrifttum erinnert. Ihre gemeinsame Geschichte ist von Abaelards besonderem Status als intellektueller Geistlicher nicht zu trennen. Diese spezifische Situation und die methodischen Probleme, die das Studium ihrer authentischen, aber stark überarbeiteten Korrespondenz aufwirft, machen es unmöglich, dieses Paar ohne weiteres als Sinnbild des »Aufstiegs der Liebe« im hohen Mittelalter zu zitieren, wie es mitunter geschehen ist.[88]

Es trifft sicherlich auch zu, wie Dronke behauptet, daß der Liebe ein gewisser universaler Charakter zu eigen ist. Bereits im 2. Jahrtausend vor Christus und weit von Europa entfernt, nämlich in Ägypten, gehen leidenschaftliche Liebe und Ehe in den Liebesliedern der Frauen Hand in Hand. Zudem können die zahlreichen Vorläufer der Themen und Formen höfischer Dichtung, die sich in der arabischen Literatur finden, nicht als Resultat eines bloßen Zufalls erklärt werden.

Dennoch scheinen sich bestimmte Aspekte der Liebe im hohen Mittelalter einem »Universalphänomen« und der Tradition zu entziehen, so daß sie möglicherweise tatsächlich innovativ im eigentlichen Sinn waren. Rüdiger Schnell hat darauf aufmerksam gemacht, daß die These von einem »Aufstieg der höfischen Liebe« vor allem daran krankt, daß sie sich einseitig auf bestimmte, konkrete Merkmale dieser Liebe konzentriert und zum Beispiel den angeblich ehebrecherischen Charakter dieser Liebe oder das Modell des Liebesdienstes zu sehr betont, während beide in der Realität lediglich sekundäre und nur gelegentlich anzutreffende Aspekte der höfischen Liebe darstellten. Was den Kern des Modells der »fin'amor« wirklich ausmacht, so Schnell, ist die »veredelnde Kraft der Liebe«, die Vorstellung, daß die Liebe den Liebenden zu einem besseren Menschen mache, daß die Liebe der Urquell aller Tugend sei. Ebendiese Konzeption ist für die Manifestationen höfischer Liebe im hohen und späten Mittelalter (und für vieles, was über die Ehe geschrieben wurde) tatsächlich charakteristisch und unterscheidet sie von allem, was vorher war.[89]

Man kann diese Argumentation noch weiter ausarbeiten und den ungemein sozialen Charakter der »fin'amor« hervorheben, der sich während des gesamten Spätmittelalters entfaltete. Das höfische Ideal, das sich in der spätmittelalterlichen Literatur entwikkelte und in der ganzen spätmittelalterlichen Gesellschaft, in allen Ländern und allen sozialen Schichten Verbreitung fand, war keineswegs subversiv, sondern strebte im Gegenteil danach, diese Liebe durch die Ehe in die Gesellschaft zu integrieren. Wenn ein Mann liebte, und zwar dem Code der Zeiten gemäß, Gegenseitigkeit und Treue respektierend, dann war er ein besseres Mitglied der Gesellschaft, und wenn er aus der Oberschicht stammte, eignete er sich als Liebender besser zum Regieren. Gerechtigkeit und Frieden eines wohlregierten Landes wurzelten in dem wechselseitigen Respekt und der Liebe, die Herrscher in der Ehe fanden. Diese ungewöhnliche Verbindung zwischen leidenschaftlichen individuellen Gefühlen einerseits und sozialer Integration und öffentlicher Gewalt andererseits, die sich bis zum 13. Jahrhundert voll entwickelt hatte und in der Folgezeit weiter vervollkommnet wurde, definiert die einzigartige Qualität und Rolle der Liebe, wie sie im hohen Mittelalter »entdeckt« oder, vielleicht treffender formuliert, in den Rang eines hehren Gutes erhoben wurde.

Zusammenfassung

Die Untersuchung der Familien- und Besitzverhältnisse, der kirchlichen und weltlichen Einstellung zu Ehe und Sexualität und der in der Literatur jener Zeit dargelegten Anschauungen zeigt ohne Frage, daß das verheiratete Paar im hohen und späten Mittelalter eine gewaltige Aufwertung erlebte.

Zur gleichen Zeit, in der sich in den Verwandtschaftsbeziehungen durch die wachsende Bedeutung von Lineage und vertikaler Abstammung eine allmähliche Neuorientierung vollzog und die kirchlichen Exogamievorschriften von der weltlichen Gesellschaft nach und nach akzeptiert wurden, begann sich die entscheidende Rolle der Frau von ihrem Status als Schwester auf ihre »persona« als Ehefrau zu verlagern, ein Übergang, den die aufeinanderfolgenden Fassungen des »Nibelungenliedes« deutlich widerspiegeln. Sichtbar wird diese Entwicklung auch in dem sich wandelnden Erbrecht, das immer häufiger – und auf Kosten von Verwandten der Seitenlinie – die vertikale Repräsentation begünstigte. Der eigentliche Erbe war das Kind, nicht der Bruder, und die beste Garantie für den Schutz der Rechte des Kindes bot die Mutter. Während die Familie des verstorbenen Vaters, vor allem mit seinen Brüdern, in der Vergangenheit Vormünder der hinterbliebenen minderjährigen Kinder stellte, betrauten Väter im hohen und späten Mittelalter häufig ihre Frau mit dieser Aufgabe. Diese aktive Rolle der Ehefrau hing eng mit dem zunehmend hypergamen Charakter der Ehe, der sozialen Überlegenheit der Frau, zusammen.

Auch die getroffenen Vereinbarungen über den ehelichen Besitz spiegeln die wichtige Rolle der Frau wider. Immer häufiger legten im Spätmittelalter Mann und Frau ihr Eigentum in einer Zugewinngemeinschaft oder einer Universalgemeinschaft zusammen. Selbst in Regionen, in denen Gütertrennung die Regel war, konnte vertraglich eine Gemeinschaft vereinbart werden. Mit der Wiedereinführung des Testamentes konnten Ehemänner – was tatsächlich häufig geschah – ihre Frau zu Universalerbinnen einsetzen, selbst wenn keine Kinder vorhanden waren. Die gerichtliche Schenkung (»ravestissement« in den Niederlanden, »feoffment to uses« in England) diente als Methode, den Status der Frau als Erbin ihres Mannes zu institutionalisieren bzw. Vorschriften, die eine solche Erbfolge verhinderten, zu umgehen. Die Ehe wurde als Partnerschaft betrachtet, in welcher der Ehemann den Besitz des Paares verwaltete; die Frau aber konnte ihn in seiner Abwesenheit vertreten und wurde bei seinem Tod häufig zur Erbin seines Besitzes oder zur Testamentsvollstreckerin ernannt.

Es ist nicht zu leugnen, daß sich diese Tendenzen am deutlichsten in den niedrigeren Besitzklassen beobachten lassen. Vor allem in den italienischen Stadtrepubliken bevorzugten der Adel und die großen Patrizierfamilien die Gütertrennung. Sie widersetzten sich dem Endogamieverbot der Kirche, und es ist kein Zufall, daß gerade in diesen Familien die Wahl des Wohnsitzes seltener neolokal erfolgte als in der Bevölkerung insgesamt. Typischer für die niedrigeren Klassen hingegen war die allmähliche Entwicklung selbständiger Ehegemeinschaften, der »kommensurablen« Einheiten. Ihr Aufkommen bildet einen fundamentalen Aspekt der sozialen Veränderung von der Spätantike bis zum Mittelalter, der eng mit der Christianisierung von Eherecht und -brauch zusammenhängt.

Charakteristisch für das christliche Ehemodell ist die Tatsache, daß die Ehe praktisch universal war und nur der Klerus von ihr ausgenommen blieb. Freie, Unfreie, Halbfreie, jeder Christ, der nicht dem geistlichen Stand angehörte, sollte heiraten, während die Ehe sowohl in der römischen als auch in der germanischen Tradition ein Privileg der Freien gewesen war. Grundlegend für das christliche Ehemodell war auch die lebenslange Monogamie. Polygamie oder offizielle Polygynie wurden zunehmend abgelehnt; diese Entwicklung vollzog sich in derselben Zeit, in der die Kirche die Gesellschaft davon überzeugte, daß allein legitime Kinder – das heißt, die Nachkommen der legitimen Ehefrau – erbfähig seien. Im Spätmittelalter wurde schließlich auch die serielle Monogamie immer häufiger als unzivilisierte Erscheinung betrachtet, die sich zudem mit der wachsenden Bedeutung der kirchlichen Eherechtsprechung in der Praxis schwierig gestaltete. Die lebenslange Monogamie implizierte ein Ideal gegenseitiger Treue. Der Ehebruch des Mannes konnte nicht länger als gesellschaftlich akzeptiertes Tun verstanden werden (man denke an das Verschwinden der Privilegien, die in den Bezirken der Prostituierten vor Verhaftung wegen Ehebruchs schützten), und wenn auf den Ehebruch der Frau häufiger die Wiederversöhnung folgte als Rache oder öffentliche Bestrafung, dann ist dies nicht auf größere Toleranz zurückzuführen, sondern auf die Abschaffung der Möglichkeit, die Ungetreue zu verstoßen. Selbst Paare, die im Konkubinat lebten, handelten oft wie Eheleute, und in vielen Fällen mündete das Konkubinat der Unverheirateten schließlich in der Ehe.

Die Prostitution hatte als letzte Bastion der Doppelmoral Bestand, ihre zunehmende Institutionalisierung aber spiegelt keine Toleranzzunahme wider, sondern ein wachsendes Bedürfnis, das Phänomen zu kontrollieren und zu begrenzen, ein Bedürfnis, das letztlich mit der Schließung der offiziellen Bordelle durch die Reformatoren befriedigt wurde, die sowohl Libertinage als auch Zölibat ablehnten und die Ehe zur bedeutenden universalen Institution erhoben. Die kirchliche Akzeptanz der ehelichen Sexualität, dic energische Empfehlung der Ärzte, in der Ehe Sex zu genießen, und die entspanntere Haltung gegenüber menstruierenden Frauen – all dies zeigt, daß sich die Gesellschaft langsam aus der tabubeladenen Atmosphäre der Welt der Bußbücher befreite. Eine strengere Sexualmoral ging Hand in Hand mit einer größeren Akzeptanz der Natürlichkeit legitimer sexueller Beziehungen.

Der Wertschätzung der Ehe als dauerhafter emotionaler Beziehung lag eine fundamentale Veränderung in der Art ihrer Entstehung zugrunde. Der freie Konsens der Partner sollte die einzige Basis der Eheschließung bilden. Diesem revolutionären Konzept leisteten Adels- und Patrizierfamilien lange Zeit Widerstand, hofften sie doch, mit Hilfe der Enterbungsbestimmungen die Partnerwahl ihrer Kinder weiterhin diktieren zu können. Als jedoch die Liebesverbindungen und heimlichen Heiraten sogar in adligen und Herrscherfamilien um sich griffen, sahen sich auch die Eltern dieser Schichten zunehmend gezwungen, der »modernen« Mentalität der persönlichen Wahl Rechnung zu tragen.

Das tiefe Verlangen nach einer harmonischen Beziehung in der Ehe fand in der populären Literatur bereits früh im Thema der »mal mariée« Ausdruck, der jungen Frau, die gegen ihren Willen mit einem eifersüchtigen alten Mann verheiratet wird. Das Motiv blieb auch in der späteren »höfischen« Literatur ein vertrauter Topos. Die Literatur der »fin'amor« proklamiert keine Unvereinbarkeit von Liebe und Ehe, und ein echter Ehebruch wird in der spätmittelalterlichen Literatur entweder als Tragödie, als weitere Version der »mal mariée«-Erzählung, oder als Farce behandelt. In Hülle und Fülle ist spätmittelalterliche Literatur überliefert, die Liebe und Ehe miteinander verbindet und zu erkennen gibt, daß der einzige wahre Ausdruck der Liebe in der Ehe zu finden sei. Held und Heldin werden als leidenschaftlich Verliebte »verheiratete Liebende« durch ein Verhalten, das nicht nur »kanonisch korrekt« ist, sondern ein echtes Modell persönlicher Handlungsweise und sozialer Integration darstellt. So nimmt es nicht wunder, daß im Spätmittelalter auch Werke der didaktischen Literatur und Dichtung, die zum Lob der Ehe anhoben, die kluge Hausfrau priesen und die Ehe als vollkommene Freundschaft definierten, eine Blütezeit erlebten. Der »Rippentopos« wurde zum »Herztopos« erweitert – die Beziehung zwischen den beiden Partnern oder Verbündeten war nicht nur eine Beziehung der Gegenseitigkeit, sondern umfaßte auch tiefe, leidenschaftliche Zuneigung. Tagebücher und Briefe zeigen, daß sich Liebe und Gegenseitigkeit in Ehen des realen Lebens ebenso wie in literarischen Modellen fanden.

Der Gesamteindruck, der sich aus dieser Untersuchung ergibt, ist der einer erstaunlich »modernen« Gestaltung der mittelalterlichen Ehe. Viele der mit dem modernen Eheleben verbundenen Merkmale waren bereits im Mittelalter keimhaft oder sogar voll erblüht vorhanden. Die »Kameradschaftsehe«, die Lawrence Stone für das 18. Jahrhundert in England beschreibt, galt schon im Mittelalter als Ideal und war gleichzeitig gelebte Realität, wie es die Paarromane zeigen, die »Erzählung des Gutsbesitzers«, die dem Lob der Ehe gewidmeten Werke sowie die Korrespondenz spätmittelalterlicher Paare. Schon im frühen 14. Jahrhundert sah der Karmeliter John Baconthorpe das Ziel der Ehe »nicht nur in der Nachkommenschaft wie bei den wilden Tieren, sondern in einem guten und friedvollen Leben mit einer Ehefrau«.[90]

In seiner Untersuchung über die moderne Ehe erkennt Alan MacFarlane die mittelalterlichen Ursprünge praktisch sämtlicher Elemente dessen an, was er als Malthusianisches Konzept der Ehe bezeichnet: freier Konsens, Monogamie, Gleichheit, Unauflösbarkeit, Neolokalität und die Relativierung der Wichtigkeit von Kindern. Darüber hinaus lassen sich noch weitere Aspekte der Malthusianischen Eheanalyse bis ins Mittelalter zurückverfolgen. Die Frage, ob man heiraten sollte oder nicht, überhaupt zu stellen – eine Art Bilanz zu ziehen zwischen den Vor- und den Nachteilen der Ehe –, war bereits ein spätmittelalterlicher (und seinerseits aus der Antike übernommener) »Topos«, wie wir es am Beispiel von Albrecht Eybs Traktat »Ob einem manne sey zunemen ein eelichs weyb oder nit« sahen. Und Malthus' Betonung der »Erwerbsethik«, des sozialen und wirtschaftlichen Ehrgeizes, ist in all jenen hypergamen Ehen des Mittelalters, ob sie uns nun aus der Literatur oder aus dem wirklichen Leben überliefert sind, impliziert. Eine explizite Verbindung zwischen freiem Konsens und sozialem Ehrgeiz postuliert Philippe de Beaumanoir in »Jehan et Blonde«. Der Held Jehan ist ein Mann, der nach »Ehren strebt«; nicht zufrieden damit, sein väterliches Erbteil zu verschwenden, versucht er, andernorts »Land zu gewinnen« – indem er eine Erbin heiratet, in die er sich passenderweise auch prompt verliebt![91]

Es geht nicht darum zu behaupten, daß alle spätmittelalterlichen Ehen harmonische Liebesverbindungen gewesen seien. Familiäre Zwänge übten weiterhin Druck aus, es gab unglückliche Ehen (arrangierte und auf anderem Wege zustande gekommene), viele Ehemänner schlugen ihre Frau (und umgekehrt!), und ein gewisser ehefeindlicher Diskurs wurde während des gesamten Spätmittelalters gepflegt. Aber, und das ist der entscheidende Punkt, es hatte sich ein neues Ehemodell entwickelt, dessen Schlüsselelemente freiwilliges Einverständnis, Gegenseitigkeit und Liebe waren; das häufig erstrebte, wenn auch in der Realität nicht immer erfolgreich verwirklichte Ideal war die Liebesehe zweier verantwortlicher und reifer Personen.

Ein zweiter Punkt, auf den hinzuweisen ist, betrifft die Tatsache, daß dieses Ideal im 20. Jahrhundert zwar in weit größerem Umfang akzeptiert wird, als es im 15. Jahrhundert der Fall war, die heutige Realität es aber nicht unbedingt getreuer widerspiegelt. Die fortdauernde, weitverbreitete Existenz häuslicher Gewalt wurde bereits erwähnt; auch die hohen Scheidungsraten sprechen nicht notwendig für eine erfolgreiche Verwirklichung des Ideals. Man könnte auch hinzufügen, daß die Ehe, theoretisch das Resultat einer freien Entscheidung, in sozio-ökonomischer Hinsicht extrem endogam bleibt; nur selten werden Ehen über die Grenzen sozialer Schichten hinweg geschlossen. Und sind wir tatsächlich aufgeklärter oder ganz einfach nur weniger engstirnig? Spezielle Familienbündnisse sind nicht länger erforderlich, geeignete Partner aber werden gleichwohl sozial definiert; die Wahl ist »horizontal« breiter, »vertikal« aber nicht tiefer geworden. Ist die mittelalterliche Ehe erstaunlich modern, oder verhält es sich vielmehr so, daß die moderne Ehe weitgehend mittelalterlich geblieben ist?

Die unleugbaren »modernen« Aspekte der mittelalterlichen Ehe hängen mit anderen Veränderungen zusammen, die im hohen Mittelalter breite Teile der Gesellschaft erfaßten. Sie sind nicht nur mit Veränderungen der Familien- und Besitzverhältnisse verbunden, wie wir gesehen haben, sondern auch mit Veränderungen der zwischenmenschlichen Beziehungen. Das »moderne« mittelalterliche Paar taucht zur selben Zeit auf, in der die Gesellschaft seßhaft wird, die dauerhafte Partnerschaft entspricht der Entwicklung des dauerhaften Herdes im Hochmittelalter. Bemerkenswert ist das Ausmaß, in dem die Liebesehe Hand in Hand nicht nur mit der Seßhaftigkeit, sondern auch mit einem Wunsch nach Sanftmut, Frieden und Toleranz geht. Schon in den frühen Werken des Chrétien de Troyes werden friedliche Mittel der Konfliktlösung gegenüber der gewalttätigen Auseinandersetzung hochgeschätzt. Die Helden der »Paarromane« erweisen sich, sobald sie öffentlich verheiratet sind, als Herrscher, die Gerechtigkeit und Frieden gewährleisten. Melibées kluge Frau Prudentia tritt leidenschaftlich dafür ein, Milde walten zu lassen. Die Befürworter der Liebesheirat sprechen sich häufig für eine versöhnende Haltung gegenüber Sarazenen und Juden aus, wie wir es etwa an William Langlands Werk

»Piers Plowman«, an der Politik Karls V. von Frankreich und, um das berühmteste Beispiel nicht zu vergessen, an der »Toleranzrede« Giburgs im »Willehalm« des Wolfram von Eschenbach sehen, in der die ursprünglich muslimische Ehefrau des christlichen Helden um universale Toleranz und allgemeinen Frieden bittet. Es ist kein Zufall, daß Christine de Pisan, eine leidenschaftliche Verfechterin der Liebesheirat, ausführlich Probleme der Herrschaft und des internationalen Friedens erörtert.[92] Daß religiöse und ethnische Toleranz mit der Ehe zusammenhängen sollten, ist nicht überraschend, wenn man bedenkt, daß die christliche Ehe die Würde des Menschen impliziert – die Würde der Frau, in deren Macht es steht, in ihre eigene Heirat einzuwilligen, und die Würde von Unfreien oder Sklaven, die sich auf das Recht berufen können, überhaupt zu heiraten und eine Ehe zu schließen, die auf freiem Konsens beruht.

Das freiwillige Einverständnis zur Ehe hängt auch mit dem Konsensualismus zusammen, der sich in den institutionellen Entwicklungen des späten Mittelalters insgesamt herauszubilden beginnt. So sollten beispielsweise die Untertanen des Königs in Fragen, die sie betrafen, konsultiert werden, und zwar über die Ständeversammlung der Region oder Nation. Ein ähnliches Interesse am Konsensualismus findet sich in der Konziliarbewegung der Kirche. Beide Entwicklungen spiegeln die Observanz des Grundsatzes »quod omnes tangit« wider – alle, die in einer Angelegenheit betroffen waren, sollten dazu gehört werden. Da die Ehe in erster Linie den Mann und die Frau betrifft, die sich verheiraten wollen, sollte folgerichtig ihr Einverständnis ausschlaggebend sein.[93]

Veränderungen in der Beziehung zwischen Ehepartnern stehen in deutlichem Zusammenhang mit der allgemeinen Entwicklung sozialer Beziehungen. Es ist zweifellos kein Zufall, daß sich das christliche Ehemodell – vollkommene, durch das freiwillige Einverständnis besiegelte Freundschaft – zur gleichen Zeit herausbildete, in der das Konzept der juristischen Person oder Körperschaft (insbesondere das anwachsender Städte) in der mittelalterlichen Gesellschaft auftauchte. Dem Modell der Ehe zufolge, wie es sich im hohen Mittelalter entwickelte, werden zwei Herzen eins, zwei Willen ein Wille; in einer juristischen Körperschaft handelt eine

Gruppe von Individuen gemeinsam wie eine Person mit einem Willen. Eine ähnliche Haltung gegenüber menschlichen Beziehungen, Kooperation und Handlungsbefähigung ist notwendig, um diese beiden Konzepte überhaupt zu entwerfen.

Mittelalterliche Liebe und Ehe waren aufs engste an die Gesellschaft und ihre Regierung geknüpft. Nicht zufällig tauchte das starke Interesse, das in der Definition der »guten Ehe« zum Ausdruck kommt, in den gleichen Epochen auf, in denen sich Intellektuelle auch mit der Notwendigkeit der »guten Herrschaft« beschäftigten, das heißt in der karolingischen Renaissance und später, gegen Ende des Mittelalters, in der Zeit des Aufbaus von monarchistischen Staaten und Stadtrepubliken. Ob im realen Leben wie bei Karl V. von Frankreich, ob in der Literatur bei Ponthus – der treue Liebende und aufrichtige Ehemann war zum Regieren am besten geeignet. Dieses Ideal wurde nicht von allen praktiziert, aber von allen anerkannt. Die veredelnde Eigenschaft der Liebe, wie sie in der Ehe Ausdruck findet, machte aus dem Individuum einen besseren Menschen und ein besseres Mitglied der Gesellschaft. Gekrönt wird der Triumph des Paares gegen Ende des Mittelalters durch diese Erweiterung – die unauflösliche Verbindung der »äußersten Glückseligkeit« des Individuums mit dem Wohlergehen der Gesellschaft. Liebe und Ehe, Gerechtigkeit und Frieden waren im Spätmittelalter tatsächlich zum »Kennwort für eine neue, bessere Gesellschaft« geworden.[94]

Anhang

Anmerkungen

1 J. Baldwin, The Language of Sex – Five Voices from Northern France around 1200, Chicago/London 1994.

2 R. Schnell, Causa amoris. Liebeskonzeption und Liebesdarstellung in der mittelalterlichen Literatur, Bern/München 1985.

Verwandtschaft, Frauen und Eigentum

1 J.-P. Cuvillier, L'Europe barbare: »l'Urfamile« germanique, in: Histoire de la Famille, hg. von A. Burguière et al., Bd. 1, Paris 1986, S. 299; J. Goody, Die Entwicklung von Ehe und Familie in Europa, Berlin 1986.

2 Siehe R. Fox, Kinship and Marriage: an Anthropological Perspective, Cambridge 1967, und N. Rouland, Anthropologie juridique, Paris 1989.

3 T. Charles-Edwards, Early Irish and Welsh Kinship, Oxford 1993; N. Patterson, Cattle Lords and Clansmen: the Social Structure of Early Ireland, Notre Dame Indiana 1994.

4 J. Gaudemet, Les communautés familiales, Paris 1963; A. Guerreau-Jalabert, Sur les structures de parenté dans l'Europe médiévale, in: Annales 36 (1981), S. 1028ff.

5 T. Bisson, Nobility and Family in Medieval France: a Review Essay, in: French Historical Studies 16 (1990), S. 597ff.

6 D. Herlihy, Medieval Households, Cambridge, Mass., 1985, Kap. 4; R. Lejan, Famille et pouvoir dans le monde franc (VIIe-Xe siècle), Paris 1995, Kap. 7; A. Lewis, Royal Succession in Capetian France, Cambridge, Mass., 1981, Kap. 1.

7 L. Sizaret, Essai sur l'histoire de la dévolution successorale ab intestat du Ve au Xe siècle, Dijon 1975.

8 D. Herlihy, Medieval Households; P. Toubert, Les Structures du Latium médiéval, Rom 1973, Kap. 7; C. Hammer, Family and ›familia‹ in early medieval Bavaria, in: Family Forms in Historic Europe, hg. von R. Wall, Cambridge 1983, S. 217ff.

9 R. Fossier, Histoire de famille, in: George Duby: L'écriture de l'histoire, hg. von C. Duhamel-Amadou und G. Lobrichon, Brüssel 1996, S. 175ff.

10 L. Lancaster, Kinship in Anglo-Saxon society, in: British Journal of Sociology 9 (1958), S. 234ff.; H. Loyn, Kinship in Anglo-Saxon England, in: Anglo-Saxon England 3 (1974), S. 197ff.

11 D. Herlihy und C. Klapisch-Zuber, Les Toscans et leurs familles, Paris 1978; H. Samsonowicz, La famille noble et la famille bourgeoise en Pologne, in: Famille et parenté dans l'Occident médiéval: actes du colloque de Paris 1974, Collection de l'Ecole française de Rome 30, Rom 1977, S. 309 ff. Siehe aber detailliert P. Toubert in: Les Structures du Latium médiéval, S. 716.

12 R. Smith, Kin and neighbors in a thirteenth-century Suffolk community, in: Journal of Family History (1979), S. 219 ff.; H. Bresc, La famille dans la société sicilienne médiévale, in: Famiglia e vita quotidiana in Europa dal '400 al '600, fonti e problemi: Atti del convegno Milano 1983, Rom 1986, S. 187 ff.; K.-H. Spiess, Familie und Verwandtschaft im deutschen Hochadel des Spätmittelalters, Stuttgart 1993.

13 A. Murray, Germanic Kinship Structure, Toronto 1983; T. Anderson, Roman military colonies in Gaul and the forgotten meaning of ›Pactus Legis Salicae 59–5‹, in: Early Medieval Europe 4 (1995), S. 129 ff.; T. Vestergaard, The system of kinship in early Norwegian law, in: Medieval Scandinavia 12 (1988), S. 160 ff.; R. Bruder, Die germanische Frau im Lichte der Runenschriften, Berlin/New York 1974; J. McNamara und S. Wemple, The power of women through the family, in: Women and Power in the Middle Ages, hg. von M. Erler und M. Kowaleski, Athens, Ga./London 1988, S. 83 ff.; J. Jochens, Old Norse sources on women, in: Medieval Women and the Sources of Medieval History, hg. von J. Rosenthal, Athens, Ga./London 1990, S. 155 ff.; L. Sizaret, Essai, a.a.O.; A. Klinck, Anglo-Saxon women and the law, in: Journal of Medieval History 8 (1982), S. 107 ff.

14 J. Renart, Guillaume de Dole, übers. von J. Dufournet et al., Paris 1979; R. Fox, Kinship and Marriage; R. Lejan, Famille et pouvoir; P. Stafford, The king's wife in Wessex 800–1066, in: PaP 91 (1981), S. 3 ff.; J. Ruiz Domenec, Système de parenté et théorie de l'alliance dans la société catalane (1000–1240), in: RH 262 (1979), S. 305 ff.; M. Aurell, Autour de l'identité héraldique de la noblesse provençale au XIIIe siècle, in: Médiévales 19 (1990), S. 17 ff.; K.-H. Spiess, Familie und Verwandtschaft; Guerreau-Jalabert, Structures de parenté.

15 B. Bedos-Rezak, Women, seals and power in medieval France, in: Women and Power, S. 61 ff.; H. Ebner, Die soziale Stellung der Frau im spätmittelalterlichen Österreich, in: Frau und spätmittelalterlicher Alltag: Internationaler Kongreß Krems an der Donau 1984, Wien 1986, S. 509 ff.; zum folgenden siehe Das Nibelungenlied. Hg., übers. und mit einem Anhang versehen von H. Brackert. 2 Bde, Frankfurt am Main 1970.

16 G. Vismara, I rapport patrimoniali tra coniugi nell'alto medioevo, in: Matrimonio nella società altomedievale, Settimane di studio del Centro italiano di studi sull'alto Medioevo t. 24, Spoleto 1977, S. 633 ff.

17 D. Hughes, From brideprice to dowry, in: Journal of Family History 3 (1978), S. 262 ff.; J. Goody, Die Entwicklung von Ehe und Familie; D. Herlihy, Medieval Households, Kap. 4.

18 L. Mayali, Droit savant et coutumes: l'exclusion des filles dotées, XII-XV siècle, Frankfurt 1987.

19 J. Hilaire, Les régimes matrimoniaux dans la région de Montpellier, in: SHDE 3 (1955), S. 15 ff.; N. Jornet, Les femmes catalanes à travers leurs testaments (938–1131), in: La femme dans l'histoire et la société méridionale (IXe-XIXe s.), Actes du 66e congrès de la Fédération historique du Languedoc Narbonne 1994, Montpellier 1995, S. 91 ff.

20 S. McKee, Households in fourteenth-century Venetian Crete, in: Speculum 70 (1995), S. 27 ff.; G. Pene Vidari, Dote, famiglia e patrimonio fra dottrina e pratica in Piemonte, in: Famiglia e vita quotidiana in Europa dal '400 al '600, fonti e problemi, S. 109; S. Chojnacki, Power of love: wives and husbands in late medieval Venice, in: Women and Power, S. 126 ff. Das Fehlen eindeutiger Zahlen zum Familienvermögen macht es schwierig, M. Aurells Darstellung zu verifizieren. Vgl. M. Aurell, La détérioration du statut de la femme aristocratique en Provence, Xe-XIIIe s., in: MA 91 (1985), S. 5 ff.

21 A. Courtemanche, La richesse des femmes: patrimoine et gestion à Manosque au XIVe siècle, Montreal/Paris 1993; J. Poumarede, Les successions dans le Sud-Ouest de la France au Moyen Age, Toulouse 1972; Th. Kuehn, Law, Family and Women: toward a Legal Anthropology of Renaissance Italy, Chicago 1991; M.-T. Lorcin, Vivre et mourir en Lyonnais à la fin du Moyen Age, Paris 1981.

22 M. Bellomo, Ricerche sui rapporti patrimoniali tra coniugi, Mailand 1961; J. Mundy, Men and Women at Toulouse in the Age of the Cathars, Toronto 1990.

23 Siehe vor allem A.-M. Landes-Mallet, La famille en Rouergue au Moyen Age, Rouen 1985, und B. Hanawalt, The Ties that Bound: Peasant Families in Medieval England, Oxford 1986.

24 L. Bonfield, Property settlements on marriage in England from the Anglo-Saxons to the mid-eighteenth century, in: ders. (Hg.), Marriage, Property and Succession, Berlin 1992, S. 287 ff.

25 P. Godding, Le droit au service du patrimoine familial: les Pays-Bas méridionaux (12e-18e siècle), in: L. Bonfield (Hg.), Marriage, Property and Succession, S. 15 ff.; R. Jacob, Les époux, le seigneur et la cité, Brüssel 1990; G. Köbler, Das Familienrecht in der spätmittelalterlichen Stadt, in: A. Haverkamp (Hg.), Haus und Familie in der spätmittelalterlichen Stadt, Köln 1984, S. 136 ff.

26 K. Reyerson, Women in business in medieval Montpellier, in: B. Hanawalt (Hg.), Women and Work in Pre-Industrial Europe, Bloomington, Ind., 1986, S. 117 ff.; J. Shatzmiller, Une matriarche juive, in: Femmes, Mariages, lignages, XIIe-XIVe siècles: Mélanges offerts à Georges Duby, Brüssel 1992, S. 325 ff.; E. Ennen, Frauen im Mittelalter, München 1984; D. Nicholas, The Domestic Life of a City: Women, Children and the Family in 14th-Cen-

tury Ghent, Lincoln, NB, 1985; G. O'Riordan, Per un'indagine sulla capacità d'agire della donna nel diritto veneziano, in: Famiglia e vita quotidiana in Europa dal '400 al '600, fonti e problemi, S. 469; Th. Kuehn, Law, Family and Women: toward a Legal Anthropology of Renaissance Italy, S. 212 ff.

27 R. Arnaldez, Statut juridique et sociologique de la femme en Islam, in: La Femme dans les civilisations des Xe-XIIIe siècles, colloque à Poitiers 1976, CCM 20 (1977), S. 131 ff.; T. Bianquis, Die Familie im arabischen Islam, in: A. Burguière u. a., Geschichte der Familie, Bd. 2, S. 385 ff.

28 C. de Pizan, Le Livre des trois vertus, hg. von C. Cannon Willard und E. Hicks, Paris 1989, I.12, II.9; R. Lejan, Famille et pouvoir dans le monde franc (VIIe-Xe siècle), Paris 1995.

29 A.-M. Landes-Mallet, La famille en Rouergue au Moyen Age; M. Falcon-Pérez, Le mariage en Aragon au XVe siècle, in: La femme dans l'histoire et la société méridionale, S. 151 ff.

30 J.-F. Poudret, Vie communautaire et séparation: confrontation de la pratique médiévale et du droit savant, in: RHD 74 (1996), S. 199 ff.; F. Byrde, Le régime matrimonial valaisan au Moyen Age (XIIIe-XVe siècles), in: R. Ganghofer (Hg.), Droit de la famille en Europe: son évolution depuis l'Antiquité jusqu'à nos jours, Straßburg 1992, S. 491.

31 D. Smail, Démanteler le patrimoine: Les femmes et les biens dans la Marseille médiéval, Annales 52 (1997), S. 343; A. Courtemanche, La richesse des femmes: patrimoine et gestion à Manosque au XIVe siècle, Montreal/Paris 1993; J. Bennett, Women in the Medieval Countryside: Gender and Household in Brigstock before the Plague, Oxford 1989.

32 D. Smail, Démanteler le patrimoine; M. Falcon-Pérez, Mariage en Aragon; J. Hilaire, Les aspects communautaires du droit matrimonial autour du Massif Central, in: SHDE 4 (1958–60), S. 1 ff.

33 M.-T. d'Alverny, Comment les théologiens et les philosophes voient la femme, in: La Femme dans les civilisations des Xe-XIIIe siècles, colloque à Poitiers 1976, CCM 20 (1977), S. 105 ff.; Christine de Pisan, Stadt der Frauen, II.49; S. Kolsky, Bending the rules: Renaissance collections of biographies of famous women, in: T. Dean und K. Lowe (Hg.), Marriage in Italy 1300–1650, Cambridge 1998, S. 227 ff.; M. Angenot, Les champions des femmes: examen du discours sur la supériorité des femmes 1400–1800, Montréal 1977; siehe auch N. Cartlidge, Medieval Marriage: Literary Approaches, Cambridge 1997, Kap. 4.

34 Die fünfzehn Freuden der Ehe, hg. von R. Borchardt, Braunschweig 1918.

35 Gawain über die Ehe: »De coniuge non ducenda«, hg. von A. Rigg; P. Delhaye, Le dossier antimatrimonial de l' »Adversus Joviniam«, MS 13 (1951), S. 65 ff. Eine ironische Etymologie des Wortes femina, Frau, ersann Francesco da Baberino (um 1320): fe mena (die Frau führt!), zitiert nach S. Lazard, Donne gentile et gentildonna, in: A. Montaudon (Hg.), Du goût, de la conversation et des femmes, Clermont-Ferrand 1994, S. 191.

36 J. McNamara, »De quibusdam mulieribus«, in: H. Rosenthal (Hg.), Medieval Women and the Sources of Medieval History, London 1990, S. 237 ff.

37 G. Gros, Questions d'hèritage, ou La Desputoison de Dieu et de sa mère, in: Relations de parenté, S. 490 ff.

38 G. Chaucer, Die Canterbury Erzählungen. Übers. und hg. von M. Lehnert, Frankfurt am Main 1987, S. 236–249.

Kirchliche Vorschriften über Sexualität und Ehe

1 Die Germanen praktizierten verschiedene Formen der Ehe; die »Friedelehe«, gewöhnlich zwischen einem Mann und einer sozial unterlegenen Frau und ohne Aussteuer geschlossen, war dem Konkubinat vergleichbar. S. Fonay Wemple, Frauen im frühen Mittelalter, in: G. Duby und Michelle Perrot (Hg.), Geschichte der Frauen. Bd. 2, Frankfurt am Main, New York 1993, S. 185 ff.; N. Patterson, Cattle Lords and Clansmen: the Social Structure of Early Ireland, Notre Dame Indiana 1994; M. Ross, Concubinage in Anglo-Saxon England, in: PaP 108 (1985), S. 3 ff.; J. Jochens, The politics of reproduction; Medieval Norwegian Kingship, in: AHR 92 (1978), S. 327 ff.; L. Theis, Saints sans famille?, in: RH 517 (1976), S. 3 ff.

2 P. Corbet, Le mariage en Germanie ottonienne d'après Thietmar de Merseboug, in: M. Rouche und J. Heuclin (Hg.), La Femme au Moyen Age, Maubeuge 1990, S. 187.

3 R. Burns, S.J., The spiritual life of James the Conquerer, in: The Catholic Historical Review 62 (1976), S. 1 ff.

4 R. Weigand, Die Ausdehnung der Ehehindernisse der Verwandtschaft, in: ZSRGK 80 (1994), S. 1 ff.; J. Gaudemet, Du droit romain tardif aux conciles mérovingiens: Les condamnations de l'inceste, in: ZSRGK 113 (1996), S. 369 ff. Während die Römer den Verwandtschaftsgrad vom Ehemann aufsteigend zum gemeinsamen Vorfahren und dann wieder absteigend zur Ehefrau berechneten, begannen die Germanen mit dem gemeinsamen Vorfahren und zählten absteigend zu beiden Ehepartnern; dies erklärt, weshalb ihre Grade die Zahl der römischen Grade verdoppeln.

5 Goody, Die Entwicklung von Ehe und Familie, Frankfurt am Main 1989; D. Herlihy, Making sense of incest: women and the marriage rules of the early middle ages, in: B. Bachrach und D. Nicholas (Hg.), Law, Custom and the Social Fabric in Medieval Europe: Essays in Honor of Bryce Lyon, Kalamazoo, Mich., 1990, S. 1 ff.

6 S. Martinet, Le péché de Charlemagne: Gisele, Roland et Ganelon, in: D. Buschinger und A. Crépin (Hg.), Amour, mariage et transgressions au Moyen Age: Actes du colloque 1983 Université de Picardie, Göppingen 1984, S. 9 ff. Siehe auch J. Poly, »Les cochonnales de fevrier«, in: J. Poumarede et J.-P. Royer (Hg.), Droit, histoire et sexualité, Lille 1987, S. 55 ff.

7 C. Bouchard, Consanguinity and noble marriages in the tenth and eleventh centuries, in: Speculum 56 (1981), S. 268 ff.; M. Bruguière, Canon law and royal weddings: theory and practice, in: 8th Congress of Medieval Canon Law, Vatikan 1992; H. Debax, Stratégies matrimoniales des comtes de Toulouse, 850–1270, in: Amidi (1988), S. 131 ff.; P. Bonnassie, La Catalogne du milieu du Xe à la fin du XIe siècle: Croissance et mutations d'une société. 2 Bde., Toulouse 1975.

8 K.-H. Spieß, Familie und Verwandtschaft im deutschen Hochadel des Mittelalters, Stuttgart 1993.

9 R. Helmholz, Marriage Litigation in Medieval England, Cambridge 1974.

10 John Gower beschrieb die Ausweitung der Inzestverbote im 8. Kapitel seines Werkes »Confessio amantis« (ca. 1390) und setzte in der Zeit Adams und Evas an, als derlei Auflagen noch nicht existierten (»Necessity knows no law«); Dirk Potter urteilte in »Der minnen loep« (ca. 1412), daß es ausreiche, den Inzest innerhalb von drei Verwandtschaftsgraden zu vermeiden (F. Oostrom, Court and Culture. Dutch Literature, 1350–1450, Berkeley/Oxford 1992, Kap. 3). Als Johann V., Graf von Armagnac, Mitte des 15. Jahrhunderts um päpstliche Absolution nachsuchte, weil er mit seiner Schwester ein inzestuöses Verhältnis gehabt hatte, verteidigte ihn der Bischof von Arras, wenngleich erfolglos, mit phantasievollen und haarspalterischen Argumenten, indem er sich auf die Beispiele der Kinder Adams und auf Jupiter berief! R. Famiglietti, Tales of the Marriage Bed from Medieval France 1300–1500, Providence RI 1992, S. 10 ff.

11 B. Basdevant-Gaudemet, Le principe de l'indissolubilité du mariage et les difficultés de son application pratique, in: M. Rouche und J. Heuclin (Hg.), La Femme au Moyen Age, S. 35 ff.

12 T. Bauer, Rechtliche Implikationen des Ehestreits Lothars II., in: ZSRGK 80 (1994), S. 41 ff.

13 H. Dillard, Women in reconquest Castile: the Fueros of Sepulveda and Cuenca, in: S. Mosher (Hg.), Women in Medieval Society, Philadelphia Pa., 1976, S. 71 ff.; R. Helmholz, Marriage Litigation in Medieval England, Cambridge 1974. L. Guzzetti, Separations in fourteenth-century Venice, in: T. Dean und K. Lowe (Hg.), Marriage in Italy 1300–1650, Cambridge 1998, S. 249 ff.; P. Ourliac, Notes sur le mariage à Avignon au XVe s., in: SHDE 1 (1948), S. 55 ff.; M. Vleeschouwers-van Melkebeer, Aspects du lien matrimonial dans le »Liber Sententiarum« de Bruxelles (1448–1459), in: TvR 53 (1983), S. 71.

14 F. Autrand, Charles V, Paris 1994.

15 M. Aurell, Mariage et pouvoir en Catalogne, in: Femmes, mariages, lignages, XIIe-XIVe siècles: Mélanges offerts à Georges Duby, Brüssel 1992, S. 53 ff. Die Literatur verweist schon im 11. Jahrh. auf die lebenslange Monogamie von Adam und Eva, C. Gellinek, Marriage by consent in literary sources of medieval Germany, in: STGra 12 (1969), S. 559 ff.

16 H. Gilles, Les coutumes de Toulouse (1286) et leur premier commentaire (1296), Toulouse 1969; R. Cordoba de la Llave, Las relaciones extraconyugales en la sociedad castellana bajomedieval, in: Anuario de estudios medievales 16 (1986), S. 571 ff.; G. Barni, Un contratto di concubinato in Corsica nel XIII secolo, in: RSDI 22 (1949), S. 131 ff.; G. Bascle de Lagrèze, Les Massipia, Bordeaux 1851.

17 M. Balard, La femme esclave à Gênes à la fin du Moyen Age, in: M. Rouche und J. Heuclin (Hg.), La Femme au Moyen Age, 1990; H. Bresc, La famille dans la société sicilienne médiéval, in: Famiglia e vita quotidiana in Europa dal, '400 al '600, fonti e problemi: Atti del convegno Milano 1983, Rom 1986; S. McKee, Households in fourteenth-century Venetian Crete, in: Speculum 70 (1995), S. 27 ff.

18 J. Hayez, Migration et stratégies familiales, in: Médiévales. Liens de famille: vivre et choisir sa parenté 19 (1990), S. 43; A. Franceschini, Casi particolari de matrimonio »per verba de praesenti« a Ferrara, in: Miscellanea Maffei, Bd. 2, S. 517 ff.

19 R. Helmholz, Marriage Litigation in Medieval England; P. Wolff, Quelques actes notariés concernant famille et marriage, in: Amidi 78 (1966), S. 115 ff.; P. Ourliac, Notes sur le mariage à Avignon au XVe s.

20 A. Franceschini, Casi particolari de matrimonio »per verba de praesenti« a Ferrara; I. Elbl, Men without wives: sexual arrangements in the early Portuguese expansion in West Africa, in: J. Murray und K. Eisenbichler (Hg.), Desire and Discipline. Sex and Sexuality in the Premodern West, Toronto/London 1996, S. 61 ff.; D. Nicholas, The Domestic Life of a City: Women, Children and the Family in 14th-Century Ghent, Lincoln NB 1985, Kap 3.

21 M. Lorcin hat die Bastarde als »aristokratischen Luxus« bezeichnet, in: ders., Vivre et mourir en Lyonnais à la fin du Moyen Age, Paris 1981, S. 95. N. Bulst, Illegitime Kinder – viele oder wenige?, in: L. Schmugge (Hg.), Illegitimität im Spätmittelalter, München 1994, S. 21 ff.; F. Aznar Gil, Die Illegitimen auf der Iberischen Halbinsel im Spätmittelalter, in: L. Schmugge (Hg.), Illegitimität, S. 171 ff. Der Umstand, daß die Legitimierung durch nachfolgende Heirat 1236 in England von den Bischöfen gegen den Widerstand der Barone verteidigt wurde, ist ein weiteres Argument gegen Goodys Hypothese einer kirchlichen »Verschwörung« mit dem Ziel, Grundbesitz zu erben (M. Sheehan, Illegitimacy in Late Medieval England, in: L. Schmugge (Hg.), Illegitimität, S. 115 ff.).

22 H. Dillard, Women in reconquest Castile; D. Courtemanche, Famille de droit ou droits à la chair?, in: RH 601 (1997), S. 41 ff.; M. Harsgor, L'essor des bâtards nobles au XVe siècle, RH 513 (1975), S. 319 ff.

23 R. Sprandel, Die Diskriminierung der unehelichen Kinder im Mittelalter, in: J. Martin und A. Nitschke (Hg.), Zur Sozialgeschichte der Kindheit, Freiburg/München 1986, S. 487 ff.; K. Schulz, Die Norm der Ehelichkeit in Zunft- und Bürgerrecht spätmittelalterlicher Städte, in: L. Schmugge (Hg.),

Illegitimität, S. 67ff.; S. Chojnacki, Marriage legislation and patrician society in fifteenth-century Venice, in: B. Bachrach und D. Nicholas (Hg.), Law, Custom and the Social Fabric in Medieval Europe: Essays in Honor of Bryce Lyon, Kalamazoo Mich. 1990, S. 163ff.

24 D. Boutet, Bâtardise et sexualité dans l'image littéraire de la royauté (XIIe-XIIIe siècle), in: Femmes, mariages, lignages, XIIe-XIVe siècles: Mélanges offerts à Georges Duby, S. 55ff.; Marie de France, Les Lais, hg. von J. Rychner, Paris 1973; F. Autrand, Naissance illégitime et service de l'Etat: les enfants naturels dans le milieu de la robe parisien XIVe-XVe siècle, in: RH 541 (1982), S. 289ff. Zur Darstellung weiterer »illegitimer« literarischer Helden und Heldinnen im 12. Jahrhundert siehe Le Coeur mangé, übers. von D. Régnier, Paris 1979.

25 D. Nicholas (The Domestic Life of a City: Women, Children and the Family in 14th-Century Ghent, Kap. 8) hat festgestellt, daß die Schenkungen an außereheliche Nachkommen in Jahren mit hoher Kindersterblichkeit besonders großzügig ausfielen.

26 L. Otis-Cour, Les pauvres enfants exposés à Montpellier aux XIVe et XVe siècles, in: Amidi 105 (1993), S. 309ff.; P. Gavitt, Charity and Children in Renaissance Florence: The Ospedale degli Innocenti, 1410–1536, (Diss.) University of Michigan 1988; Y. Brissaud, L'infanticide à la fin du Moyen Age, in: RHD 50 (1972), S. 229ff.; Wolfram von Eschenbach, Parzival. Übers. von D. Kühn, Frankfurt am Main 1986, Kap. 15.

27 P. Wolff, Relâchement moral et superstitions populaires à Toulouse au milieu du XVe siècle, in: SHDE 9 (1974), S. 791ff.

28 N. Elias, Über den Prozeß der Zivilisation, 2 Bde., Frankfurt a. M. 1997.

29 T. North, Legerwite in the thirteenth and fourteenth centuries, in: PaP 111(1986), S. 3ff.; E. Jones, The medieval leyrwite, in: EHR (1992), S. 945ff.

30 Bestimmte geistliche Autoren wie Gratian, Innozenz IV. und Thomas von Aquin behaupteten gleichwohl, daß der Ehebruch der Frau ein schwereres Verbrechen sei als der des Mannes (Basdevant-Gaudemet, Le principe de l'indissolubilité du mariage et les difficultés de son pratique, in: La Femme au Moyen Age, Paris 1992, S. 35ff.).

31 J.-M. Carbasse, »Currant nudi«: La répression de l'adultère dans le Midi médiéval, in: J. Poumarede und J.-P. Royer (Hg.), Droit, histoire et sexualité, Lille 1987, S. 83ff.

32 R. Lavoie, Délinquance sexuelle, justice et sanction sociale: Mathilde Payen, in: PH 45 (1996), S. 159ff.; J. Chiffoleau, Les justices du pape: Délinquance et criminalité dans la région d'Avignon au XIVe siècle, Paris 1984; P. Malaussena, Justice pénale et comportements villageois, in: Mémoires et travaux de l'Association méditeranéenne d'histoire, 1982, S. 7ff.

33 J. Mundy, Men and Women at Toulouse in the Age of the Cathars, Toronto 1990, S. 126–130.

34 R. Lavoie, La délinquance sexuelle à Manosque (1240–1430): schéma général et singularités juives, in: PH 150 (1987), S. 571 ff.

35 A. Méray, La vie au temps des libres prêcheurs, Paris 1878. Bd. 2, S. 124; L. Otis-Cour, »Lo pecat de la carn«: La répression des délits sexuels à Pamiers à la fin du Moyen Age, in: Studi di storia del diritto, Mailand 1996, S. 335 ff. Der Prediger Guillaume Peyraut drängte im 15. Jahrhundert Ehemänner, ihre reumütige ehebrecherische Frau »misericorditer aufzunehmen« (D'Avray, The Gospel of the marriage feast of Cana, in: N. Bériou und D. D'Avray, Modern Questions about Medieval Sermons, Spoleto 1994, S. 154). In Boccaccios »Decamerone« (Sechster Tag, Siebte Geschichte) hat die geschickte Verteidigung einer Ehebrecherin eine generelle Strafminderung in Prato zur Folge.

36 Wolff, Quelques actes notariés concertant famille et marriage, in: Amidi 78 (1966); D. D'Avray und M. Tausche, Marriage sermons in »Ad status« collections of the central middle ages, in: AHDL 55 (1980), S. 71 ff.; Mundy, Men and Women at Toulouse, S. 128; J.-P. Levy, L'officialité de Paris et les questions familiales à la fin du XIVe siècle, in: Mélanges Gabriel LeBras, Paris 1965, Bd. 2, S. 1265 ff. Zu frühneuzeitlichen Sprichwörtern, die dem Mann die Schuld am Ehebruch seiner Frau zuschreiben, siehe B. Lhoest, L'amour enfermé, Paris 1990, S. 39.

37 R. Aubenas, Cours d'histoire de droit privé. Aix-en Provence 1956, Bd. 6; Ménagier de Paris, 1847 (Reprint Genua o. J.), S. 182.

38 J. Brundage, Law, Sex and Christian Society in Medieval Europe, Chicago/London 1987, S. 444 ff., 514 ff.; R. Comba, Il progetto di una società coercitivamente cristiana: gli statuti de Amedeo VIII. de Savoia, in: Rivista Storica Italiana 103 (1991), S. 33 ff.; Lavoie, Délinquance à Manosque; Ménagier de Paris, S. 237; A. Tutey (Hg.), Journal d'un bourgeois de Paris, Paris 1881, S. 387.

39 L. Otis-Cour, La répression du jeu et du blasphème, in: Conformité et Déviances au Moyen Age. Colloque de Montpellier 1993, CRISIMA 2, Montpellier 1995, S. 273 ff.

40 L. Otis, Prostitution in Medieval Society: the History of an Urban Institution in Languedoc, Chicago 1985.

41 P. Schuster, Das Frauenhaus: Städtische Bordelle in Deutschland 1350 bis 1600, Paderborn 1992, S. 65; R. Karras, Common Women: Prostitution and Sexuality in Medieval England, Oxford 1996.

42 Siehe J. Brundage, Law, Sex and Christian Society in Medieval Europe, S. 380 ff. Decamerone V.6. Die früheste Verwendung des Begriffs »einfache Unzucht« fand ich im Liber poenitentialis (1155–65) des Alain de Lille, zitiert bei C. Catalini, »Luxuria and its branches«, in: Sex, Love and Marriage in Medieval Literature and Reality, Greifswald 1996, S. 13 ff.

43 J. Boswell, Christianity, Social Tolerance and Homosexuality, Chicago, London 1980. Zur christlichen Feindseligkeit gegenüber der Homosexuali-

tät siehe J.-L. Gazzaniga, La sexualité dans le droit canonique médiéval. In: J. Poumarede und J.-P. Royer (Hg.), Droit, histoire et sexualité, S. 41 ff.; B.-U. Hergemöller, Sodomiter – Schuldzuschreibung und Repressionsformen im späten Mittelalter, in: ders. (Hg.), Randgruppen der spätmittelalterlichen Gesellschaft, Warendorf 1990, S. 316 ff.

44 Registre d'Inquisition de Jacques Fournier, 1318–1325, übers. von J. Duvernoy, Paris 1978, Bd. 3, S. 1060.

45 M. Boone, State power and illicit sexuality; the persecution of sodomy in late medieval Bruges, in: Journal of Medieval History 22 (1996), S. 135 ff. Eine Bibliographie zum Strafrecht enthält L. Otis-Cour, »Lo pecat de la carn«: la répression des délits sexuels à Pamiers à la fin du Moyen Age.

46 B. Krekic, »Abominandum Crimen«: punishment of homosexuals in renaissance Dubrovnik, in: Viator 18 (1978), S. 337 ff.; G. Ruggiero, The Boundaries of Eros: Sex Crime and Sexuality in Renaissance Venice, Oxford 1985; N. Davidson, Theology, nature and the law: sexual sin and sexual crime in Italy, in: T. Dean und K. Lowe (Hg.), Crime, Society and the Law in Renaissance Italy, Cambridge 1994, S. 74 ff.; F. Oostrom, Court and Culture. Dutch Literature, 1350–1450, Berkeley/Oxford 1992, S. 222.

47 J. Brundage, The politics of sodomy: Rex v. Pons Hugh de Ampurias (1311), in: Sex in the Middle Ages, S. 239 ff.

48 D. Jacquart und C. Thomasset, Sexualité et savoir médical au Moyen Age, Paris 1985. J. Cadden, Meanings of sex difference in the Middle Ages, Medecine, Science and Culture, Cambridge 1993. In England wurde eine Vergewaltigungsklage zurückgewiesen, weil das Opfer schwanger war: Keine Befruchtung ohne Lust, keine Vergewaltigung mit Lust, so lautete die Begründung (J. Carter, Rape in Medieval England, New York/London 1985, S. 121).

49 C. Thomasset, Aspects de la femme médiévale dans le »Lilium Medicinae« de Bernard de Gordon, in: Femmes, marriages, lignages, XIIe-XIVe siècles: Mélanges offerts à Georges Duby, Brüssel 1992, S. 361 ff.; M. Schleissner, A fifteenth-century physician's attitude toward sexuality: Dr. Johann Hartlieb's »Secreta mulierum« translation, in: J. Salisbury, Sex in the Middle Ages: A Book of Essays, New York 1991, S. 110 ff.; B. Kruse, Women's secrets: health and sexuality of women in unpublished medieval texts, in: Sex, Love and Marriage in Medieval Literature and Reality, Greifswald 1996, S. 33 ff.; H. Lemay, Women and the literature of obstetrics and gynecology, in: J. Rosenthal (Hg.), Medieval Women and the Sources of Medieval History, Athens Ga./London 1990, S. 189.

50 P. Payer, The Bridling of Desire: Views of Sex in the Later Middle Ages, Toronto/London 1993; J. Gordley, »Ardor quaerens intellectum«: sex within marriage according to the canon lawyers and theologians of the 12th and 13th centuries, in: ZSRGK 83 (1997), S. 305 ff.; D. D'Avray, Some Franciscan ideas about the body, in: N. Bériou und D. D'Avray, Modern Questions

about Medieval Sermons, S. 343 ff.; H. Kelly, Love and Marriage in the Age of Chaucer, Ithaca, N.Y., 1975, S. 283. Das Zitat von Martin LeMaistre folgt J. Noonan, Contraception: a History of its Treatment by the Catholic Theologians and Canonists, Cambridge, Mass., 1968, Kap. 11.

51 P. Browe, S. J., Beiträge zur Sexualethik des Mittelalters, Breslau 1932; J. Leclercq, Le mariage vu par les moines au XIIe siècle, Paris 1983, Kap. 1; P. Biller, Birth-control in the west in the thirteenth and early fourteenth centuries, in: PaP 94 (1982), S. 3 ff.; J.-L. Flandrin, Un temps pour embrasser, Paris 1983; M. Sheehan, Marriage, Family and Law in Medieval Europe. Collected Studies, hg. von J. Farge, Toronto 1996, S. 118 ff.

52 Zitiert nach M. Zink, La Prédication en langue romane avant 1300, Paris 1976, S. 406.

53 Kelly, Love in the Age of Chaucer, S. 261; Chaucer, G. Canterbury Erzählungen. Übers. und hg. von M. Lehnert, Frankfurt am Main 1987, V. 1837–41.

54 E. Makowski, The conjugal debt and medieval canon law, in: Journal of Medieval History 3 (1977), S. 99 ff.; Johannes von Freiburg wird zitiert von M. Sheehan in Collected Studies, S. 262 ff. Siehe D. Elliotts skeptische Beurteilung der in dieser Debatte postulierten Gleichheit, in: ders., Bernardino of Siena versus the marriage debt, in: J. Murray und K. Eisenbichler (Hg.), Desire and Discipline. Sex and Sexuality in the Premodern West, Toronto/London 1996, S. 168 ff.

55 Recueil de Lettres des officialités de Marseille et d'Aix (XIVe-XVe siècle), hg. von R. Aubenas, Paris 1938, Bd. 2, S. 132.

56 F. Pedersen, Did the medieval laity know the canon law rules on marriage?, in: MS 56 (1994), S. 111 ff.; K.-H. Spieß, Familie und Verwandtschaft; J. Brundage, Matrimonial politics in thirteenth-century Aragon: Mocada v. Urgel, in: Journal of Ecclesiastical History 31 (1980), S. 271 ff.

57 M. Vleeschouwers-Van Melkebeek, Aspects du lien matrimonial dans le »Liber Sententiarum« de Bruxelles (1448–1459), in: TvR 53 (1983); R. Helmholz, Marriage Litigation in Medieval England, Cambridge 1974.

58 Wegen Impotenz konnten sich Frauen offenbar im vorchristlichen Irland scheiden lassen (N. Patterson, Cattle Lords and Clansmen: the Social Structure of Early Ireland, Notre Dame Indiana 1994, Kap. 1). Es ist festzuhalten, daß im Islam zumindest nach malikitischem Recht eine Frau die Scheidung verlangen konnte, wenn ihr Mann impotent war oder sie selbst unter »Nachteilen« litt (B. Durand, Droit musulman: droit successoral, Paris 1991, S. 79–138).

59 N. Grévy-Pons, Célibat et Nature, une controverse médiévale: à propos d'un traité du début du XVe s., Paris 1975. Über die spätere reformatorische Betonung dieser Themen siehe J. Harrington, Reordering Marriage and Society in Reformation Germany, Cambridge 1995.

1 Siehe J. Gaudemet, Mariage en Occident, Paris 1987.

2 C. Donahue, The case of the man who fell into the Tiber: the Roman law of marriage at the time of the glossators, in: AJLH 224 (1978), S. 1 ff.

3 D. Whitelock, English Historical Documents. Bd. 1, London 1955, S. 431; C. Gellinek, Marriage by consent in literary sources of medieval Germany, in: StGra 12 (1969), S. 559 ff.; J. Jochens, Consent as signifier in the old Norse world, in: A. Laiou (Hg.), Consent and Coercion to Sex and Marriage in Ancient and Medieval Societies, Washington DC 1993, S. 271 ff.; A. Klinck, Anglo-Saxon women and the law, in: Journal of Medieval History 8 (1982), S. 107 ff.; A. Frantzen, La littérature de la pénitence dans L'Angleterre anglosaxonne, Fribourg 1991, Kap. 3. In einer späteren Periode sieht S. Chojnacki eine Beziehung zwischen der Toleranz der Väter, die ihren Töchtern das Recht zur Wahl zwischen Kloster und Ehe einräumten, und ihrer Toleranz des von den Töchtern gewählten Ehemannes (Power of love, in: M. Erler und M. Kowaleski (Hg.), Women and Power in the Middle Ages, Athen Ga./London 1988, S. 126 ff.). Ähnlich argumentiert M.-T. Lorcin, Vivre et mourir en Lyonnais à la fin du Moyen Age, Paris 1981, S. 77.

4 Siehe die Geschichte von Derdriu in den von J. Gantz herausgegebenen Early Irish Myths and Sagas, London 1981, S. 256 ff.; P. Bec, La lyrique française au Moyen Age, Paris 1978, Bd. 1, S. 57 ff.; G. Duby, Mâle Moyen Age: de l'amour et d'autres essais, Paris 1988, S. 50.

5 Zum Beispiel in »Castia Gilos [Bestrafung des Eifersüchtigen]«, in: Nouvelles occitanes du Moyen Age, übers. von J.-C. Huchet. Paris 1992, S. 223 ff. Siehe auch G. Boccaccio, Das Dekameron, übers. von A. Wesselski, Frankfurt am Main 1976, Bd. 1, Dritter Tag, 8. Geschichte.

6 E. Wickersheimer (Hg.), Jehan de Paris, Paris 1923, S. 18; G. Chaucer, Canterbury-Erzählungen, S. 138; Die fünfzehn Freuden der Ehe, Kap. 14. »Charivari«, der lautstarke Protest gegen Ehen, die von der Gemeinde als unpassend betrachtet wurden, bezog sich manchmal auf einen allzu großen Altersunterschied, die ältesten aufgezeichneten Motive aber betreffen die Wiederverheiratung im allgemeinen (J.-C. Schmitt und J. LeGoff, Le Charivari, Paris 1981).

7 O. Schult-Gora (Hg.), La Chasteleine de Saint Gilles, in: Zwei altfranzösische Dichtungen, Halle 1911, I. Teil, S. 62, 220.

8 R. Manselli, Studi sulle eresie del secolo XII, Rom 1975, S. 104; J. Leclercq, Le mariage vu par les moines au XIIe siècle, Paris 1983.

9 P. Ourliac und J. de Malafosse, Histoire du droit privé, Bd. 1. Les obligations, Paris 1969, S. 130; J. Gaudemet, Mariage en Occident, S. 35 ff.

10 Boutillier zitiert nach J. Gaudemet, Mariage en Occident; Usk zitiert nach H. Kelly, Love and Marriage in the Age of Chaucer, Ithake NY 1975, S. 290.

11 Zu den meisten nachfolgenden Literaturverweisen siehe L. Otis, Prostitu-

tion in Medieval Society: the History of an Urban Institution in Languedoc, Chicago 1985, S. 68 ff. Siehe auch J. Carter, Rape in Medieval England, New York/London 1985; S. Wemple, Consent and Dissent to Sexual Intercourse in Germanic Societies, in: A. Laiou (Hg.), Consent and Coercion to Sex and Marriage in Ancient and Medieval Societies, S. 227 ff.; A. Klinck, Anglo-Saxon women and the law, in: Journal of Medieval History 8 (1982), S. 107 ff.; J. Gaudemet, Mariage en Occident, S. 179.

12 M. Zink, La Pastourelle, Paris 1972; W. Paden, Rape in the pastourelle, in: RR 80 (1989), S. 331 ff.; J. Flori, Le Chevalier la femme et l'amour dans les pastourelles, in: Hommage à Jean-Charles Payen, Caen 1989, S. 175 ff.; M. Sichert, Liebe in den mittelenglischen Pastourellen, in: Liebe – Ehe – Ehebruch in der Literatur des Mittelalters, hg. von X. von Ertzdorff und M. Wynn, Gießen 1984, S. 125 ff.; D. Rieger, Le motif du viol dans la littérature de la France médiévale, in: CCM 31 (1988), S. 241 ff.; Gui d'Ussel wird zitiert nach der von P. Bec herausgegebenen Anthologie des troubadours, Paris 1979, S. 53.

13 G. Duby, Aussagen, Zeugnisse, Geständnisse, in: Geschichte der Frauen, S. 517.

14 J. Gaudemet, Mariage en Occident, S. 57, 113, 171.

15 J.-B. Molin und P. Mutembe, Le rituel du mariage en France du XIIe au XVIe siècle, Paris 1974; D. D'Avray, Marriage Ceremonies and the Church in Italy after 1215, in: T. Dean und K. Lowe (Hg.), Marriage in Italy 1300–1650, Cambridge 1998, S. 107 ff.

16 R. Helmholz, Marriage Litigation in Medieval England, Cambridge 1974, Kap. 2; R. Weigand, Ehe- und Familienrecht in der mittelalterlichen Stadt, in: A. Haverkamp (Hg.), Haus und Familie in der spätmittelalterlichen Stadt, Köln 1984, S. 161 ff.; G. Brucker, Love and Marriage in Renaissance Florence, Berkeley 1986.

17 J. Yver, Egalité entre héritiers et exclusion des enfants dotés, Paris 1962, S. 31; R. Grafe, Das Eherecht in den Coutumiers des 13. Jahrhunderts, Göttingen 1972; T. Dean, Fathers and daughters: marriage laws and marriage disputes, in: T. Dean und K. Lowe (Hg.), Marriage in Italy 1300–1650, S. 85 ff.; J. Turlan, Recherches sur le mariage dans la pratique coutumière, in: RHD 35 (1957), S. 477 ff.; P. Ourliac, Droit romain et pratique méridionale au XVe siècle: Etienne Bertrand, Thèse-Droit-Paris 1937, S. 43.

18 R. Helmholz, Marriage Litigation in Medieval England, Kap. 2.

19 J.-B. Molin und P. Mutembe, Le rituel du mariage en France du XIIe au XVIe siècle, S. 57; M. Vleeschouwers-Van Melkebeek, Aspects du lien matrimonial dans le »Liber Sententiarum« de Bruxelles (1448–1459), in: TvR 53 (1983), S. 62; A. Lefebvre-Teillard, Les Officialités à la veille du concile de Trente, Paris 1973, S. 167.

20 S. Shahar, The Fourth Estate: a History of Women in the Middle Ages, London/New York 1983, S. 132 ff.

21 P. Contamine, Un aspect de la »tyrannie« de Louis XI: variations sur le thème du »roi marieur«, in: La Femme au Moyen Age, S. 431 ff.; R. Famiglietti, Tales of the Marriage Bed from Medieval France 1300–1500, Providence RI 1992; E. Clark, The decision to marry in thirteenth and early fourteenth century Norfolk, in: MS 40 (1987), S. 496 ff.

22 P. Landau, Hadrians IV. Decretale »Dignum est«, in: StGra 12 (1967), S. 513 ff.; M. Sheehan, Marriage, Family and Law in Medieval Europe. Collected Studies, hg. von J. Farge, Toronto 1996, S. 211.

23 A. Boureau, Le droit de cuissage: la fabrication d'un mythe XIIIe-XXe siècle, Paris 1995.

24 P. Toubert, La théorie du mariage chez les moralistes carolingiens, in: Matrimonio nella società altomedievale. Settimane di studio del Centro italiano di studi sull'alto Medioevo t. 24, Spoleto 1977, S. 233 ff.

25 Allgemein siehe P. Rousselot, Pour l'histoire du problème de l'amour au Moyen Age, Thèse-Lettres-Paris 1908; Das Zitat von Guillaume de St. Thierry folgt C. Morris, The Discovery of the Individual, 1050–1200, New York 1972.

26 S. Morrison, The Figure of »Christus Sponsus« in Old English Prose, in: X. von Ertzdorff und M. Wynn (Hg.), Liebe, Ehe, Ehebruch in der Literatur des Mittelalters. Symposium 1983 Universität Gießen, Gießen 1984, S. 5 ff.

27 Y. Carré, Le baiser sur la bouche au Moyen Age, Paris 1992, S. 312; zu Rolle siehe A. Crépin und H. Dauby, Histoire de la littérature anglaise du Moyen Age, Paris 1993; C. Leonardi, Portrait d'une mystique italienne du XIIIe siècle: Angèle de Fologno, in: Femme Moyen Age 1990, S. 69 ff.; zu Christina Ebner siehe P. Braunstein, Approches de L'intimitè, XIVe-XVe siècle, in: G. Duby (Hg.), Geschichte des privaten Lebens, Frankfurt am Main 1991, Bd. 2.

28 E. Kooper, Loving the unequal: medieval theologians and marital affection, in: R. Edwards und S. Spector, The Olde Daunce: Love, Friendship, Sex and Marriage in the Medieval World, Albany NY 1991, S. 44 ff.

29 Carré, Baiser sur la bouche, Kap. 2.

30 »Coniugium est in foedere dilectionis … amor coniugalis sacramentum est«, PL 176, S. 874. Diese Betonung des geistigen Charakters der Ehe läßt sich auch im Wiederaufleben der keuschen Ehe beobachten; siehe D. Elliott, Spiritual Marriage: Sexual Abstinence in Medieval Wedlock, Princeton NJ 1993. Zu Gautier siehe PL 176, S. 153 ff., und L. Ott, Walter von Mortagne und Petrus Lombardus, in: Mélanges J. De Ghellinck, Gembloux 1951. Bd. 2, S. 647 ff.

31 J. Noonan, Marital affection in the canonists, in: StGra 12 (1967), S. 481 ff.; M. Sheehan, »Maritalis Affectio«, in: ders. Marriage, Family and Law in Medieval Europe. Collected Studies, Toronto 1996; Leclercq, Le mariage vu par les moines au XIIe siècle, Paris 1983, S. 102 ff.; C. Rousseau, The spousal relationship in the letters of Pope Innocent III, in: MS 56 (1994), S. 89 ff.

32 Kooper, Loving the Unequal, S. 49.

33 Christine de Pisan, Buch über die Stadt der Frauen, I.9; Epheser 5:22. Siehe den islamischen Theologen Ghazali (gest. 1111), Le livre des bons usages en matière de mariage, übers. von L. Bercher und G. Bousquet, Paris, Oxford 1953, S. 69. In »Siete partidas« wird die Frau als »companera« bezeichnet (R. Gonzalez-Casanovas, Gender Models in »Siete Partidas«, in: J. Murray und K. Eisenbichler (Hg.), Desire and Discipline. Sex and Sexuality in the Premodern West, Toronto/London 1996, S. 42ff.).

34 D. D'Avray and M. Tausche, Marriage sermons in »Ad status« collections of the central middle ages, in: AHDL 55 (1980).

35 M. Dallapiazza, Minne, hûsêre und das ehlich leben, Frankfurt/Bern 1981, Kap. 6; R. Schnell, The discourse of marriage in the middle ages, in: Speculum 73 (1998), S. 771ff.

36 J. Wimsatt, Reason, Machaut and the Franklin, in: The Olde Daunce, S. 201ff.; G. Chaucer, Canterbury Erzählungen, S. 379. Das abschließende Zitat von Juan de Torquemada folgt J. Noonan, Power to choose, in: Viator 4 (1973), S. 434.

37 S. Shahar, The Fourth Estate: a History of Women in the Middle Ages, London/New York 1983, S. 72; B. Lhoest, L'amour enfermé, Paris 1990, S. 15. Siehe auch J.-L. Flandrin, Le Sexe et l'Occident, Paris 1981, S. 83; D. Monson, The troubadour's lady reconsidered again, in: Speculum 70 (1995), S. 255ff. Einen Überblick enthält R. Boase, The Origin and Meaning of Courtly Love. A Critical Study of European Scholarship, Manchester 1977. »Fin'amor[s]« war der Begriff, der im 12. Jahrhundert benutzt wurde; »höfische Liebe« ist ein moderner Terminus, der allerdings nicht völlig unangemessen ist, da eine der wesentlichen Eigenschaften des Liebenden seine »Höfischkeit [courtoisie]« ist.

38 Andreae Capellani De amore libri tres, hg. von E. Trojel, Kopenhagen 1892, Reprint München 1972.

39 J. Baldwin, The Language of Sex – Five Voices from Northern France around 1200, Chicago/London 1994, Kap. 1.

40 R. Schnell, Causa amoris. Liebeskonzeption und Liebesdarstellung in der mittelalterlichen Literatur, Bern/München 1985, S. 123; R. Stone, Les arts d'aimer dans la littérature française du XIIIe siècle, Thèse-Lettres-Paris 1956.

41 R. Schnell, Von der kanonistischen zur höfischen Ehekasuistik, Gautiers d'Arras »Ille et Galteron«, in: ZRPh 98 (1982), S. 157ff.

42 R. Schnell, Causa amoris, S. 122; Le lettre d'amour au Moyen Age, hg. von E. Wolff, Paris 1996, S. 49; A. Karnein, Liebe, Ehe und Ehebruch im minnedidaktischen Schrifttum, in: Liebe, Ehe, Ehebruch, hg. von X. von Ertzdorff und M. Wynn, Gießen 1984, S. 148ff.; F. Oostrom, Court and Culture. Dutch Literature, 1350–1450, Berkeley/Oxford 1992, Kap. 6.

43 S. Rouillan-Castex, L'amour et la société féodale, in: RH 272 (1984), S. 295ff. Die entgegengesetzte Ansicht vertreten C. Camproux, Le mariage

et l'amour adultère chez les troubadours, in: Ecrits sur les troubadours, Montpellier 1985, Bd. 2, S. 55 ff., und A. Press, The adulterous nature of »fins amors«, in: Forum for Modern Language Studies 6 (1970), S. 327 ff.

44 W. Paden, The troubadour's Lady, her marital status and social rank, in: Studies in Philology 72 (1975), S. 28 ff. Paden schätzt, daß nur ca. 3 % der gesamten provenzalischen Lyrik jener Zeit eindeutig ehebrecherischen Charakter trug. D. Monson, The troubadour's Lady reconsidered again; die Notwendigkeit von Geheimhaltung und Diskretion betont auch Dirk Potter, jener Befürworter der ehelichen Liebe, siehe F. Oostrom, Court and Culture, Kap. 6.

45 R. Boase, Origin of Courtly Love; J.-C. Huchet, L'amour discourtois: la »Fin'amors« chez les premiers troubadours, Toulouse 1987; J. Kühnel, Heinrich von Morungen, die höfische Liebe und das Unbehagen in der Kultur, in: Minne ist ein swaerez spil, hg. von U. Müller, Göppingen 1986, S. 253 ff. P. Bec weist darauf hin, wie mühelos ein und derselbe Dichter je nach Genre zwischen »reiner« Liebe und verzehrender Liebe oszillieren kann, zwischen höfischer Liebe und obszönen und skatologischen Parodien, siehe: Burlesque et obscenité chez les troubadours, Paris 1984.

46 Marie de France, Lais, hg. von J. Rychner, Paris 1973.

47 J. Ferrante, The Conflict of Love and Honor: The Medieval Tristan Legend in France, Germany and Italy, Paris 1973.

48 Chrétien de Troyes, Le chevalier de la charrette, hg. von C. Méla, Paris 1992.

49 H. Kelly, Love in the Age of Chaucer; R. Schnell, Causa amoris.

50 J. Ferrante, Conflict of Love and Honor.

51 Marie de France, Lais, V. 225; J.-M. Pastre, Par dela le bien et le mal, ou l'adultère dans le fabliaux allemands, in: Amour, mariage et transgression au Moyen Age, hg. von D. Buschinger und A. Crépin, Göppingen 1984, S. 389 ff. Aufschlußreich ist auch die Verbindung, die König René zwischen dem Herz des Liebenden und dem Heiligen Herzen Jesu herstellt, siehe D. Poiron, Le miroir magique, in: M. Cazenave et al., L'art d'aimer au Moyen Age, Paris 1997, S. 185 ff.

52 N. Bériou und D. D'Avray, The image of the ideal husband in thirteenth-century France, in: Revue Mabillon 1 (1990), S. 111 ff.; N. Cartlidge, Medieval Marriage: Literary Approaches, Cambridge 1997, Kap. 4.

53 Raymond Lull, Livre d'Evast et de Blaquerne, hg. von A. Llinarès, Paris 1970; Robert le diable, hg. von E. Löseth, Paris 1903.

54 M. Zink, La prédication en langue romane avant 1300, Paris 1976.

55 J. Moore, Love in twelfth-century France: a failure in synthesis, in: Traditio 24 (1968), S. 429; Matfré Ermengaud, Le breviari d'amor, hg. von P. Ricketts, Leiden 1976.

56 J. Caluwé, L'amour et le mariage, moteurs seconds dans la littérature épique française et occitane du XIIe siècle, in: Love and Marriage in the

Twelfth Century, hg. von W. van Hoecke und A. Welkenhuysen, Leuven 1981, S. 171 ff.; J.-P. Martin, Les aventures conjugales d'une héroïne épique: Aye d'Avignon, in: Amour, mariage et transgression, S. 291 ff.; J.-C. Payen, La destruction des mythes courtois dans le roman arthurien, in: RLR 78 (1969), S. 213 ff.

57 H. Legros, Parenté naturelle, alliance, parenté spirituelle: de l'inceste à sainteté, in: Relations de parenté dans le monde médiéval, Senefiance n°26, Aix-en-Provence 1989, S. 509 ff.

58 G. Mathew, The Court of Richard II, London 1968, S. 129 ff.

59 F. Faber, Eheschließung in mittelalterlicher Dichtung. Diss. Bonn 1974, S. 250; R. Schmidt-Wiegand, Ehe und Familie in der lehrhaften Dichtung des 14. und 15. Jahrhunderts, in: Haus und Familie in der spätmittelalterlichen Stadt, hg. von A. Haverkamp, Köln 1984, S. 195 ff.; Dieter Kühn, Der Parzival des Wolfram von Eschenbach, Frankfurt am Main 1986.

60 L. Clare und J.-C. Chevalier, Le Moyen Age espagnol, Paris 1972; R. Schmidt-Wiegand, Ehe und Familie in der lehrhaften Dichtung des 14. und 15. Jahrhunderts; H. Kelly, Love in the Age of Chaucer, Ithaka NY 1975, S. 274.

61 William Langland, Piers the Plowman, hg. von J. Goodridge, London 1966, S. 103; J. Gower, Confessio amantis, übers. von T. Tiller, London 1963, S. 165, 219; H. Kelly, Love in the Age of Chaucer, Kap. 3.

62 Floire et Blancheflor. 1. Fassung, hg. von M. Pelan, Paris 1956, 2. Fassung hg. von M. Pelan, Paris 1975; Jean Renart, L'Escoufle, hg. von F. Sweetser, Genf 1974; Amadas et Ydoine, hg. von J. Reinhard, Paris 1926; Philippe de Beaumanoir, Jehan et Blonde, hg. von S. Lécuyer, Paris 1984; Pierre de Provence et la belle Maguelonne, hg. von A. Biedermann, Halle/Paris 1913; Paris et Vienne, hg. von R. Kaltenbacher, in: Romanische Forschungen 15 (1904); Cleriadus et Meliadice, hg. von G. Zink, Paris/Genf 1984; Ponthus et Sidoine, hg. von M.-C. de Crécy, Genf 1997.

63 Amadas, V. 7880; Pierre, S. 20; Cleriadus, S. 552; Dirk Potter betrachtete hypergame Ehen wohlwollend und war überzeugt, daß sie den Ehemann weniger Anlaß zur Untreue gaben (F. Oostrom, Court and Culture. Dutch Literature, 1350–1450, Berkeley/Oxford 1992, S. 228)!

64 Amadas, V. 1256 ff.; Paris, S. 476; Cleriadice, S. 50; Jehan, V. 1616.

65 Jehan, V. 1315; Cleriadice, S. 50; Paris, S. 472; Pierre, S. 32.

66 L'escoufle, V. 3283 ff. Auch Dirk Potter wußte um die durch verzögerte Befriedigung intensivierte Erotik (F. Oostrom, Court and Culture, S. 229).

67 Amadas, V. 6650.

68 F. Autrand, Charles V., Paris 1994, Einleitung. »L'art d'aimer est l'art de bien gouverner«, J. Jourdan, Le langage amoureux dans le combat de chevalier, in: MA 99 (1993), S. 83 ff.

69 Paris, S. 456, 532, 552; P. L'Hermite-Leclercq, La femme à la fenestrelle du reclusoir, in: Femme Moyen Age 1990, S. 49 ff.; aus der lombardischen Chronik des Paulus Diaconus, zitiert nach S. Wemple, Consent and Dissent

to Sexual Intercourse in German Societies, in: Consent and Coercion, hg. von A. Laïou, Washington DC 1993, S. 234 (dieser Fall wird auch von Christine de Pisan in ihrer »Stadt der Frauen«, II, 46, erwähnt).

70 Paris, S. 629; eine auffallend ähnliche Passage enthält Raymond Lulls »Blaquerne«, S. 68.

71 L. Garland, »Be Amourous, But Be Chaste ...« Sexual morality in Byzantine learned and vernacular romance, in: Byzantine and Modern Greek Studies 14 (1990), S. 62 ff.; J. Jochens, Consent as Signifier in the Old Norse World, in: Consent and Coercion, S. 271 ff.; J. Flood, Sigmund Feyerabends »Buch der Liebe«, 1587, in: Liebe in der deutschen Literatur des Mittelalters, hg. von J. Ashcroft, D. Huschenbett und W. Jackson, Tübingen 1987, S. 204 ff.

72 J. Bumke, Höfische Kultur. Literatur und Gesellschaft im hohen Mittelalter. 2 Bde., München 1986; J. Bennett, Women in the Medieval Countryside: Gender and Household in Brigstock before the Plague, Oxford 1989; M. Jones, Sex and sexuality in late medieval and early modern art, in: Privatisierung der Triebe, hg. von D. Erlach, Frankfurt am Main 1994.

73 G. Mathew, The Court of Richard II, S. 17; Amadas, V. 1–2; Paris et Vienne, S. 440.

74 M. Stanesco und M. Zink, Histoire européenne du roman médiéval, Paris 1992, S. 178.

75 F. Autrand, Charles V, S. 808; G. Mathew, Richard II, S. 17. Erwähnenswert ist auch die (1295 geschlossene) Liebesehe zwischen James II. von Aragon und Blanka von Anjou, von der ihre Korrespondenz zeugt (R. Sablonier, Die aragonesische Königsfamilie um 1300, in: Emotionen und materielle Interessen, hg. von H. Medick und D. Sablean, Göttingen 1984, S. 282 ff.).

76 Jehan de Paris, S. 24; Y. Grandeau, Isabeau de Bavière ou l'amour conjugal, in: Actes du 102e congrès des Sociétés savantes, Paris 1979, S. 117 ff.; D. Poirion, Le miroir magique.

77 F. Autrand, Charles V, S. 402 ff.

78 K.-H. Spieß, Familie und Verwandtschaft im deutschen Hochadel des Spätmittelalters, Stuttgart 1993, S. 28 ff.; A. Haskell, The Paston women on marriage in fifteenth-century England, in: Viator 4 (1973), S. 459 ff.

79 R. Helmholz, Marriage Litigation in Medieval England, Cambridge 1974; J. Bennett, Medieval peasant marriage: an examination of marriage license fees, in: Pathways to Medieval Peasants, hg. von J. Raftis, Toronto 1981; S. Chojnacki, Power of love: wives and husbands in late medieval Venice, in: Women and Power in the Middle Ages, hg. von M. Erler und M. Kowaleski, Athen Ga./London 1988; M. Greilsammer, L'envers du tableau: mariage et maternité en Flandre médiévale, Paris 1990, S. 84; B. Hanawalt, The Ties that Bound: Peasant Families in Medieval England, Oxford 1986; P. Charbonnier, Les noces de sang: le mariage dans les lettres de rémission du XVe siècle, in: Le Mariage au Moyen Age. Actes du colloque de Montferrand mai 1997, hg. von J. Teyssot, S. 133 ff.; C. Gauvard, Paroles de femme,

in: Femme Moyen Age 1990, S. 327 ff.; B. Kruse, Women's secrets: health and sexuality of women in unpublished medieval texts, in: Sex, Love and Marriage in Medieval Literature and Reality, Greifswald 1996, S. 33 ff.

80 J. Shatzmiller, Un mariage d'amour était-il possible au Moyen Age? Mariage au Moyen Age, S. 11 ff.; J.-B. Molin und P. Mutembe, Le rituel du mariage en France du XIIe au XVIe siècle, Paris 1974, S. 65, 173; M. Beer, Eltern und Kinder des späten Mittelalters in ihren Briefen, Nürnberg 1990; K.-H. Spieß, Familie und Verwandtschaft im deutschen Hochadel des Spätmittelalters; F. und J. Gies, Marriage and the Family in the Middle Ages, New York 1987, Kap. 13.

81 S. Lazard, Donne gentile et gentildonna, in: A. Montaudon (Hg.), Du goût, de la conversation et des femmes, Clermont-Ferrand 1994; J. Yost, Changing attitudes toward married life in civic and Christian humanism, in: Occasional Papers of the American Society for Reformation Research 1 (1977), S. 151 ff.

82 N. Bériou und D. D'Avray, Modern Questions about Medieval Sermons, Spoleto 1994, passim; Repertorium deutschsprachiger Ehelehren der Neuzeit, hg. von E. Kartschoke u. a., Berlin 1996, I/1 n°25, 68; M. Dallapiazza, Minne, hûsêre und das ehlich leben, Frankfurt/Bern 1981, Kap. 8; M. Dallapiazza, Eine schwäbische Ehelehre des 15. Jahrhunderts, in: Beiträge zur Geschichte der deutschen Sprache und Literatur, 106 (1984), S. 75 ff.

83 G. Chaucer, Canterbury-Erzählungen, übertragen und hg. von M. Lehnert, Frankfurt am Main 1987, S. 318 f., 475; F. Oostrom, Court and Culture, Kap. 8; Ménagier de Paris, 1847 [Reprint Genf o. J.], S. 186; zur Wertschätzung der disputierenden Frau siehe auch H. Solterer, The Master and Minerva: Disputing Women in French Medieval Culture, Berkeley/London 1995, sowie D. D'Avray, Katherine of Alexandria: woman as intellectual, in: N. Bériou und D. D'Avray, Modern Questions about Medieval Sermons, S. 401 ff.

84 Petot, La famille, Paris 1992; J. Gilissen, La femme dans l'ancien droit belge, in: Société Jean Bodin, S. 240 ff.; D. Romano, Patricians and Popolani, Baltimore/London 1987; J.-P. Levy, L'officialité de Paris et les questions familiales à la fin du XIVe siècle, in: Mélanges Gabriel LeBras, Paris 1965, Bd. 2, S. 1265 ff.; P. Wolff, Quelques actes notariés concernant famille et mariage, in: AMidi 78 (1966), S. 115 ff.; A. Lefebvre-Teillard, Les Officialités à la veille du concile de Trente, Paris 1973; M. Vleeschouwers-van Melkebeer, Aspects du lien matrimonial dans le »Liber Sententiarum« de Bruxelles (1448–1459), in: TvR 53 (1983), S. 71; Les Evangiles des Quenouilles, Paris 1855, pp. 105 (ms. A. Cigongne), 16; Repertorium deutschsprachiger Ehelehren der frühen Neuzeit, n°68.

85 J. von Saaz, Der Ackermann aus Böhmen, hg. von G. Jungbluth, Heidelberg 1969; T. Usk wird zitiert nach G. Mathew, The Court of Richard II, S. 55; siehe auch den »Neu Guellden Traum« von Hans Folz (gest. 1515), für den die Liebe nur in der Ehe gelebt werden konnte (J. Janota, Liebe und Ehe bei

Hans Folz, in: Liebe in der deutschen Literatur des Mittelalters, hg. von J. Ashcroft, D. Huschenbett und W. H. Jackson, Tübingen 1987, S. 174 ff.), sowie »Petit Plet« (N. Cartlidge, Medieval Marriage: Literary Approaches, Cambridge 1997, Kap. 5).

86 T. Vinyoles I Vidal, Cartes u'una catalana del s. XIV al seu marit, in: Estudios Universitatis Catalans 26 (1984), S. 406; M. Beer, Eltern und Kinder des späten Mittelalters in ihren Briefen, S. 178, 198; Christine de Pisan, Die Stadt der Damen, II.13; Die Fünfzehn Freuden der Ehe, Berlin 1998, S. 149; siehe auch M. Lorcin und J. Pastre in: L'idée de bonheur au Moyen Age. Actes du colloque d'Amiens 1984, hg. von D. Buschinger, Göppingen 1990, S. 293 ff., 315 ff., zum Bild, das die Fabeln vom ehelichen Glück zeichnen.

87 P. Dinzelbacher, Über die Entdeckung der Liebe im Hochmittelalter, in: Saeculum 32 (1981), S. 185 ff.; M. de Jong, The foreign past: Tijdschrift voor Geschiedenis 109 (1996), S. 326 ff.; P. Dronke, Medieval Latin and the Rise of European Love-Lyrik, Oxford 1968.

88 G. Duby, Heloise, Isolde und andere. Frauen im 12. Jahrhundert, Frankfurt am Main 1997; P. Delhaye, Le dossier anti-matrimonial de l' »Adversus Joviniam«, MS 13 (1951), S. 65 ff.

89 R. Schnell, Causa amoris.

90 L. Stone, The Family, Sex and Marriage in England 1500–1800, London 1977; P. Biller, Birth-control in the West in the thirteenth and early fourteenth centuries, in: PaP 94 (1982), S. 10.

91 A. MacFarlane, Marriage and Love in England: Modes of Reproduction, 1300–1840, Oxford 1987.

92 R. Hanning, Love and power in the twelfth century, in: The Olde Daunce: Love, Friendship, Sex and Marriage in the Medieval World, hg. von R. Edwards und S. Spector, Albany NY 1991, S. 87 ff.; W. Langland, Piers the Ploughman, hg. von J. Goodridge, London 1966, S. 52–53; D. Rocher, La femme mariée entre deux familles dans la littérature narrative allemande au Moyen Age, in: Relations de parenté dans le monde médiéval, Senefiance n°26, Aix-en-Provence 1989, S. 247 ff. »Herkömmliche Tugenden, die mit Frauen assoziiert wurden, Zärtlichkeit und Mitleid dienten politischen Zwecken«, schreibt S. Kolsky über Mario Equicolas »De mulieribus« (1501), siehe: ders., Bending the rules: Renaissance collections of biographies of famous women, in: Marriage in Italy, hg. von T. Dean und K. Lowe, Cambridge 1998.

93 B. Tierney, Hiercharchy, consent and the »Western Tradition«, in: Political Theory 15 (1987), S. 646 ff.

94 J. Bumke, Höfische Kultur. Literatur und Gesellschaft im hohen Mittelalter, Bd. 2, München 1986, S. 528. Nicht zufällig kombiniert ein für Prinz Arthur von England um 1500 erstelltes Manuskript zwei Liebestraktate mit einer kurzen Abhandlung »sur le fait de gouvernement d'un prince«, siehe: Two Medieval Love Treatises, hg. von L. Brook, London 1993.

Auswahlbibliographie

Verwandtschaft, Frauen und Eigentum

M. Borgolte, Sozialhistorische Spezialforschungen: Familienforschung und Geschlechtergeschichte, in: HZ 22 (1996), S. 385 ff.
K. Bosl, Die »Familia« als Grundstruktur der mittelalterlichen Gesellschaft, in: Zeitschrift für bayerische Landesgeschichte 38 (1975), S. 403 ff.
Droit de la famille en Europe: son évolution depuis l'Antiquité jusqu'à nos jours, hg. von R. Ganghofer, Straßburg 1992.
G. Duby: L'écriture de l'histoire, hg. von C. Duhamel-Amadou und G. Lobrichon, Brüssel 1996.
Famiglia e vita quotidiana in Europa dal '400 al '600, fonti e problemi: Atti del convegno Milano 1983, Rom 1986.
Famille et parenté dans l'Occident médiéval: actes du colloque de Paris 1974, Collection de l'Ecole française de Rome 30, Rom 1977.
Family and Inheritance. Rural Society in Western Europe 1200–1800, hg. von J. Goody et al., Cambridge 1976.
La Femme au Moyen Age, hg. von M. Rouche et J. Heuclin, Maubeuge 1990.
La Femme au Moyen Age, Paris 1992.
La Femme dans les civilisations des Xe-XIIIe siècles, colloque à Poitiers 1976, in: CCM 20 (1977).
La Femme dans l'histoire et la société méridionales (IXe-XIXe s.), Actes du 66e congrès de la Fédération historique du Languedoc Narbonne 1994, Montpellier 1995.
Femmes, mariages, lignages, XIIe-XIVe siècles: Mélanges offerts à Georges Duby, Brüssel 1992.
Frau und spätmittelalterlicher Alltag: Internationaler Kongreß Krems an der Donau 1984, Wien 1986.
L. Guzetti, Venezianische Vermächtnisse, die soziale und wirtschaftliche Situation von Frauen im Spiegel spätmittelalterlicher Testamente, Stuttgart/Weimar 1998.
Haus und Familie in der spätmittelalterlichen Stadt, hg. von A. Haverkamp, Köln 1984.
J. Hilaire, Le régime des biens entre époux dans la région de Montpellier, Thèse Droit Montpellier 1957.
Geschichte der Familie, hg. von A. Burguière et al., Bd. 1, Frankfurt a. M. 1996.
Geschichte der Frauen, Bd. 2, hg. von C. Klapisch-Zuber, Frankfurt a. M. 1993.

Geschichte des privaten Lebens, Bd. 1, hg. von P. Veyne, Bd. 2, hg. von G. Duby, Frankfurt am Main 1989/1991.
C. Klapisch-Zuber, La maison et le nom: stratégies et rituels dans l'Italie de la Renaissance, Paris 1990.
A. Lefebvre-Teillard, Introduction historique au droit des personnes et de la famille, Paris 1996.
Marriage, Property and Succession, hg. von L. Bonfield, Berlin 1992.
Marriage and Social Mobility in the Late Middle Ages, hg. von W. Prevenier, Gent 1989.
Medieval Women and the Sources of Medieval History, hg. von J. Rosenthal, Athens Ga./London 1990.
Médiévales. Liens de famille: vivre et choisir sa parenté 19 (1990).
M. Mitterauer, Europäische Familienentwicklung, in: HZ 21 (1995), S. 91 ff.
Société Jean Bodin. La Femme 1959.
Women and Power in the Middle Ages, hg. von M. Erler und M. Kowaleski, Athens Ga./London 1988.
Women and Work in Pre-industrial Europe, hg. von B. Hanawalt, Bloomington Ind. 1986.
Women in Medieval Society, hg. von S. Mosher, Philadelphia Pa. 1976.
Women of the Medieval World: Essays in Honor of John H. Mundy, hg. von J. Kirshner und S. Wemple, Oxford 1985.

Die Kontrolle von Sexualität und Ehe

D. Berents, Misdaad in de Middeleeuwen: een onderzoek naar de criminaliteit in het laatmiddeleeuwse Utrecht, Utrecht 1976.
S. Burghartz, Leib, Ehre und Gut: Delinquenz in Zürich Ende des 14. Jahrhunderts, Zürich 1990.
Constructing Medieval Sexuality, hg. von K. Lochrie u.a., Minneapolis 1997.
Crime, Society and the Law in Renaissance Italy, hg. von T. Dean und K. Lowe, Cambridge 1994.
Desire and Discipline. Sex and Sexuality in the Premodern West, hg. von J. Murray und K. Eisenbichler, Toronto/London 1996.
Droit, histoire et sexualité, hg. von J. Poumarede et J.-P. Royer, Lille 1987.
G. Duby, Ritter, Frau und Priester, Frankfurt am Main 1985.
Histoire et société: mélanges offerts à Georges Duby, Aix-en-Provence 1992, Bd. 1, Le couple, l'ami et le prochain.
J. Dufresne, Les comportements amoureux d'après le registre de l'officialité de Cerisy, Bulletin philologique et historique (1973), S. 131 ff.
Human Sexuality in the Middle Ages and Renaissance, hg. von D. Radcliff-Umstead, Pittsburgh Pa. 1978.

Illegitimität im Spätmittelalter, hg. von L. Schmugge, München 1994.
Law, Custom and the Social Fabric in Medieval Europe: Essays in Honor of Bryce Lyon, hg. von B. Bachrach und D. Nicholas, Kalamazoo Mich. 1990.
E. LeRoy Ladurie, Montaillou. Ein Dorf vor dem Inquisitor, 1294–1324, Frankfurt am Main/Berlin 1983.
Marriage in Italy 1300–1650, hg. von T. Dean und K. Lowe, Cambridge 1998.
Matrimonia nella società altomedievale, Settimane di studio del Centro italiano di studi sull'alto Medioevo, Bd. 24, Spoleto 1977.
Miscellanea Domenico Maffei dedicata: Historia-lus-Studium, hg. von A. Garcia y Garcia und P. Weimar, 4 Bde., Goldbach 1995.
Privatisierung der Triebe? Sexualität in der frühen Neuzeit, hg. von D. Erlach et al., Frankfurt am Main 1994.
J. Rossiaud, La prostitution médiévale, Paris 1988.
F. Sabaté, Evolucio i expressio de la sexualitat medieval, in: Anuario de estudios medievales 23 (1993), S. 163 ff.
L. Schmugge, Kirche, Kinder, Karrieren. Päpstliche Dispense von der unehelichen Geburt im Spätmittelalter, Zürich 1995.
M. Schröter, »Wo zwei zusammen kommen in rechter Ehe«: Studien über Eheschließungsvorgänge, Frankfurt 1990.
Sex in the Middle Ages: A Book of Essays, hg. von J. Salisbury, New York 1991.
Sex, Love and Marriage in Medieval Literature and Reality, Greifswald 1996.
Sexual Practices and the Medieval Church, hg. von V. Bullough und J. Brundage, Buffalo N.Y. 1982.
M. Sheehan, Marriage, Family and Law in Medieval Europe. Collected Studies, hg. von J. Farge, Toronto 1996.
Vie privée et ordre public à la fin du Moyen Age: Etudes sur Manosque, la Provence et le Piémont (1250–1450), hg. von M. Hébert, Aix-en-Provence 1987.
R. Weigand, Liebe und Ehe im Mittelalter, Goldbach 1993.

Liebe und Ehe als positive Werte

Amour, mariage et transgressions au Moyen Age: Actes du colloque 1983 Université de Picardie, hg. von D. Buschinger und A. Crépin, Göppingen 1984.
N. Bériou und D. D'Avray, Modern Questions about Medieval Sermons, Spoleto 1994.
R. Bloch, Medieval Misogyny and the Invention of Western Romantic Love, Chicago/London 1991.
C. Brooke, The Medieval Idea of Marriage, Oxford 1989.
M. Cazenave et al., L'art d'aimer au Moyen Age, Paris 1997.
Le Coeur mangé. Récits érotiques et courtois XIIe et XIIIe siècles, übers. von D. Régnier-Bohler, Paris 1979.

Consent and Coercion to Sex and Marriage in Ancient and Medieval Societies, hg. von A. Laiou, Washington DC 1993.
Du goût, de la conversation et des femmes, hg. von A. Montaudon, Clermont-Ferrand 1994.
L'idee de bonheur au Moyen Age. Actes du colloque d'Amiens 1984. Hg. von D. Buschinger, Göppingen 1990.
Liebe als Literatur. Aufsätze zur erotischen Dichtung in Deutschland, hg. von R. Krohn, München 1983.
Liebe in der deutschen Literatur des Mittelalters, St.-Andrews-Colloquium 1985, hg. von J. Ashcroft, D. Huschenbett und W. Jackson, Tübingen 1987.
Liebe – Ehe – Ehebruch in der Literatur des Mittelalters, Symposium 1983 Universität Gießen, hg. von X. von Ertzdorff und M. Wynn, Gießen 1984.
Liebesfreuden im Mittelalter: Kulturgeschichte der Erotik und Sexualität in Bildern und Dokumenten, Stuttgart/Zürich 1994.
Love and Marriage in the Twelfth Century, hg. von W. van Hoecke und A. Welkenhuysen, Leuven 1981.
Le Mariage au Moyen Age. Actes du colloque de Montferrand mai 1997, hg. von J. Teyssot.
Le Mariage au temps de la Renaissance, hg. von M. Jones-Davies, Paris 1993.
The Meaning of Courtly Love, Conference SUNY Binghamton 1967, hg. von F. Newman, Albany N.Y. 1968.
Minne ist ein swaerez spil. Neue Untersuchungen zum Minnesang und zur Geschichte der Liebe im Mittelalter, hg. von U. Müller, Göppingen 1986.
The Olde Daunce: Love, Friendship, Sex and Marriage in the Medieval World, hg. von R. Edwards und S. Spector, Albany N.Y. 1991.
Relations de parenté dans le monde médiéval, Senefiance n26, Aix-en-Provence 1989.
Women and Literature in Britain, 1150–1500, hg. von C. Meale, Cambridge 1993.
Women, Marriage and Family in Medieval Christendom. Essays in Memory of Michael M.Sheehan, CSB, hg. von C. Rousseau and J. Rosenthal, Kalamazoo Michigan 1998.

Abkürzungen

AHDL	Archives d'histoire doctrinale et littéraire du Moyen Age
AHR	The American Historical Review
AJLH	The American Journal of Legal History
AMidi	Annales du Midi
Annales	Annales. Economie, Société, Civilisation
CCM	Cahiers de civilisation médiévale
EHR	English Historical Review
HZ	Historische Zeitschrift
MA	Le Moyen Age
MS	Mediaeval Studies
PaP	Past and Present
PH	Provence historique
PL	Patrologiae cursus completus. Serie Latina, hg. von J. Migne, Paris 1841–1864 (217 Bde.)
RH	Revue historique
RHD	Revue historique de droit français et étranger
RLR	Revue des langues romanes
RSDI	Rivista de storia del diritto italiano
SHDE	Recueil de mémoires ... de la Société d'histoire du droit écrit
StGra	Studia Gratiana
TvR	Tijdschrift voor Rechtgeschiedenis
ZRPH	Zeitschrift für romanische Philologie
ZSRGK	Zeitschrift der Savigny-Stiftung für Rechtsgeschichte – Kanonische Abteilung

Zeittafel

Um 100	Tacitus' »Germania« enthält Hinweise auf kognatische Verwandtschaftsstruktur
400	Konzil von Toledo – Akzeptanz des Konkubinats Unverheirateter
430	Tod des heiligen Augustinus, Verfasser von »De bono coniugali«
565	Tod Kaiser Justinians, Kompilator des Römischen Rechts
frühes 6. Jh.	Erste Fassung der Lex Salica
6. Jh.	Kirchenkonzile in Gaul ergreifen Maßnahmen gegen die Endogamie
720–750	Päpstliche und Konziliarbewegung gegen die Endogamie
751–768	Regierungszeit Pippins des Kleinen (serielle Monogamie)
800	Kaiserkrönung Karls des Großen
9. Jh. 60er Jahre	Scheidung Kaiser Lothars II. – Stellungnahme Hinkmars von Reims
866	Brief von Papst Nikolaus I. an die Bulgaren (Zustimmung zur Ehe)
987	Hugo Capet besteigt den Thron
1024	Tod Kaiser Heinrichs II., verheiratet mit Kunigunde
um 1059	»Ruodlieb« wird in Bayern verfaßt
1073–1085	Pontifikat Gregors VII. und gregorianische Reformen
1116	Erste Predigten von Heinrich dem Mönch (Heirat durch Konsens)
12. Jh., 30er Jahre	Korrespondenz von Abaelard und Heloise; Hugo von St. Viktor schreibt über die Ehe
1130–1150	Laufbahn des Troubadours Marcabru

um 1140	Gratians »Decretum«, große Kirchenrechtssammlung
1152	Scheidung von Ludwig VII. von Frankreich und Eleonore von Aquitanien
1154–1159	Papst Hadrian IV. – Heiratserlaubnis für Unfreie
um 1155	»Sentenzen« des Theologen Petrus Lombardus
1159–1181	Papst Alexander III.
um 1160	»Lais« der Marie de France; »Floire et Blancheflor«
1160–1185	Werke Chrétiens de Troyes
1166	Tod Aelreds de Rievaulx (»Speculum caritatis«)
um 1180	Azo, Zivilrechtler, prägt den Begriff »legitima concubina«
1197–1220	Werke Wolframs von Eschenbach
1198–1216	Papst Innozenz III.
um 1200	Romane »Amadas et Ydoine«; Jean Renarts »Escoufle«; »Nibelungenlied«; »Amis et Amile«
1209–1229	Kreuzzüge gegen die Albigenser (Häresie der Katharer)
1215	Viertes Lateranisches Konzil grenzt den Inzest auf Vettern und Kusinen 3. Grades ein, befiehlt das öffentliche Aufgebot
1220–1240	Erster Teil des »Roman de la Rose«
1226–1270	Regierungszeit Ludwigs IX. von Frankreich, verheiratet mit Marguerite de Provence
13. Jh., 30er Jahre	»Jehan et Blonde«
1240	Tod von Jacques de Vitry (Ehepredigten)
1252–1274	Werke des heiligen Thomas von Aquin
1272	Tod Bertholds von Regensburg (Ehepredigten)
1275–1280	Zweiter Teil des »Roman de la Rose«
1283	Raymond Lulls »Livre d'Evast et de Blaquerne«
1288	Matfré Ermengauds »Breviari d'Amor«

1303–1305	Bernard de Gordons »Lilium medicine«
1321	Tod Dantes
1348	Schwarze Pest
1349–1351	Boccaccios »Dekamerone«
1361	Heirat Edwards, des Schwarzen Prinzen, mit Johanna von Kent
1364–1380	Regierungszeit König Karls V. von Frankreich, verheiratet mit Jeanne de Bourbon
1384–1389	Philippe de Mézières »Livre du sacrement de mariage«
um 1390	John Gowers »Confessio amantis«; William Langlands »Piers Plowman«; Geoffrey Chaucers »Canterbury Tales«
1400	Johannes' von Saaz (Tepl) »Der Ackermann aus Böhmen«
um 1400	»Quinze Joies de Mariage«
1405	Christine de Pisans »Livre de la Cité des Dames«
1412	Dirk Potters »Der minnen loep«
1415	Francesco Barbaros »De re uxoria«
1417–1418	Guilhem Saignets »Lamentacio humanae naturae« (gegen den klerikalen Zölibat)
1444	Tod des hl. Bernhard von Siena
1453	»Pierre de Provence et la belle Maguelonne«
1454	Heirat von René d'Anjou und Jeanne de Laval
1472	Albrecht von Eybs »Ehebüchlein«
1487	Marcus von Weidas »Spigell des ehlichen ordens«
um 1495	»Jehan de Paris«

Glossar

agnatisch – bezeichnet ein Verwandtschaftssystem, in dem die Beziehungen nur über männliche Verwandte gezählt werden
bilateral – beschreibt ein Verwandtschaftssystem, in dem Verwandte mütterlicher- wie auch väterlicherseits gezählt werden
Brautschatz – die Aussteuer, die vom Bräutigam oder seiner Familie gestellt wird
Clan – absteigende Verwandtschaftsgruppe, die sich von einem mythischen Vorfahren oder sogar einem Tier herleitet
donatio propter nuptias – siehe Brautschatz
Endogamie – der Brauch, innerhalb der eigenen Blutsverwandtschaft zu heiraten
Exogamie – der Brauch, außerhalb der eigenen Blutsverwandtschaft zu heiraten
Fablel – altfrz. »Kleine Fabel«, epische Kleinform, behandelt vorwiegend erotische Themen, Blütezeit im 13. Jahrhundert
hypergame Ehe – Ehe mit einer Person von höherem sozialen Rang (für diese ist es eine hypogame Ehe)
hypogame Ehe – Ehe mit einer Person von niedrigerem sozialen Rang (für diese ist es eine hypergame Ehe)
isogame Ehe – Ehe zwischen zwei Person gleichen sozialen Rangs (Gegenteil der hypergamen und hypogamen Ehe)
Katharer – Ketzerbewegung im Süden Frankreichs, 12. bis 13. Jahrhundert, die einen dualistischen Glauben vertrat (alles Materielle ist böse, alles Geistige ist gut)
kognatisch – bezeichnet ein Verwandtschaftssystem, in dem die Zählung ungeachtet des Geschlechts erfolgt
kollaterale – »horizontale« Verwandte (Vettern und Kusinen, Tanten und Onkel) im Gegensatz zu den Aszendenten (Eltern, Großeltern) oder Deszendenten (Kindern, Enkelkindern)
Lai – altfranzösische Bezeichnung für Verserzählung; lyrische Gattung belehrend-erbaulichen Charakters

Mitgift – Aussteuer, die von der Braut oder ihrer Familie gestellt wird

Manichäer – dualistische religiöse Sekte, die sich auf das 3. Jahrhundert n. Chr. zurückführen läßt

matrilinear – bezeichnet die über die Mutter gezählte absteigende Verwandtschaftsfolge

Misogynie – (krankhafte) Abneigung von Männern gegenüber Frauen; Frauenfeindlichkeit

Morgengabe – Zahlung oder Geschenk, das der Bräutigam der Braut nach der Hochzeitsnacht übergibt

neolokaler Wohnsitz – das neue Paar gründet einen eigenen Wohnsitz, getrennt von den Eltern der Frau wie auch des Mannes

patrilinear – bezeichnet die über den Vater gezählte absteigende Verwandtschaftsfolge

Primogenitur – das erstgeborene Kind erbt den Familienbesitz vollständig oder zum größten Teil

Repräsentation – der Übergang der Erbrechte auf die Kinder einer vorverstorbenen Person

Skatologie – Vorliebe für Ausdrücke aus dem Analbereich

Sodomie – (veraltet) Homosexualität

teilbares Erbe – Erbschaft, die zu gleichen Teilen unter den Erben aufgeteilt wird

unteilbares Erbe – das Erbe wird ungleich unter den Erben verteilt

uxorilokaler Wohnsitz – das neue Paar lebt bei den Eltern der Frau

virilokaler Wohnsitz – das neue Paar lebt bei den Eltern des Mannes

Wergeld – Geldsumme, die im frühen Mittelalter von einem Täter oder seiner Familie an das Opfer der Tat (oder dessen Familie) stellvertretend gezahlt wurde, um private Rache abzuwenden

Wittum – Geld oder Land (oder dessen Nutzung), das einer Witwe zusteht und gewöhnlich im Ehevertrag festgelegt wird

Namenregister

Menschen im Wandel der Zeiten

Der Mensch des Alten Ägypten
Herausgegeben von Sergio Donadoni
Band 12601

Der Mensch der griechischen Antike
Herausgegeben von Jean-Pierre Vernant
Band 12602

Der Mensch der römischen Antike
Herausgegeben von Andrea Giardina
Band 12603

Der Mensch des Mittelalters
Herausgegeben von Jacques Le Goff
Band 12604

Der Mensch der Renaissance
Herausgegeben von Eugenio Garin
Band 12605

Der Mensch der Aufklärung
Herausgegeben von Michel Vovelle
Band 12607

Fischer Taschenbuch Verlag

fi 2039 / 5

Jacques Le Goff (Hg.)

Der Mensch des Mittelalters

Übersetzt von Michael Martin, Rainer Spiss, Matthias Springer und Friedrich Giese

Band 12604

Die Menschen des Mittelalters, waren sie nun Handwerker oder Bauern, Mönche oder Ritter, Künstler oder Intellektuelle, hatten alle einen festen Platz in ihrer Welt. Heute noch zeugen die gotischen Kathedralen von der einstigen Macht des Christentums und der Baukunst jener Epoche. Viele der uns überlieferten Sitten und Bräuche sind uns eigenartig nah und fern zugleich. Einen Schatten auf dieses Zeitalter werfen aber die Scheiterhaufen der Inquisition, die Züge der Kreuzfahrer und die Armut der Bauern.
Wie nun lebten und dachten die Menschen dieser Welt? Wonach strebten sie? Worin fanden sie Glück und Bestätigung? Wie gingen sie miteinander um?
In diesem Buch zeichnen international renommierte Mediävisten (darunter Enrico Castelnuovo, Aron J. Gurjewitsch, Bronislaw Geremek) zehn die Zeit prägende Menschen, Gruppen und Gemeinschaften nach, wie sie arbeiteten, beteten oder sich amüsierten. Sie geben Einblick in den Alltag und zeichnen ein Panorama der mittelalterlichen Lebenswelten.

Fischer Taschenbuch Verlag

fi 165 / 10

Bonnie S. Anderson und Judith P. Zinsser

Eine eigene Geschichte
Frauen in Europa

Band 1: Verschüttete Spuren
Frühgeschichte bis 18. Jahrhundert

Aus dem Amerikanischen von Katharina Biegger Schwarz

Band 12049

Der erste Band beschreibt die Geschichte der Frauen von der Frühzeit bis zum 18. Jahrhundert. Die Autorinnen richten sich dabei nicht nach der gängigen Epocheneinteilung, sondern machen vielmehr deutlich, daß diese für Frauen nicht gilt. Die Erfindung des Strickens z. B. hat die Lebensbedingungen von Frauen entscheidender verändert als die Verkündung der Menschenrechte, die doch nur für Männer gemeint waren. Die Lebensbedingungen von Frauen unterschieden sich jedoch vorrangig nach dem Stand, dem sie angehörten. Dieser Erkenntnis ist durch die Aufteilung des Buches in die großen Kapitel »Frauen auf dem Land«, »Frauen in der Kirche«, »Frauen der Schlösser und Gutshöfe« und »Frauen innerhalb der Stadtmauern« Rechnung getragen worden.

Fischer Taschenbuch Verlag

fi 525 / 7

Bonnie S. Anderson und Judith P. Zinsser

Eine eigene Geschichte
Frauen in Europa

Band 2: Aufbruch
Vom Absolutismus zur Gegenwart

Aus dem Amerikanischen von Pia Holenstein Weidmann

Band 12050

Noch immer beherrscht eine traditionelle, männerzentrierte Sicht das Bild von der Vergangenheit. Die eine Hälfte der Menschheit – die Frauen – taucht nur am Rand auf und verschwindet wieder im Dunkel der Geschichte. Doch bereits Ende der 60er Jahre entstand ein neuer Forschungszweig: die Frauengeschichte. Dieser Ansatz ist zwar inzwischen zum festen Bestandteil historischer Forschung geworden, was aber fehlte, ist ein umfassendes Werk, in dem die Ergebnisse der langjährigen Forschungen systematisch zusammengetragen sind. Diese Lücke haben die beiden renommierten amerikanischen Historikerinnen geschlossen. Die Autorinnen zeichnen präzise und anschaulich, dabei immer wissenschaftlich fundiert, eine neue Sicht der europäischen Menschheitsgeschichte.

Fischer Taschenbuch Verlag

fi 527 / 7

Georges Duby / Michelle Perrot

Geschichte der Frauen

Editorische Betreuung der deutschen Gesamtausgabe
Heide Wunder

5 Bände in Kassette. Großformat. Band 14030

Band 1: ***Antike***
Herausgegeben von Pauline Schmitt Pantel

Band 2: ***Mittelalter***
Herausgegeben von Christiane Klapisch-Zuber

Band 3: ***Frühe Neuzeit***
Herausgegeben von Arlette Farge und Natalie Zemon Davis

Band 4: ***19. Jahrhundert***
Herausgegeben von Geneviève Fraisse und Michelle Perrot

Band 5: ***20. Jahrhundert***
Herausgegeben von Françoise Thébaud

Diese fünfbändige ›*Geschichte der Frauen*‹ ist die bisher umfassendste historische Darstellung, die das Leben und die Arbeits- wie Lebenswelten von Frauen in den Mittelpunkt der Betrachtung rückt. Die Komposition der einzelnen Beiträge spiegelt die Vielfalt weiblichen Lebens in den verschiedenen Regionen des Abendlands – vom Altertum bis in die Gegenwart. Ein Standardwerk *von* Frauen, *über* Frauen – aber beileibe nicht nur *für* Frauen.

Fischer Taschenbuch Verlag

fi 1629 / 6